【公孫策說歷史故事（九）】

鴻鵠志

十位英雄人物的行路與心路

公孫策 著

〈總序〉三十本經典，一千個故事

經典之所以為經典，因為它的價值歷久不衰。例如我們對經典老歌，總能哼上幾句；對經典名句（如「多行不義必自斃」等）也能琅琅上口。可是一聽到「四書五經」、「經史子集」，大多數人都會敬而遠之。

原因之一，是我們對經典的整理工作，做得太少了。宋朝朱熹注解《四書》，就是一種整理工作，也的確讓《四書》普及於當時的一般人。清朝蘅塘退士輯《唐詩三百首》、吳氏兄弟輯《古文觀止》，也都是著眼於「經典普及化」的整理工作。然而，中華民國建國一百年了，卻未見值得稱道的經典整理作品。

另一個原因，是考試成了教育的唯一目的。於是，凡考試不考的，學生當然就不讀。這不能怪學生，也不能怪老師，事實上大家都為了考試心無旁騖。而那些對經典充滿使命感的大人們，只好規定一些必考的經典。其結果是，學生為了考試，讀了、背了，考完就忘了，而且從此痛恨讀經，視經典為洪水猛獸或深仇大恨——經典反成了學生心目中的「全民公敵」！

城邦出版集團執行長何飛鵬兄對中國經典有他的使命感，城邦也出版了很多「經典整理」的書籍，如：〈中文經典100句〉、〈經典一日通〉等系列。飛鵬兄建議我「以三十本經典為範疇，寫至少一千個故事」，取材標準則是「好聽的故事、經典的故事、有用的故事」。

為此，我發願以四年時間，寫完一千個故事，每天一則，在城邦集團的「POPO原創」網站發表，這項任務在二〇一四年間完成。然而，網路PO文雖然停止，我仍然繼續寫故事，希望這個「說歷史故事」系列可以一直寫下去。

簡單說，這一個系列嘗試以「說故事」的形式，將經典整理成能夠普及大眾的版本。不是「概論」，也不是「譯本」，而是故事書。然為傳承經典，加入「原典精華」，讓讀者又不僅僅是看故事書而已。

公孫策

二〇一一年秋

二〇一五年冬修訂

〈推薦專文〉化無用之用為大用

林聖芬／國立清華大學科管院服務科學研究所教授暨副校長

很榮幸能夠獲得曾經在《中國時報》共事多年的公孫策兄青睞，為他的最新創作《鴻鵠志》撰寫序言，並因而得以先讀為快他的大作。

如所周知，公孫策先生近年來筆耕不輟，擅長借用歷史典故，將「以史為鑑可以知興替」之說發揮得淋漓盡致。而本書精選中國歷史上十位英雄人物為主角，聚焦於符合「功業夠大、足跡夠遠、心路夠曲折」的要件，乃得以秉持「鴻鵠志」，走出各自不同的「英雄路」。

談到「以史為鑑」，個人因為在學修讀的正是歷史專業，因此特別有感。然而在現實上，修讀文史哲，往往被認為是不利於謀職就業的「無用」之學。面對這樣的世俗評價，記得在半世紀前剛要從大學畢業時，也只好自況「無用之用是為大用」。而今，公孫策先生以非文史專業的背景，先是投入新聞採訪工作；年逾半百從媒體行業退休後，卻又轉入敘說解讀歷史的新領域。則不只印證他勇於跨領域學習與實踐歷史所蘊含的「大用」，更足為當前Z世代追求「斜槓人生」樹立典範。

進一步解讀公孫策先生苦心孤詣提供歷史典籍中的事例分享，不只是期待讀者大眾有更深厚的文史素養，毋寧更期待讀者諸君，能夠體悟從「看山是山」，到「看山不是山」，再進化為「看山又是山」的多層次認知與修練。順此，個人也樂於分享對一個傳統寓言故事的不同解讀與體悟。相信大家一定聽過「愚公移山」這則古老寓言，直覺的會認為愚公果然愚不可及、白費力氣。但如果從宏觀的視野來看，愚公之所以想要移山，其實就是想要找尋與外界連通的渠道。因而，愚公如果生在當下，本於初心，他的做法自然不再是一斧一斧的鑿開聯外通道，而是會與時俱進的善用當前的新科技。因而他的做法應該是以「大智移雲」取代傳統的「愚公移山」，也就是要善用大數據、智能化、移動式載具、以及雲端儲存等新科技，來面對新挑戰，進而開創新機遇。如是，則對「愚公」的評價也就不再只是「愚」者，反而應該是「先知者」了。

衷心感謝公孫策先生，讓「歷史」從「死知識」翻轉成「活字典」。也期待未來能夠提供更多不同領域的案例分享，讓「無用之用」進化為「大用」。

〈推薦專文〉你選擇什麼樣的道路，就成為什麼樣的人物？

宋怡慧／丹鳳高中圖書館主任

如果，你熱愛唱歌，卻在表演之後，被音樂廳經理當場炒魷魚，甚至要你放棄歌唱，直接重操舊業去開卡車，你會怎麼看待自己的未來？公孫策用十位歷史英雄做出的抉擇，走過的人生旅程告訴我們：你的心有多大？堅持有多久？你開創的卓越功業，就會跌破他人眼鏡。一如，這個被嘲弄揶揄的歌手，後來忍得住氣，像韓信；願意潛心修練，像諸葛亮，最後轉身變成一代搖滾天王貓王Elvis。

作家公孫策精心Hashtag「鴻鵠大志」的十位歷史英雄——伍子胥、韓信、馬援、班超、諸葛亮、郭子儀、岳飛、鄭成功、林則徐、左宗棠。他們不只是開創的功績偉業令人折服，面對困局的抉擇，以精準的眼光，策動突圍的行動，往往出乎一般人的意料，也讓我們從中學之精髓、習之精華，不至於落入燕雀之見。

公孫策老師一向以敢說真話著名，不只開啟讀者「思辨」的渠道，也讓我們明白：歷史不是過氣的知識，而是能用於當下、現在進行式的人生智慧。若能善用於日常生活，我們不只能趨吉避凶、也能從中汲取待人處事的方針。公孫策點評人物精準，就像書中他以框不住的英雄膽來統攝伍子胥的生命情韻，有膽識的人英雄，必然是在看清生活的真相之後，卻依舊願意相信遠方有光、走在奮鬥的路上。

《公孫策說歷史故事（九）鴻鵠志——十位英雄人物的行路與心路》讓我們學到的是：歷史絕對不只是背背年代、人名、事件，如此簡單的學科。翻讀歷史，帶著思考的濾鏡，一如胡適之說的：「做學問要在不疑處有疑，待人要在有疑處不疑。」史書記載的是否真能符合正義視角、還原當時的實際現場，還有真實記錄過往先民的生活行動？當我們實踐「以銅為鑑可正衣冠，以古為鑑可知興衰，以人為鑑可以明得失，以史為鑑可以知興替」的生活，必能帶給我們彷若有光的大智大慧，一如作家期待我們能夠「在現實裡找問題，在歷史裡找答案」的學史奧義。

烜赫之功絕不是英雄的唯一標準，我特別喜歡這本書「公孫策點評」的巧思設計，例如：他提出陳壽在晉朝做官，對諸葛亮的歷史評價，一直難以定位，內心劇場的糾結，必須以曲筆婉轉來勾勒諸葛亮寫下三國鼎立的神紀錄，還有出師未捷身先死的瀟灑身影。這十位蓋世英雄們的生命風景，毅然選擇人跡罕至的路，那條未曾踏足的仄徑，反而能聽見坎坎的生命鼓音。就像五月天《倔強》唱的：逆風的方向，更適合飛翔，我不怕千萬人阻擋，只怕自己投降。相信自己，絕不放棄，面對的挫折有多大，挺過風雨的毅力就有多動人。十位豪傑內心不只更堅毅，也為我們塑立「鴻鵠」之士視域的廣度與生命的高度。原來，選擇難走的路，秉持信念走到路之盡頭的英雄，才有機會窺見江山如畫的人生風景。

目錄

06

郭子儀——功高蓋世而主不疑 151

07

岳飛——壯志飢餐胡虜肉 179

08

鄭成功——混血兒・國姓爺・開臺聖王 204

〈導言〉征塵千里終不悔

英雄之所以為英雄，因為他們想的跟一般人想的不一樣。

這本書最初擬的書名是「英雄路」，為了更明確我提倡多年的「五度空間閱讀／學習」而作。五度空間指的是，上下四方（地理）為三度空間，加上時間（歷史）為第四度空間，再加上人物心境為第五度空間。實質意義則是「人文史地一起閱讀／學習」，導正過去文史地分家，國文老師不教歷史，歷史老師不教地理的缺陷。

為了更凸顯人物心境這第五度空間，本書選了十位歷史上的英雄人物為主角，以時代為背景、以地理為舞台。因此，這十位英雄人物除了本身夠英雄之外，功業要夠大、足跡要夠遠、他們的心路還得夠曲折。也就是說，最初所設定的英雄路，包括了英雄人物實際走過的路、事功之路，還有他們的心路。

待資料蒐集大備，準備動筆之際，強烈感受到這十位英雄的心思，腦袋裡浮出司馬遷的名句：「燕雀安知鴻鵠之志」，書名遂定為「鴻鵠志」。

鴻鵠一詞最早見於《孟子》：「一心以為有鴻鵠將至」，此處的意思是大鳥：鴻是大雁，鵠是天鵝，兩者同屬雁鴨科，總之是大型候鳥。司馬遷那一句名言是陳勝（首先揭竿起義抗秦的英雄）對佃農同伴說的，他以鴻鵠飛得高、飛得遠，引申為志向高遠。

這十位英雄人物功業夠大，走過的路也夠遠，重點在他們當得起「鴻鵠之志」——燕雀永遠不解：

伍子胥原本是楚國政壇當紅的「太子黨」，可是一旦大禍降臨，他完全不游疑瞻顧，即刻逃出國境；當太子建犯下大錯，他再次逃亡，不去大國（如齊、晉）而去吳國；到了吳國，他捨吳王僚而就「在野」的公子光——他每一次重大抉擇都跟一般人不一樣，選對邊而非「偎大邊」。

韓信和**馬援**都處於群雄逐鹿年代，都幾番「跳槽」選擇明主，他倆的個人條件都不在那些逐鹿英雄之下：但若無韓信，劉邦從來不曾打贏過項羽；若非馬援，劉秀「得隴」已不易，遑論「望蜀」；可是韓信和馬援都不曾起意爭天下。

班超的父親、哥哥、妹妹合稱「三班」，堪稱當時文學第一家庭，可是他卻捨便宜生活而投筆從戎。後來他幾乎不動員東漢王朝一兵一卒，降服西域五十餘國——他實質上是

「西域王」，可是他從來沒有留在西域稱王的念頭。

諸葛亮和**郭子儀**都功高震主，蜀漢與大唐王朝全靠他倆支撐，他們兩人若想當皇帝，幾乎沒有阻力。可是皇帝對他倆都沒有疑心，他倆也鞠躬盡瘁，贏得千古美名。

岳飛是南宋王朝抵抗金人的「長城」，若沒有他，宋高宗的皇位根本坐不住。可是他對秦檜的排擠與構陷卻毫不反抗，剝奪兵權、十二道金牌召回、莫須有罪名下獄都坦然接受——歷史上那麼多「清君側」的例子，從沒有出現在岳飛的腦袋裡。

鄭成功處於明朝實質已經不存在的時候，能以兩島抗天下，甚至艦隊攻入長江口、陸軍包圍南京，滿清八旗勁旅莫他奈何，鄭氏海軍更控制東亞海上貿易。可是他從未有稱王、稱帝的念頭，甚至他的兒子、孫子都奉大明為正朔。

林則徐一生遍歷十四省要職，總以生民為念，鴉片戰爭他在廣州是打贏的，可是北京清廷卻委屈求和，更重用喪權辱國之臣，反要他揹鍋流放伊犁，他毫無怨言接受。

左宗棠才華洋溢，卻考運不佳而差點埋沒。後來因太平天國作亂，湖南同鄉多方保薦而有機會施展，可是他對同儕仍然不假辭色。當朝廷瀰漫「海防優先」思考時，他獨排眾議主張防衛新疆。朝廷「體念」他戎馬辛勞，要召他回北京，他卻力持收復伊犁主張，還將自己的棺材運到哈密以示決心，終讓俄羅斯人退還伊犁。

這十位英雄人物都符合「功業夠大、足跡夠遠、心路夠曲折」的條件，可是單單述說人物故事或不足以讓讀者體會時代與地理，為此在書中加入方塊，針對相關的人、地、物補充，俾有助於讀者了解時代、了解地理在歷史事件中的影響。

本書的寫作計畫原本打算二〇二三年開始動筆，並於二〇二一、二二兩年計畫去實地旅遊，希望能進入歷史情境，以豐富寫作內容。孰料旅遊計畫受阻於新冠疫情，哪裡都去不了，於是提前動筆寫作。

附錄「從嘉峪關到虎門」，就是我以前去到那相距三千公里的兩地之後，體會林則徐心境的心得。這個題目曾經做為旅遊講堂的題材，日後若能實現「鴻鵠志」的旅遊計畫，當再跟大家分享。

公孫策　二〇二二丙寅年春

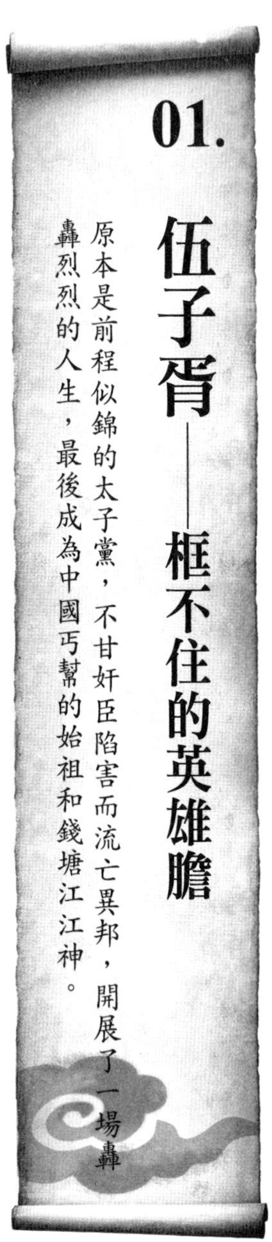

01. 伍子胥——框不住的英雄膽

原本是前程似錦的太子黨，不甘奸臣陷害而流亡異邦，開展了一場轟轟烈烈的人生，最後成為中國丐幫的始祖和錢塘江江神。

從當權到流亡

楚國王室是芈姓熊氏，芈姓有所謂荊楚十八氏，包括伍氏、屈氏（如屈原）等，都是楚國的王室貴族。

伍子胥名員，祖父伍舉因為涉及王子牟的案子，出奔鄭國。幸賴蔡國大夫聲子對楚國令尹（等同宰相）警告「楚材晉用」的危險，楚國召回伍舉。伍舉在楚莊王、楚靈王時期得到重用。

伍舉的兒子伍奢在楚平王時擔任太子建的太傅，太子建另一位輔臣是少傅費無極（也稱費無忌）。楚平王派費無極去秦國幫太子迎親，費無極回來，對平王說：「秦國的公主真是太漂亮了，大王不如將她納入後宮，另外給太子娶一個。」楚平王竟然接受了這個荒唐的建議！

費無極知道自己這下子得罪了儲君，將來一旦新君嗣位必有後患，於是他開始進一步排擠太子建，先嗾使平王將太子建封到城父（今安徽亳州市內），遠離郢都（今湖北荊州市內）權力核心，伍奢也隨太子前往封地。費無極更進一步進讒：「太子對奪妻之事懷恨在心，在城父暗交諸侯，與伍奢密謀作亂。」

楚平王的王位是兵變推翻老哥楚靈王而得，最怕王族造反，於是將伍奢召回郢都囚禁，並下令城父司馬奮揚殺害太子建。孰料奮揚反而將狀況報告太子建，太子建於是出奔宋國。（宋國都城在今河南商邱市，毗鄰安徽亳州市。）

費無極對楚平王說：「伍奢有兩個兒子伍尚和伍員，都有安邦定國的才能，必須斬草除根以絕後患。」楚平王於是要伍奢寫信將兩個兒子叫來郢都，伍奢說：「我的大兒子會來，小兒子不會來。」

平王派出使節，駕著駟馬、帶著印綬去到城父，騙伍氏兄弟說：「大王要封你們兄弟侯爵，我來頒印綬的，請你們到郢都去」弟弟伍員，（字子胥，以下皆稱伍子胥）對哥哥說：「這肯定有詐，去郢都斷無活命。」兄弟倆最後決定，哥哥去郢都（受死）盡孝，弟

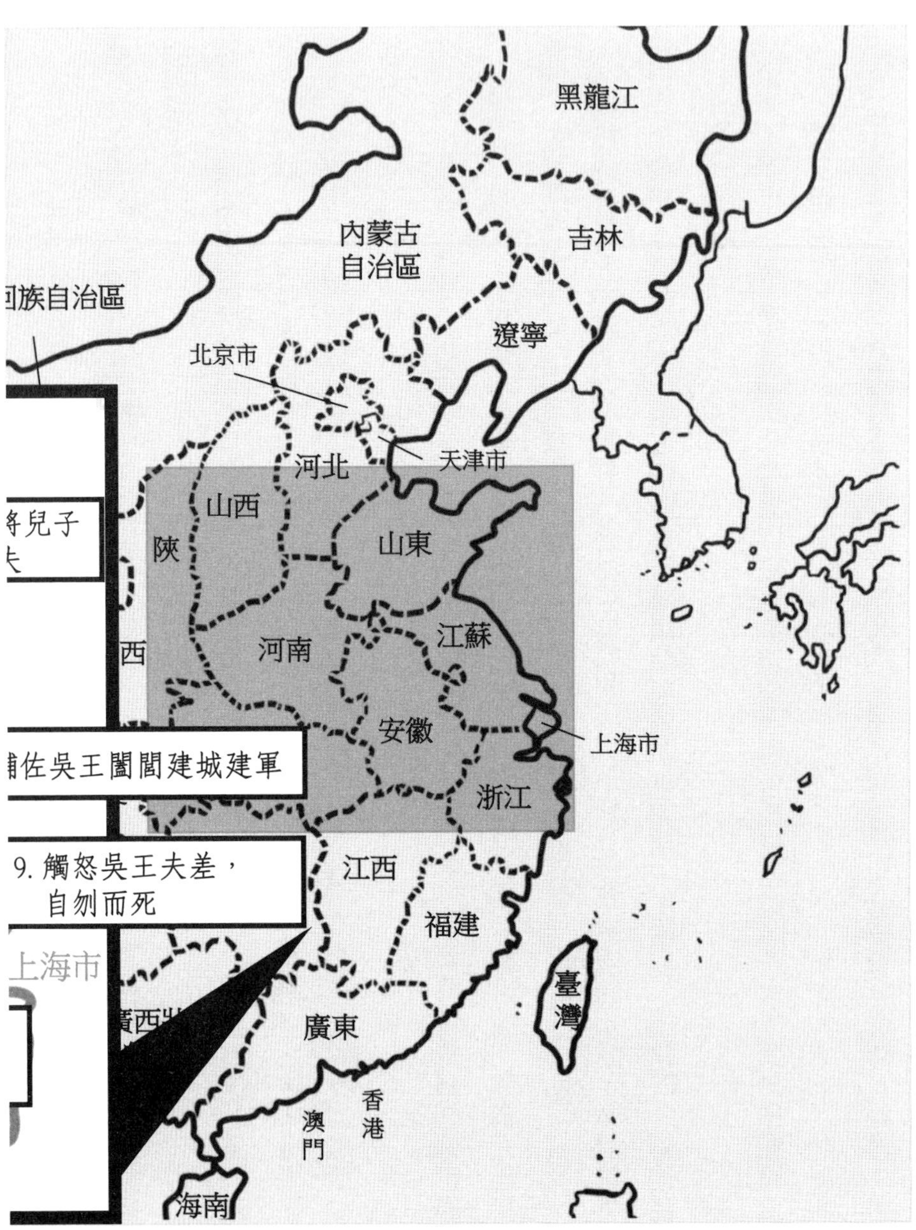
黑龍江
吉林
內蒙古
自治區
回族自治區
遼寧
北京市
天津市
河北
山西
陜
山東
河南
江蘇
西
安徽
上海市
浙江
輔佐吳王闔閭建城建軍
將兒子
9. 觸怒吳王夫差，
自刎而死
江西
福建
上海市
廣東
臺灣
香港
澳門
海南

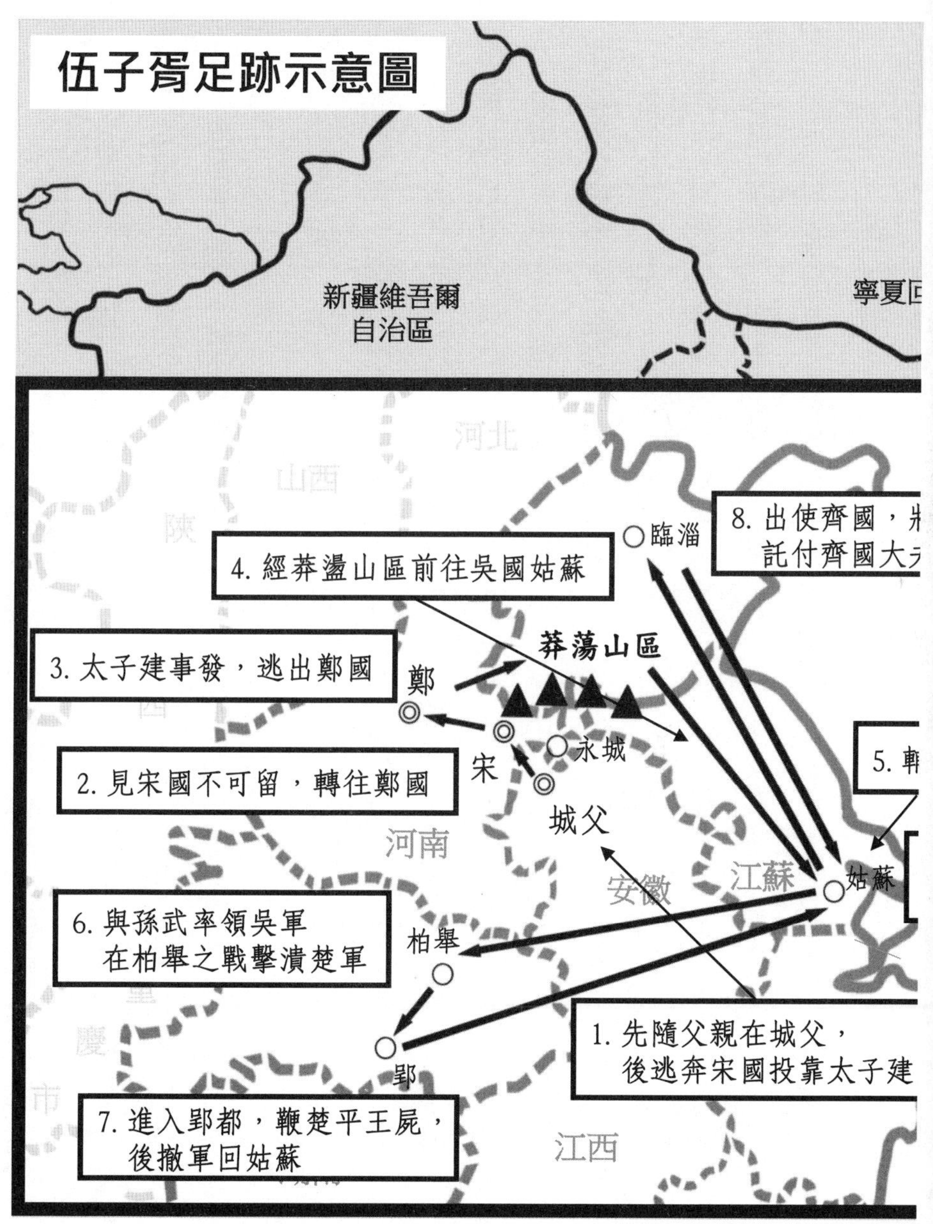
伍子胥足跡示意圖
新疆維吾爾
自治區
寧夏回
河北
山西
陝
8. 出使齊國，
託付齊國大
臨淄
4. 經莽盪山區前往吳國姑蘇
莽蕩山區
3. 太子建事發，逃出鄭國
鄭
宋
永城
2. 見宋國不可留，轉往鄭國
城父
河南
江蘇
安徽
姑蘇
5.
6. 與孫武率領吳軍
在柏舉之戰擊潰楚軍
柏舉
郢
1. 先隨父親在城父，
後逃奔宋國投靠太子建
7. 進入郢都，鞭楚平王屍，
後撤軍回姑蘇
江西
慶
市

弟逃亡待機復仇，於是伍子胥踏上流亡之路。

如果不是發生這個變故，太子建將來即位為楚王，伍奢擔任令尹的機會很大，伍子胥有安邦定國之才，既是王族更是令尹之子，發展未可限量，大好前程似乎已經鋪好等著他上路。偏偏造化弄人，原本前程似錦的太子黨，頓時成為逃犯，踏上的是流亡之路。

再次踏上逃亡路

伍子胥到了宋國，與太子建會合，兩人抱頭痛哭，同聲咒罵費無極與楚平王。主從二人商量後計，最佳策略只有等待楚平王駕崩，然後藉助外國力量返國登基。這是春秋時代很普遍的模式，包括春秋五霸中的齊桓公、晉文公都是循這個模式成為國君。

宋國跟鄭國、魯國是當時的「中等強國」，可是宋國正陷入內戰，太子建與伍子胥見此處非久留之地，於是前往鄭國。

鄭定公對太子建十分禮遇：鄭國長時間處於晉、楚兩強之間，每次兩強開戰，受傷的都是鄭國。即使和平時期，兩強也不時向鄭國要求進貢。如今，一位極有希望的楚國王位競爭者流亡在鄭國，看起來這是一筆不錯的政治投資，當然給予禮遇。

然而，對太子建來說，鄭國的國力不足以幫助他回國競爭王位（假想敵是秦國公主生的兒子，而秦是大國），具備這種實力的，必須是晉、齊這種大國。因此，當他有一次訪問晉國，晉頃公向他提議：「太子在鄭國既然受到禮遇與信任，如果能夠做為內應，幫助晉國滅了鄭國，寡人就將鄭國封給太子。」這個提議當然令太子建十分心動。

回到鄭國，太子建將晉頃公的提議與伍子胥商量。

伍子胥說：「這件事幹不得。鄭定公對我們既信任又禮遇，豈可忘恩負義，算計人家？」

可是太子建已經進退維谷，他既然答應了晉頃公，若是食言，以後也不必想要跟晉國打交道了。

伍子胥說：「不實現對晉國的承諾，未必獲罪（因為晉國不敢張揚）。但若圖謀鄭國，從此信義俱失，將來還有什麼顏面立足於天下？太子如果一意孤行，恐怕大禍即將臨頭。」

太子建的貪心蒙蔽了理性判斷，他對伍子胥的直言進諫很不開心，認為伍子胥既無禮又無膽，將他斥退。

看見太子建那副臉色，伍子胥心頭一涼：這種人，短視又無義，我老爹居然為他而死！

伍子胥研判，太子建必定失敗，失敗了必定連累到自己，可是他總不能去告狀，告狀也不會得到鄭國信任。所以，只有逃亡一途。

可是，哪有這麼容易說走就走？逃亡需要兵器、乾糧、飲水、衣服、鞋子，不能明目張膽的張羅，他只好藉口出城打獵，將東西一點一點藏到城外山林裡。

終於，太子建的侍衛為了賞賜不均而爭吵，洩漏了太子建的密謀，鄭國逮捕太子建並殺了他。伍子胥則在第一時間逃出了鄭國。

孑然一身，何去何從？

伍子胥脫離危險了，可是，要往哪去？

這一次逃出鄭國跟上一次逃出楚國情況大不相同，之前他寄望於太子建能夠回楚國即位，現在沒了太子建，他想的是報父兄之仇，所以需要一個國家為他出兵攻楚。楚國是個大國、強國，國力相當的只有晉、齊、秦，卻都不太可能，想來想去，只有位在楚國東南方的吳國，正在崛起且跟楚國是世仇。

鄭國、楚國都通緝他，於是他穿越莽蕩山區，也就是今天豫魯蘇皖四省交界的芒碭山，春秋時則是鄭、魯、楚、吳天然國界，屬於「四不管」地帶。①

《史記．伍子胥列傳》記載了一個故事：伍子胥往吳國途中，有一次情況危急，一個漁翁渡伍子胥過江，伍子胥過江後，解下隨身帶的寶劍說：「這把劍價值百金，送給你老人家。」漁翁說：「楚國懸賞，抓到伍子胥的人賞給糧食五萬石，封給執珪的爵位，我要的難道是僅僅值百金的寶劍嗎？」不肯接受。同一個故事，《吳越春秋》中多了一段：伍子胥辭別漁翁，又回頭叮嚀請他保密，漁翁竟然為此投水自盡！

伍子胥害死了搭救他的漁翁嗎？《吳越春秋》是小說筆法。然而，穿過莽蕩山區的伍子胥，跟之前的伍子胥已經是不一樣的人，原先是楚國的太子黨思考，在宋國、鄭國時，仍希望有一天能夠回去祖國，而他現在是「孑然一身以抗楚國」。

到了吳國都城姑蘇（今江蘇蘇州市），他沒有投靠目標，為了了解吳國的情況，他棲身姑蘇市場中，那裡可以聽到最多資訊。他不能囂張，卻又不能太低調，於是他在市場上裝瘋行乞——伍子胥身材魁梧，《吳越春秋》記載他身長一丈（大約二三〇公分）、腰十圍、眉間一尺，描述有些誇張，但身材相貌都不凡是肯定的，一般百姓不會特別留意一個乞丐，可是有心人會知道「蘇州城裡出現了一個相貌不凡的乞丐」。

就因為他當過這麼一次乞丐，所以，後來丐幫要找一位古代的英雄人物當始祖，就選

---

①中國的省界有著歷史淵源，很多都是春秋戰國時的諸侯國天然國界，地形險峻甚至是河川、山脈等天塹。漢高祖劉邦「斬蛇起義」的大澤就在芒碭山區。

中了伍子胥。

專諸刺王僚

「有心人」很快就跟伍子胥接觸，而且不只一個，還是當時吳國最有勢力的兩人。

原來，吳國當時正因王位爭議而政局不穩：吳國上一代國君是兄終弟及，老大諸樊傳給老二餘祭，老二餘祭再傳給老三餘昧，老三餘昧死了，老四季札不肯接王位，老三餘昧的兒子乃即位為吳王僚。但是，老大諸樊的兒子公子光不服，認為應該回到「嫡長制」的正軌，也就是該輪到他當吳王才對。而公子光又為吳國立下很多戰功，聲望和實力都很強，因此吳國政局暗潮洶湧。②

吳王僚猜忌公子光，又派人監視他，公子光每天生活在恐懼之中，但形勢比人強，只能暗地裡尋訪人才網羅為黨羽。於是任命一位善於看面相的人，擔任管理市場的官吏。幹嘛？市場上每天人潮進出，看到相貌不凡的人，就可以拉攏收為己用。

公子光的眼線報告有伍子胥這麼一個乞丐，公子光派人去找時，伍子胥已經被吳王僚找去王宮。伍子胥已經了解吳國當前的政情，他心裡早已做了選擇：吳王僚身邊已經有一個權力既得利益集團——有兄弟、有兒子、有一大堆文臣武將，他的發展空間有限，只有幫公子光奪得王位，他才有可能影響吳王出兵攻楚。因此他謝絕了吳王僚，住到城外。

公子光因而方便經常造訪伍子胥，跟他商量大計。伍子胥分析：軍隊都掌握在吳王僚的弟弟和兒子手中，發動政變不可能成功，唯一的方法是行刺。於是他找到一位勇士專諸，讓專諸去太湖邊學烤魚！

要一個刺客學廚藝是為什麼？因為吳王僚酷嗜烤魚，他唯一擋不住的誘惑就是吃美味的烤魚，也只有請他吃烤魚，才能讓他離開王宮。

專諸花了三個月時間學會烤魚手藝，耐心等候光子光命令行動。這一等，等了好幾年，而消息傳來：楚平王駕崩，太子（秦國公主所生）即位為楚昭王。伍子胥為此暗夜吞聲哭泣，他復仇的目標消失了。可是他轉念又想：「只要楚國還在，我就有報仇對象。」——他將滿腔的個人仇恨（對楚平王）轉向對自己的祖國。

終於，公子光向吳王僚提出邀請：「最近得了一位廚師，烤魚手藝一級棒，請大王駕臨品嘗。」

吳王僚擋不住烤魚的誘惑，答應了這個邀請。

②吳國王室姓姬，以上名字都應冠上姓氏才是全名，例如姬諸樊、姬餘祭、姬僚、姬光等。

當然他採取了高度戒備：自己貼身穿著三層「棠鐵之甲」（春秋時，棠谿以鑄造兵器而聞名），衛兵更自宮門一直排到公子光的家門。筵席上，左右都是吳王僚的親信，坐著、站著的侍衛都手執長戟。

酒過三巡，公子光藉口「腳傷未癒，要入內換藥」而離席。此時，「烤魚高手」專諸上菜了，一條香噴噴的烤魚，魚腹中藏著一支名劍「魚腸」（顧名思義是一支精巧的匕首）。專諸神色洋洋如平常，跪在吳王僚面前分剖魚肉。說時遲那時快，魚腸寶劍推向吳王僚的胸口。吳王的侍衛反應同樣快，好幾支利戟立刻刺進專諸胸口，胸開骨斷。然而，匕首的去勢絲毫未受妨礙，穿過三層鐵甲，直透吳王僚後背。

吳王僚當場死亡，吳王的侍衛當場殺了專諸，公子光埋伏的甲士殺出，將吳王僚的親信、侍衛全部殺光。

兵變成功，公子光自立為王，就是歷史上有名的吳王闔閭。

孫子兵法助吳王闔閭

吳王闔閭是一位雄才大略的君王，而伍子胥更用力升高他的企圖心，包括規劃建築氣象宏大的姑蘇新城，足以讓諸侯使節望而敬畏，以及找來鑄劍名將干將莫邪夫妻指導吳國製造兵器。吳國富國強兵了，可是吳王闔閭始終下不了決心出兵伐楚，經常登上高台迎風長嘯，發洩心情後又長嘆不已。吳國臣子都猜不透大王的心思，但是伍子胥知道：吳國小而楚國大，吳國若大舉伐楚，戰勝也不能有效佔領，萬一戰敗恐將亡國。

於是他找來一位兵法奇才孫武，向吳王闔閭進「兵法十三篇」（也就是流傳至今的《孫子兵法》）。孫武每陳述一篇，吳王都不知不覺地稱讚：「好！」趁著這樣的喜悅心情，闔閭問孫武：「你的兵法可以小規模的試驗一下嗎？」孫武回答：「當然可以，包括大王後宮的女子都可以訓練成為不敗雄師。」吳王說：「好啊，那就小試一下吧！」

孫武斬吳王愛姬的故事，大家耳熟能詳，此處一筆帶過。無論如何，吳王雖然心情大壞，可是對孫武有了充分信心，終於出兵伐楚，以伍子胥和孫武為大將，在柏舉（今湖北麻城市內）之戰擊潰楚軍，然後四戰四捷攻進郢都。那一刻，是吳王闔閭霸業的巔峰。

鞭屍楚平王，以報父兄仇

勝利者進入郢都，可是「復仇者」伍子胥心頭卻有一股失落感，因為兩個仇人楚平王與費無極都死了。他心中恨意難消，於是掘開平王之墓，挖出屍體，對著屍體抽了三百鞭。然後左腳踩在平王腹上，右手持匕首挖出平王的眼睛，出言斥詈：「誰教你聽信讒言，殺我父親、兄弟？他們死得多麼冤枉啊！」

鞭屍還不夠，伍子胥更教吳王闔閭占有了楚昭王的妻子，自己和吳軍將領則占有了子常等楚國將領的妻子——仇人是楚平王，卻占有他的兒媳，甚至為國作戰將領的妻子，伍子胥的仇恨已讓他陷入黑暗深淵，他的心境可由下述故事體會一二。

當初伍子胥逃出楚國時，途中遇到一位知交申包胥。伍子胥對他說：「我跟楚王不共戴天，一定要為父兄報仇。」申包胥說：「你能亡楚，我就能保他。」

【原典精華】

申包胥亡於山中，使人謂子胥曰：「子之報讎，其以甚乎！……今子故平王之臣，親北面而事之，今至於僇死人，此豈其無天道之極乎！」伍子胥曰：「為我謝申包胥曰，吾日莫途遠，吾故倒行而逆施之。」

——《史記．伍子胥列傳》

（語譯）申包胥逃亡山林，聽說伍子胥的復仇行徑，差人去對伍子胥說：「你的報仇手段也太過分了吧！……你從前是楚王的臣子，執臣子之禮，如今卻戮辱死人，違反天道簡直達到頂點！」伍子胥說：「為我答謝申包胥，說我此刻是日暮途窮，所以倒行逆施。」

申包胥去到秦國，在秦國宮廷哭了七天七夜，從秦國借來援軍，楚軍統帥子期採用焦土戰術，吳軍一如早先的估計，無法長久佔領楚國，於是撤軍回到吳國。

回到吳國的闔閭，將怒氣轉向吳國南方的附庸越國，怪罪越王允常非但沒有配合出兵，還趁吳楚交戰時偷襲吳國後方。剛好允常過世，兒子句踐即位，吳王闔閭認為是好機會，乃發兵攻打越國，兩軍在檇李（今浙江嘉興市西南）對上。

沒想到，句踐使出奇計加上敢死隊，打了吳軍一個措手不及。等吳軍回過神來，陣腳已亂，於是大敗。闔閭左足受傷，削掉了大拇趾，吳軍一口氣奔逃七里才停下來整頓，闔閭因流血過多而死。

忠言逆耳，夫差態度不改

闔閭原本有一個兒子名叫姬波，立為太子後卻早死。闔閭為繼承人傷腦筋時，伍子胥提出，遵循周禮「嫡長制」，立太子波的兒子夫差為太子，於是夫差即位為吳王。但這又成為伍子胥心態的一次轉變關鍵：吳王夫差是他擁立的，吳國霸業是他輔佐建立的，他開始目空一切，睥睨朝臣，甚至在夫差面前都採高姿態。

夫差初即位時，一心報仇，對伍子胥非常恭敬禮遇，尊他為相國。夫差派了一個專人站在庭前，只要夫差進出，就朗聲說：「夫差，你忘了越王殺你父親的仇了嗎？」夫差必定恭恭敬敬的回答：「啊，不敢忘記。」勵精圖治，整軍經武，矢志報仇。

越王句踐知道夫差積極準備復仇，決定先下手為強，兩軍在夫椒（夫椒山在今浙江嘉興市附近，當年瀕臨太湖）展開中國古代第一場大型水戰，結果越軍大敗，勾踐帶領五千甲兵退守會稽山（在今浙江紹興市南方），山下被吳軍團團圍住。句踐求和，伍子胥說：「老天將越國賜給吳國，天與弗取，將反受其殃。」於是夫差拒絕了越國求和。越國大夫范蠡改走另一條路，以厚財重寶賄賂吳國太宰嚭，太宰嚭對夫差說：「越王願為臣僕，吳國得到越國，吳軍可以避免傷亡，那樣很好啊！」

太宰嚭本名伯喜，是楚國大夫伯郤宛的兒子，伯郤宛被費無極害死，伯喜逃奔吳國。所以，伯喜跟伍子胥原本是同盟，一同慫恿吳王闔閭出兵攻楚。可是夫差即位後，伯喜以口才便給博得夫差歡心，成為吳國太宰，並改名伯嚭。伍子胥一向不把伯嚭放在眼裡，此時以接近教訓的口吻對夫差說：「伯嚭這是亡國言論，從前少康中興可為殷鑑，將成為吳國大害。」由於越國是少康的後代，這番話應該很有說服力，可是偏偏他加了一句：「今天不滅越國，將來必定後悔。」——古今中外所有「少主」都不愛聽父親的老臣對他們講「不聽我的，你將來一定後悔」。剛剛才打了一場大勝仗的夫差，為了展現「少主我自有主張」，否決了伍子胥的意見，接受句踐投降，句踐夫妻同到吳國為奴僕。

伍子胥退下，對人說：「越國以十年生育丁男、積聚戰備，再以十年教育訓練，二十年之後，難道吳國將成為沼澤地了嗎？」

那一刻，夫差對伍子胥的態度已經改變，伍子胥應該有感覺，可是他自恃功勞大而不調整心態，還結下了一個死對頭太宰嚭。

君臣因句踐而齟齬不斷

句踐夫婦給吳王夫差當了三年奴僕，受盡屈辱，句踐甚至在夫差生病的時候，為夫差嘗糞（有一說病人糞便的味道可以研判病情）。伍子胥一再提醒夫差：「句踐能忍人之所不能忍，其實是懷著狼子野心。」可是太宰嚭收了范蠡的賄賂，一直幫句踐說好話，終於，夫差決定放句踐回國，句踐則宣示「越國將永遠效忠吳國」。

伍子胥入宮進諫：「勾踐是你曾經瀝血為誓要報復的仇敵，如今卻聽信讒佞小人（指伯嚭）之言，忘了國仇家恨。這好比把毛皮扔在炭火之上，把雞蛋置於千鈞之下，卻期待它不焦、不破，可能嗎？不危險嗎？我聽人說，夏桀登上高處時，自知身處危境，可是不知怎樣才能讓自己安全。現在迷途知返的話，走錯路還不算太遠，願大王明察。」

又來了，又是囉裡囉唆一堆大道理，又把夫差比擬為桀紂，又是老臣教訓少主「迷途知返」！

夫差對伍子胥的不滿，一下子宣洩出來：「寡人生病三個多月，不曾聽到過相國一聲問候之語。越王過去確實犯了大罪，可是他甘願來吳國做奴僕，甚至在我生病時，親口嘗我的糞便，表現了對我的忠心。幸好我上次沒有聽你的話將他殺了。」

伍子胥說：「大王請以常理思考一下。他可以為了保全自己的性命，而做出有違人性的行為，而且不顧自己國家的人民。這是一個多麼冷酷且陰沉的人哪！大王啊！句踐正在算計吳國，吳國危險了。我不敢逃避死亡以辜負先王，擔心社稷變為廢墟，宗廟長滿荊棘，到時候將悔之莫及。」

一聽到「先王」，夫差更不高興了，說：「相國這種話，以後別再說了，我不忍再次聽到。」

於是，越王句踐回到越國，臥薪嘗膽重建殘破的國家，處心積慮要報仇雪恥。

犯下致命錯誤，遭疑為不忠

可是夫差完全不把句踐放在心上，他的目標轉向北方——他要完成吳王闔閭未曾達到的事業：稱霸諸侯。

春秋時代的南方，向來是楚國獨大，楚莊王曾經率兵到周王畿「問鼎」。春秋中期以後，有很長一段時間是晉楚兩強南北爭霸的局面。吳王闔閭攻進郢都之後，楚國一蹶不振，吳王夫差想要跟晉國爭霸，計劃先擊敗吳國北面的另一個強國齊國。而當時的齊國內政陷入混亂，賢相晏嬰去世，明君齊景公也去世，有勢力的大夫各自擁護諸公子，立一君、廢一君，瀕於內戰邊緣。夫差見有機可乘，決定興師北伐。

齊國以低姿態向吳王夫差表示，「齊國對吳國並沒有任何無禮的行為或言論」，夫差乃下令撤軍。這下卻急壞了越王句踐，趕緊又送貴重寶物給太宰嚭，希望他影響吳王，不要停止北伐，越王句踐將親自帶領越軍「追隨驥尾」。太宰嚭於是日夜進言，只說伐齊必勝，稱霸指日可待。

伍子胥一看不對勁，越王勾踐存心不良，於是急忙進諫：「齊國好比無法下種的石田，距離吳國本土太遠，打贏了也無法長期占領，所以毫無利益。應該先伐越，去除心腹之患，再規劃北伐稱霸。否則將來後悔卻來不及了。」——倚老賣老的毛病又犯了，什麼「聽信讒言」，什麼「悔之無及」，都是夫差最不愛聽的話。所以，夫差根本懶得聽他講，反而派他出使齊國，與對方商量雙方交戰的日期！這個特使是來「宣戰」的，肯定不會看到好臉色，甚至飽受羞辱。

伍子胥此刻明白，吳王夫差已經無法容忍他了。可是他已經不復當年血氣，也不似當年有一股強烈的復仇意志驅使他再度流亡出走，同時他還懷著一絲僥倖：他對吳國有大功勞，對夫差又有擁立之功。

可是他犯了一個致命錯誤。

伍子胥對他的兒子說：「我多少次勸諫吳王，吳王都不肯聽。眼見吳國就要滅亡了，你跟我一起死，一點意義也沒有。」於是在出使齊國時，將兒子託付給齊國大夫鮑牧，自己回國覆命。對夫差來說，在此之前，伍子胥只是「討厭」而已，如今卻有了「不忠」的疑慮。

泣諫吳王反被賜死

終於，吳國出兵了，而且戰事順利，齊國低姿態請和，越國也沒有造反。夫差回國後，大宴功臣，坐首席的是太宰嚭，越王句踐也在座，這根本就是要羞辱伍子胥。

當群臣紛紛發言阿諛吳王「功勛蓋世，威震四海」時，子胥跪在地上泣訴：「嗚乎哀哉！忠臣從此掩口，讒臣從此得志，吳國將滅，宗廟將毀，城郭成廢墟，宮殿生荊棘。」

夫差終於忍不住，破口大罵：「你這老賊真是吳國的妖孽。看在先王面子上，寡人不殺你，你自己退下去閉門思過，不許再唱衰吳國。」

伍子胥當場拂袖而去，夫差派人送了一把「屬鏤」（音「主陋」）寶劍給伍子胥，意思很明顯：要他自我了斷。

【原典精華】

子胥受劍，徒跣褰裳，下堂中庭，仰天呼怨曰：「吾始為汝父忠臣立吳，……有霸王之功。今汝不用吾言，反賜我劍。吾今日死，吳宮為墟，庭生蔓草，越人掘汝社稷。……」

——《吳越春秋・夫差內傳》

（語譯）伍子胥拿著寶劍，赤著腳拎起衣裳，去到吳王宮庭，仰天呼怨，對夫差說：「我為你父親建立霸業，吳國能有今天，還不全都是我的功勞？如今卻賜我死，天理何在？我死不打緊，將來吳國宮殿成為廢墟，庭院生滿蔓草，越國將你的社稷宗廟夷平（那時候你才會想起我的忠言）。……」

夫差說：「你哪是吳國的忠臣？為什麼將兒子託付給齊國大夫？」伍子胥頓時醒悟，他犯了致命的錯誤，於是用屬鏤劍自刎而死。

伍子胥死了，可是夫差餘恨未消，下令將伍子胥的頭砍下來，掛在城樓上，並將無頭屍身裝在皮革製的袋子裡，投入江中。

伍子胥的屍體隨著江水潮起潮落，沖激著江岸。傳說，伍子胥死後成為江神，因為認定越王句踐是仇人，所以每逢月圓之夜，就在錢塘江上鼓動潮水，因此錢塘潮又名「子胥潮」。吳越地方人民信奉伍子胥為錢塘江神，迄今祭祀不衰。

【原典精華】

太史公曰：怨毒之於人甚矣哉！……向令伍子胥從奢俱死，何異螻蟻。棄小義，雪大恥，名垂於後世，悲夫！方子胥窘於江上，道乞食，志豈嘗須臾忘郢邪？故隱忍就功名，非烈丈夫孰能致此哉？

——《史記．伍子胥列傳》

（語譯）太史公說：仇恨之心真能夠對人造成最大的驅動力量！伍子胥如果在最初時，跟著父親伍奢一起死，他的生命意義跟螻蟻有何差別？他能夠棄小義而雪大恥，名垂後世，是多麼悲壯！當他受困於江邊、乞食於路邊的時候，何嘗須臾忘記對楚王的怨恨呢？能夠堅忍所有的危險、窘迫而成就功名，若非一位性格剛烈的大丈夫，怎麼能夠辦到呢？

公孫策點評

那個「君要臣死，臣不敢不死」的年代，伍子胥的怨毒之心不但驅使他視國君為仇人，甚至還將楚平王的屍體從地下挖出來鞭屍。司馬遷說他「何嘗須臾忘郢」，可是從楚國撤軍回吳以後的伍子胥，已經不再是之前那個「楚國伍子胥」，而是「吳國伍子胥」了。而「吳國伍子胥」卻又將他的兒子託付給正式宣戰的敵國（齊國）大夫！

然而，我們如果細心揣摩伍子胥的心思，可以發現，他並不是始終如一的：逃出楚國時，他想的是奉太子回郢掌權；逃出鄭國後，原本的「楚王室貴族」思考已經完全沒有了，經過莽蕩山區以後，他已經能夠不以行乞為恥；在鞭楚平王屍以後，他其實已經沒有人生目標，有的只是先王功臣的高傲。

始終如一的是，他那顆無可拘束且無所畏懼之心，因此，本書形容他是「框不住的英雄膽」。

兵聖孫武是外星人？

《尉繚子》是戰國後期兵家集大成之作，它推崇春秋戰國時代的用兵：「提十萬之眾而天下莫當者，齊桓公也；提七萬之眾而天下莫當者，吳起也；提三萬之眾而天下莫當者，孫武子也。」

吳國以僻處東南的小國能夠擊潰南方霸主楚國，攻進郢都，幾乎滅了楚國。孫武在柏舉之戰確實用兵如神，將兵力居於絕對優勢的楚軍玩弄於股掌之上。但是這位被尊為中國兵聖的名將，史書中卻沒有來歷，也沒有去處。

《史記》裡只說他是齊國人，卻沒有家世、沒有師承，沒有任何背景資料。《吳越春秋》說，孫武「善為兵法，辟隱深居，士人莫知其能」。他被尊崇為「兵聖」，是因為那部流傳至今的《孫子十三篇》。後來吳軍從楚國全面撤退，史書上卻不再出現有關孫武的記載。也就是說，孫武沒有來歷，不曉得他的兵法師承，也不知道這麼一位齊國兵法奇才怎麼會流落在吳國；而他在建立蓋世功勛之後，又消失了。

來無影，去無蹤，難不成是外星人？

胥河——中國第一條運河

吳軍攻進郢都是春秋時期堪稱奇蹟的一次戰役，孫武用兵如神固然是充分條件，背後還有一個重要因素是胥河，讓六萬吳軍能夠十一天從蘇州進入楚國國境，以疾雷不及掩耳之勢，五戰五勝。

胥河是中國（也是世界）第一條運河，開鑿完成於西元前五〇六年（比歐洲最早的運河，瑞典的果達河早二千三百多年），是伍子胥為了伐楚而開鑿，將太湖到長江之間的一些湖泊、大澤（濕地）貫通，當年動員二十萬民工，開鑿數百里水道。

當年吳國的霸業一大實力就是開鑿運河的工程技術。闔閭之後，吳王夫差為了北上與齊國、晉國爭霸，開鑿邗溝（西元前四八五年前後），連結長江與淮河水路，為吳軍北伐節省了陸地行軍的工夫與成本。現在的京杭大運河，北起北京通州，南抵浙江杭州，仍然用到邗溝水道。

戰國時，魏惠王開鑿鴻溝（西元前三六〇年）連結黃河與淮河，古代江淮河濟四大水系於焉貫通。鴻溝就是後來「楚河漢界」的那條水道，隋代通濟渠、唐代廣濟渠、元代京杭運河先後完成，鴻溝就湮沒了。

胥河、邗溝、鴻溝是先秦時代開鑿的運河，秦始皇時開鑿靈渠溝通湘江（湖南）和灕江（廣西），將長江和珠江水系連結起來。也就是說，早在二千二百年前，中國四大水系黃河、淮河、長江、珠江就有人工運河溝通了。

子貢——穿梭外交第一人

吳國向齊國宣戰之前，齊國曾經想要攻打魯國。起因是齊國執政大夫陳成恆（又稱田恆子）想要謀殺國君齊簡公，獨攬大權。可是忌憚齊國另外四個大家族（高、國、鮑、晏）實力仍強，於是想要建立戰功以提高自己在國內的聲望地位。

孔子召來弟子，「你們哪一位願意到各國去遊說一番，解除魯國的危機？」子路、子張、子石都自告奮勇，孔子卻認為他們都不適合。子貢請求前往，孔子認為他很適合，於是子貢開始穿梭外交。

子貢先去齊國，對陳成恆說：「伐魯不如伐吳，齊國伐魯當然會打勝仗，可是國君將更為驕橫，四大家族將更為囂張，你的處境將危如累卵，所以我說不如伐吳。吳國兵精糧足，能征慣戰，齊軍大概不是對手，必定敗陣。然後閣下徵用全國士兵，假國君之命要四

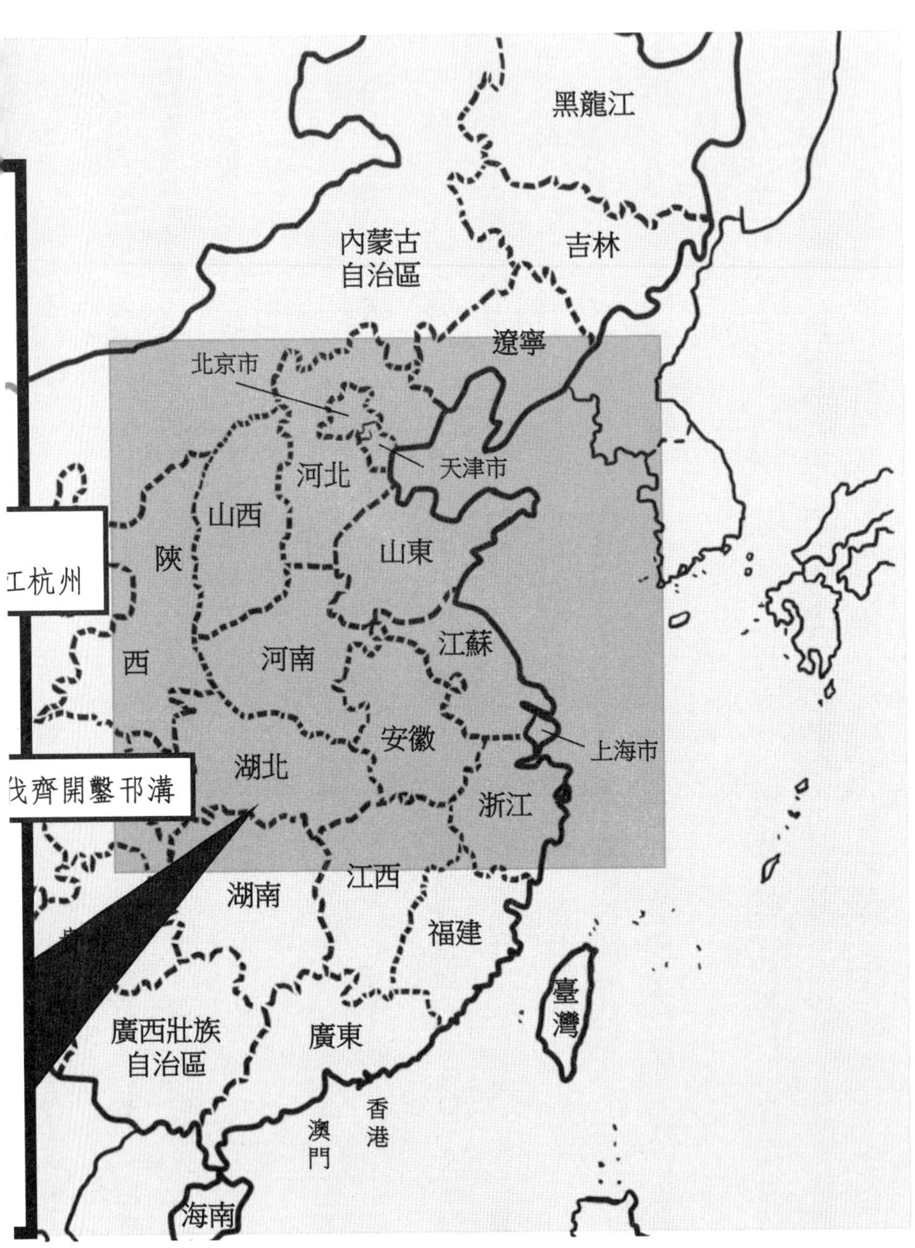
黑龍江
吉林
內蒙古
自治區
遼寧
北京市
天津市
河北
山西
陝
西
山東
江蘇
河南
安徽
上海市
湖北
浙江
江西
湖南
福建
廣西壯族
自治區
廣東
臺灣
香港
澳門
海南
江杭州
伐齊開鑿邗溝

京杭大運河與先秦三條運河

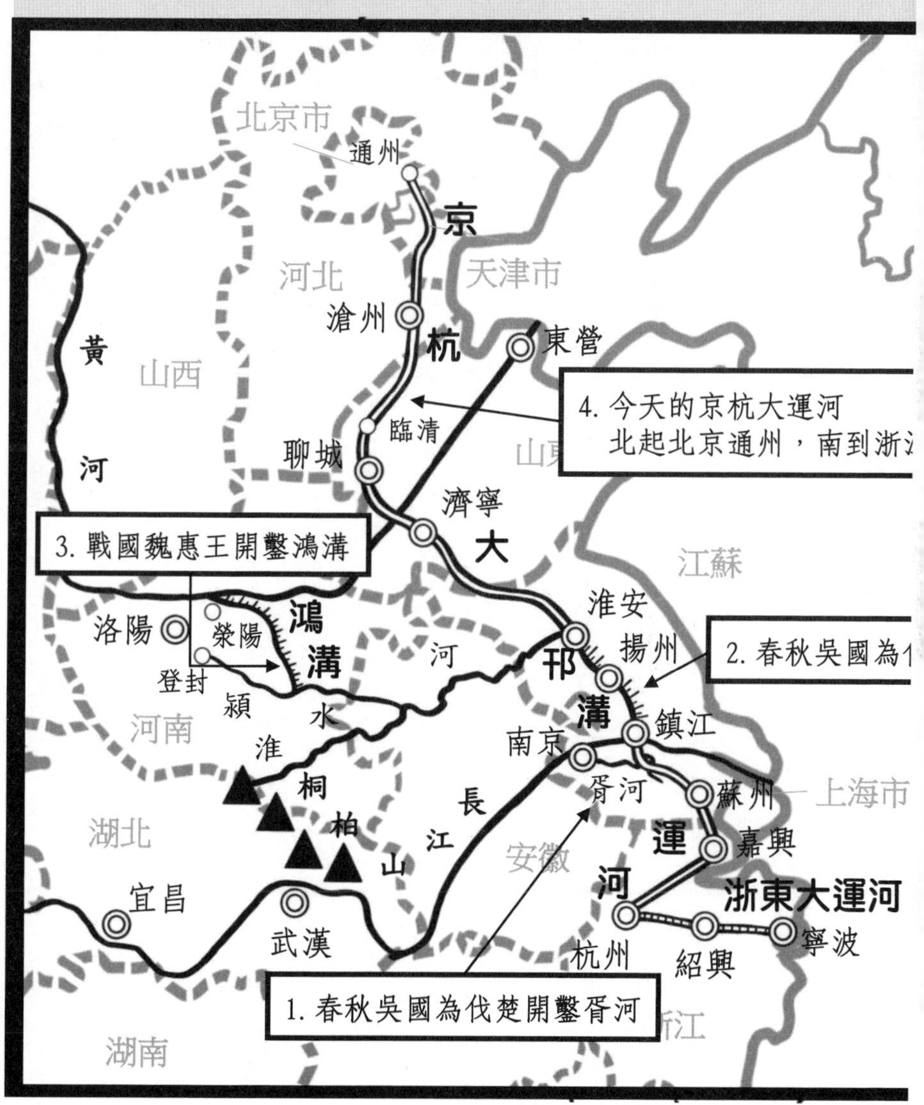

大家族披上鎧甲出征，那時候，閣下沒有強有力的對手，就能孤立國君、控制齊國了，不是嗎？」陳成恆認為有理，當時齊軍已經開到魯國城下，但他決定暫時按兵不動，等待子貢遊說吳國。

子貢南下，晉見吳王夫差說：「出兵救魯可以保全將亡的魯國、壓制暴虐的齊國、威懾強大的晉國，博得國際聲譽，就在此一舉，大王毋須再有所疑慮了。」夫差認同子貢的說法，但表示「擔心越國偷襲後方」，於是子貢再前往越國。

越王勾踐充分了解子貢的來意，他巴不得吳王夫差北伐，同意將越國的寶物送給太宰嚭，以卑微的言辭對吳王夫差宣示效忠，讓他完全消除後顧之慮。

子貢再回到吳國，對吳王夫差說：「我去跟越王談過了，他很快就會派使者來表達忠誠。」於是夫差放心出兵。

子貢回程時，還轉彎去了晉國，請晉定公做好準備，等待吳軍和齊軍兩敗俱傷。之後的發展果如子貢的算計：吳國戰勝了齊國；吳王夫差跟晉定公爭盟主雖然佔了上風，可是越國偷襲吳國後方，吳王夫差撤軍回國，晉國維持中原霸主地位；越王句踐滅了吳國之後也一度爭霸中原。

司馬遷在《史記》中評論子貢那一次出任務，「子貢一出，存魯，亂齊，破吳，強晉而霸越」，大大改變了諸侯國際局面。

孔子周遊列國是縱橫家的鼻祖，子貢則是中國歷史上穿梭外交的第一人，早於蘇秦、張儀等戰國策士一百年以上。

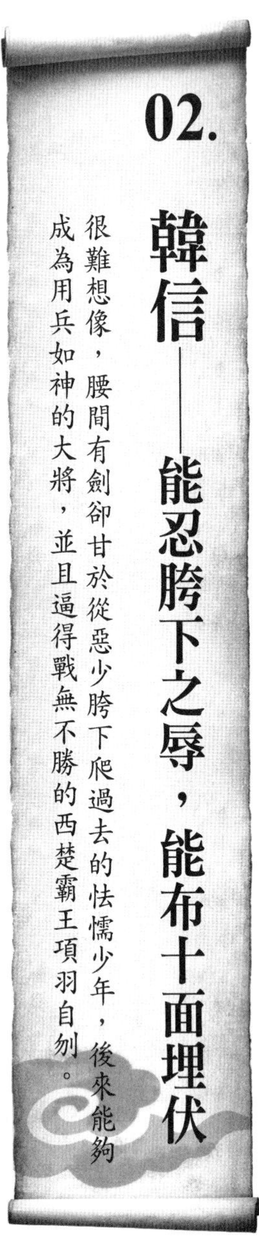

02. 韓信——能忍胯下之辱，能布十面埋伏

很難想像，腰間有劍卻甘於從惡少胯下爬過去的怯懦少年，後來能夠成為用兵如神的大將，並且逼得戰無不勝的西楚霸王項羽自刎。

有所忍有所不忍

韓信是淮陰（今江蘇淮安市內）人，年輕時可以「一無是處」形容：不事生產也不去做生意，只好跟在人們後頭蹭飯吃，淮陰人多半都鄙視他。

有一度，他在淮陰郡的南昌亭長家裡寄食，亭長的老婆擔心這個寄生蟲會長久留在家中，於是耍了一招：做了早飯後，自己一個人躲在被褥裡吃。韓信感受到她的輕蔑與敵意，絕決而去。

沒有生計，韓信到城外淮水去釣魚覓食，淮水畔一位漂母（漂洗染布的婦女）見他沒飯吃，連續數十日帶食物給他。韓信對那位漂母說：「我將來一定會好好的報答妳。」卻換來漂母一頓教訓：「我看你相貌不凡，所以給你飯吃。看看你，一個四肢健全的大丈夫連自己都養不活，我難道還期望你報答嗎？」

韓信雖然窮極潦倒，但腰上總是配掛一把劍，揚長在淮陰市上。淮陰城裡一個惡少，在市場中攔住韓信：「你雖然個子高大，又喜歡佩帶刀劍，其實你是個膽小鬼。你敢不敢拔劍殺了我？不敢，就從我褲襠下爬過去。」韓信瞪著那惡少良久，最後趴下身子，從惡少的胯下爬了過去。市場上所有人皆看到那一幕，都譏笑他，認為他是個怯懦貨色。

蹭飯吃遭亭長老婆嫌棄，韓信不食嗟來食。可是惡少當街羞辱他，他即使不拔劍殺了對方，能不能轉身不理他呢？他從對方胯下爬過去的時候，腦袋裡想的是什麼呢？好手好腳不去打工，白吃漂母的飯（漂母也是窮苦人家）而不以為恥，還說將來要好好報答人家，他真的相信自己總有一天會發達嗎？

司馬遷在《史記．淮陰侯列傳》末尾的「太史公曰」寫下：我去到淮陰，淮陰人跟我說，韓信年輕時志向就跟別人不一樣，他的母親過世，雖然家貧無以安葬，韓信仍然自己堆土弄出一個地勢高且寬敞的地方，將母親埋葬在那裡，旁邊可供超過一萬個墓塚。我自己去看他母親的墳，果然如鄉人所說。司馬遷的意思是，韓信相信自己終必飛黃騰達，所以母親的坟墓也要有「百鳥朝鳳」的氣派。

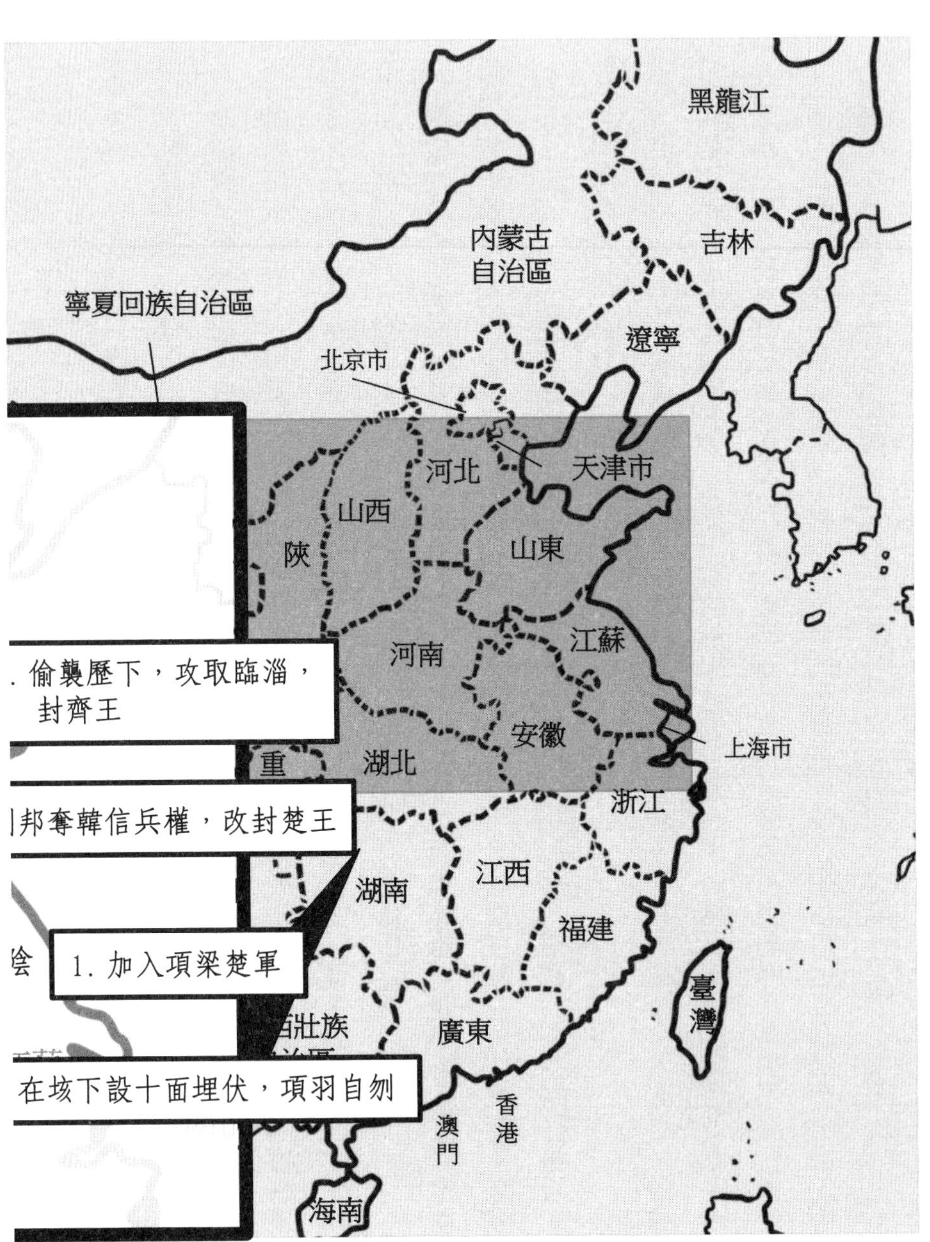
黑龍江
內蒙古
自治區
吉林
寧夏回族自治區
遼寧
北京市
天津市
河北
山西
陝
山東
江蘇
河南
. 偷襲歷下，攻取臨淄，
封齊王
安徽
上海市
重
湖北
浙江
邦奪韓信兵權，改封楚王
江西
湖南
福建
1. 加入項梁楚軍
臺
灣
廣東
在垓下設十面埋伏，項羽自刎
香
港
澳
門
海南

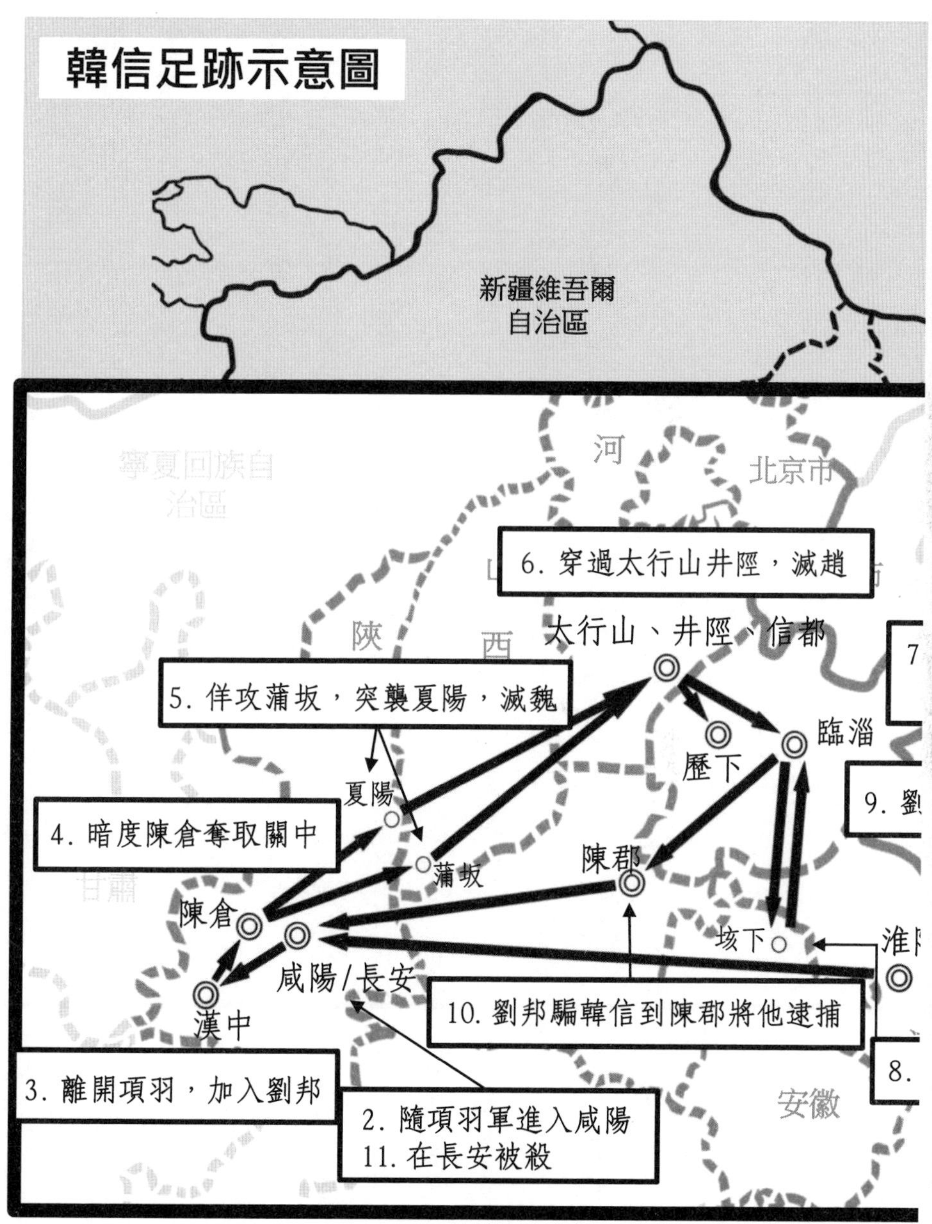
韓信足跡示意圖
新疆維吾爾
自治區
寧夏回族自
治區
河
北京市
陝
西
甘肅
安徽
6. 穿過太行山井陘，滅趙
太行山、井陘、信都
5. 佯攻蒲坂，突襲夏陽，滅魏
臨淄
歷下
夏陽
4. 暗度陳倉奪取關中
蒲坂
陳郡
陳倉
咸陽/長安
漢中
垓下
10. 劉邦騙韓信到陳郡將他逮捕
3. 離開項羽，加入劉邦
2. 隨項羽軍進入咸陽
11. 在長安被殺

這樣一個膽子小卻志氣高的年輕人，有所忍有所不忍，但人們完全不能理解他心裡在想什麼，如果是在太平時代，大概就一輩子受鄉人鄙視了吧。然而，那卻是一個大時代，無數英雄逐鹿天下的大時代。

跳槽劉邦陣營，官拜大將

秦始皇死，秦二世搞到天怒人怨，陳勝首先揭竿而起，故楚國郡縣紛紛起義，其中最有號召力的是項梁。項梁是從前楚國抗秦名將項燕的兒子，他的姪兒就是後來的西楚霸王項羽，項梁和項羽殺了會稽太守起兵（會稽郡治在今江蘇蘇州市），軍力迅速膨脹，北上渡過長江。陳勝敗亡後，項梁北上渡過淮河，打起為陳勝復仇的旗號，成功的收編了陳勝餘眾，並且尋訪到一個楚王後代，扶植他為楚懷王，建立了抗秦的楚軍正統地位。

項梁渡過淮河時，韓信就帶著他的長劍投入項家軍，起初當然只是一個小卒，籍籍無名。後來項梁遭到秦軍伏擊陣亡，項羽接收了他的部隊，韓信晉升為郎中（管宿衛的中級軍官）。

楚懷王命項羽和劉邦分頭進攻關中，約定「先入關中者為王」。劉邦走黃河南岸路線，率先入關。項羽則先北上，在邯鄲擊潰秦軍主力，威震天下，然後帶領諸侯聯軍西進關中。項羽對劉邦先進關中很生氣，因而不遵楚懷王的約定，將劉邦封為漢王（漢中盆地，治所在南鄭，今陝西漢中市），關中則封給三個秦軍降將章邯、董翳、司馬欣，劉邦雖然不服，但自忖不是項羽敵手，只得接受項羽的分封。

韓信此時做出重大決定：從項羽陣營跳槽到劉邦陣營。

項羽、劉邦都是楚人，韓信也是楚人。以當時的形勢，項羽號令天下諸侯，而且封地彭城（今江蘇徐州市）在淮陰附近，而劉邦等於被排擠到遠離中原的漢中，韓信此時跳槽完全背離「西瓜偎大邊」的世俗原則——又一次，沒有人能理解他腦袋裡想的是什麼。

韓信在漢軍（以下皆稱漢軍、楚軍）的職位是連敖，升官但並非要職。有一次韓信被牽連進一個案子，依軍法要處死刑，前面已經斬了十三人，該輪到他了，他仰頭看見夏侯嬰經過，朗聲說：「漢王不想得天下了嗎？怎麼要殺我這個一等人才！」夏侯嬰是劉邦的老弟兄，他看韓信相貌不凡，臨斬首還敢這樣說話，就下令釋放韓信，跟他對談一番之後，非常欣賞，就向劉邦推薦這個奇才，劉邦升了韓信的官，任命他為治粟都尉（負責調度軍糧），算是高級將領且是個肥缺，可是劉邦並不很重視他。

丞相蕭何總負責漢軍後勤，跟韓信有職務上的接觸，他對韓信另眼相待，好幾次向劉邦推薦，劉邦都沒有採納。韓信忖度漢王不會重用他了，於是不告而別。蕭何聽說，連夜將韓信追回，對劉邦說：「漢軍諸將屬於一般材料，可是韓信卻是天下無雙的將才。大王如果想要長久窩在漢中，那無所謂，如果想要爭奪天下，則非韓信不可。」

劉邦說：「好，那就任命他為將軍。」蕭何說：「給他當將軍，還是留不住的。」劉邦問：「那要怎樣？」蕭何說：「要拜他為大將。」大將，就是軍隊總司令，古時候為了展現鄭重其事，君王都在出征前設壇拜將，也就是築一個高台，國君在上頭向大將行禮。

劉邦接受了蕭何的意見，下令搭起拜將台，漢軍幾個沛縣老革命如曹參、周勃、樊噲等，都想著會不會是自己，揭曉是韓信時，全軍都大為吃驚。

明修棧道，暗度陳倉

拜將典禮完成，劉邦對韓信說：「丞相數度推薦你是軍事奇才，你何以教我？」韓信卻反問劉邦：「東向爭勝的對手是項王。大王自認為帶兵打仗可以跟項王比嗎？」劉邦默然良久，說：「我不如他。」

韓信起身向劉邦鞠躬行禮兩次（再拜，致最高敬意），說：「大王能夠自認不如對手，就是勝過對手的第一步。我也認為大王用兵打仗不如項王，可是我曾經在他部下，知道他的弱點在哪裡。

「項王打仗氣勢雄壯，敵人遇到他都氣餒，可是他不能識才授權，那只是匹夫之勇；項王待人有禮且仁慈，士卒有疾病都親切溫柔的慰問，可是將士有戰功應當封給爵位時，印都刻好了，卻把在手中摩挲，不捨得給出去，這叫婦人之仁。

「項王雖然稱霸天下且讓諸侯臣服於他，可是他不留在關中，卻以彭城為都，更背棄與義帝（項羽尊楚懷王為義帝）當初的約定，沒讓大王您當關中王，而且分封諸王也是憑個人喜愛，所以諸侯私下都怨恨項王，只不過懾於他的武力強大罷了。名義上他雖然是霸主，其實大失天下人心，所以他的強大很容易轉弱。

「大王如果能夠反其道而行，重用天下英雄人物，捨得分封城邑給功臣，天下人怎麼可能不服？

「更何況，大王入關中以後秋毫無犯，跟關中人民約法三章，關中人民都希望大王去當關中王，如今若舉兵聲討三秦王（指章邯、董翳、司馬欣），肯定能夠傳檄而定。」

其實，韓信上述那番議論並非進攻關中戰略，而是對項羽的性格與人心向背分析，層次在軍事戰略之上。至於韓信進攻關中的戰略，則是「明修棧道，暗度陳倉」。

當初劉邦從關中往漢中時，張良建議：一路走，一路將走過的棧道燒掉。一方面安項羽的心，認為劉邦無意東向；一方面防止關中「三秦王」循棧道攻打漢中。

而韓信的奇計則是：公開宣布「派周勃、樊噲負責修復棧道」，暗中則積極準備循陳倉道進攻關中。陳倉道是關中通漢中的一條古老路線，當時稱做「故道」，也就是很少人走的半廢棄棧道，基本上是循嘉陵江上游諸河谷穿越秦嶺。

而周勃等奉命修建的，是劉邦來漢中時走的路線，稱為子午道。由於周勃、樊噲是諸侯熟知的漢軍主要將領，項羽封在關中的三秦王因此研判漢軍主力一定循之前的棧道來，所以將重兵布置在子午谷口，而且好整以暇，因為五百里棧道不是一年半載修得好的。

韓信確認三秦主力部隊移至子午谷口後，即刻出兵陳倉道。三秦王倉促應變，章邯在陳倉被擊潰，關中父老簞食壺漿迎接漢王，司馬欣與董翳投降，只剩章邯率領殘部打游擊，劉邦只花了二個月就掃平了關中——果然傳檄而定。

楚漢相爭，韓信東征

劉邦攻取關中同時，項羽犯了一個大錯——派人殺害義帝。原本就對項羽不服氣的諸侯，一個個背叛，劉邦見形勢對項羽大不利，於是高舉「為義帝發喪」大旗，號召諸侯討伐項羽，立時成為諸侯盟主，聯軍號稱五十六萬人，浩浩蕩蕩殺進了彭城。

怎麼會那麼順利？因為項羽當時帶兵攻打背叛的齊王田榮不在彭城。他聽到彭城陷落的消息，隨即將齊戰場交給部將，自己帶領精兵三萬殺奔彭城而來。西楚霸王果然驍勇善戰，隔天拂曉打贏第一陣，中午就殺到了彭城，五十多萬聯軍不堪一擊，被楚軍殲滅十萬人，又在靈壁（今安徽靈壁縣）將十萬漢軍逼入睢水（河道已於清代湮沒）溺死。劉邦帶著殘兵敗將一路逃到滎陽（今河南滎陽市）才喘過氣來，據險而守，立定腳跟。

雖然聯軍潰散，諸侯再度歸附西楚霸王，然而楚漢對抗形勢已成，劉邦更將前線推進到了滎陽、成皋一線（成皋也在今滎陽市）。張良看出項羽的弱點：項羽雖然所向披靡，可是楚軍全靠他一個人，只要多樹立項羽的敵人，就能擊敗他。他的建議是：拉攏九江王英布，同時命韓信東征，攻下魏、趙、齊，威脅楚國的側背。之前劉邦號召聯軍進攻彭城，韓信留在關中沒有同行，現在張良獻策，漢軍也只有韓信能夠獨當一面，於是韓信掛帥東征

韓信東進，魏王魏豹在蒲坂（今山西省永濟市）布置重兵，盯住臨晉（今陝西省大荔縣）的漢軍。韓信將計就計，大動作集結船隻，擺出要在臨晉大舉渡過黃河的姿態，實際卻派出奇兵，從八十公里外的夏陽（今陝西省韓城市）渡河。

渡河需要大量船隻，可是漢軍只有一百多艘船，運能差很多。韓信派軍隊砍伐木材，並大量收購「罌」（一種口小肚大的陶製容器），將罌封口後綁緊連結，上鋪木板，就成了

木筏，稱為「木罌」。器材備齊後，韓信命令灌嬰將軍隊與船隻在臨晉渡口列陣，擺出要渡河攻擊的姿態，自己跟曹參帶領主力軍隊連夜到夏陽，以木罌渡過黃河，直攻魏國首都安邑（今山西省夏縣）。魏豹在蒲坂接獲消息，大驚，回軍迎戰，兵敗，被韓信生擒，解送滎陽。於是劉邦增兵三萬給韓信，讓他乘勝攻取趙、燕、齊。

詐敗取得大勝

攻趙必得穿過太行山（山西、河北之間的天然地理界線），古時候穿越太行山的路徑只有幾條「陘」，也就是山脈中斷處。可想而知，地形狹窄且容易設埋伏。

韓信選擇了其中一條「井陘」，趙王趙歇與成安君陳餘得到情報，聚集全國兵力到井陘口應戰，號稱二十萬大軍。陳餘手下將領李左車獻策：「請撥給我三萬人馬，抄他後路，斷絕他的補給線。閣下只要深溝高壘不出戰，令對方進退不得，十天之內，韓信的腦袋將可以放在我們的軍旗之下。」

陳餘是位儒將，經常掛在口上的就是「義兵不用詐謀奇計」。對李左車的建議，說：「韓信的兵力號稱數萬，其實不過數千。如果這種敵人都不正面迎擊，萬一被諸侯認為我們趙國怯戰，將來遇到更大的對手，怎麼作戰？」拒絕了李左車的獻策。

韓信知道通過井陘行軍的風險，所以不斷派出探子偵察趙軍動向。當他確定陳餘不採納李左車的獻策，即刻下令大軍開入井陘，數百里山隘險道安然通過，未遭埋伏，一直到達距離井陘口三十里處，下令停止前進。韓信半夜派出二千輕騎兵，不帶重裝備，每個人隨身帶一支漢軍的紅色軍旗，繞山中小路，藏在可以望見趙軍營壘的山中，交付任務：「我軍將詐敗，只要看見趙軍傾巢而出，你們要迅速馳入趙軍營壘，拔掉趙軍旗幟，插上漢軍的紅旗。」

奇兵出發後，韓信下令開飯，軍隊吃飽飯，先派出一萬人，對領軍將領說：「陳餘在沒看見我大將的旗鼓之前，不會出擊，你先出去，背水結陣。」背水結陣完全違反兵法原則，趙軍在營壁上望見，全都大笑（輕敵）。

天亮後，韓信大軍出井陘口，高舉大將旗幟、部隊擊鼓前行，陳餘下令趙軍開壘出戰，兩軍酣戰良久。韓信依計畫詐敗，下令拋棄軍旗與戰鼓，往背水結陣的漢軍橋頭堡撤退。水岸陣地開壘讓大軍進入，然後整頓隊伍，回頭再戰。

趙軍壁壘內的軍隊果然傾巢而出，爭搶漢軍丟棄在戰場上的旗鼓（奪得敵方旗鼓可以報功，前方軍隊忙於追逐敵人，無暇撿拾旗鼓，營內軍隊乃輕出搶功），而漢軍背水一戰，退無可退，個個拚命，趙軍無法取勝。

這時候，前晚派出的二千騎兵迅速馳入趙軍壁壘，拔掉趙軍旗幟，插上漢軍紅旗。趙軍回頭看見，大驚，以為營壘已經失陷。由於趙軍家屬都在營壘內，軍心一亂，陣形跟著大亂，個個只想往回跑。殿後的趙軍將領斬殺逃兵，仍然擋不住兵敗如山倒。於是漢軍前後夾擊，大破趙軍，陳餘在亂軍中戰死，趙歇被俘。

韓信在大勝之後的第一道命令：誰能找到活著的李左車，賞千金。很快的，有人送來了「戰俘」李左車。大將軍韓信親自為戰俘李左車解開繩子，請他坐在西席，以對待老師之禮待之，向他請教攻取燕國的戰略。

李左車建議韓信，不要用武力征服燕國，派出使節勸降即可。此計果然奏效，由於韓信滅魏破趙威名遠播，燕王答應歸順。

雪胯下之辱，敗齊國貴族

韓信攻取趙、燕之地，劉邦卻在滎陽被項羽殺得大敗。他隻身脫離戰場，在天未明時突然衝進韓信大營，等韓信醒來，漢王已經接管兵權。劉邦收回原先撥給韓信的漢兵，再回滎陽戰場。同時命令韓信帶領趙、燕軍隊伐齊。

同時間，漢陣營的著名奇辯之士酈食其向劉邦提出，願意前往遊說齊王田廣歸降，劉邦同意，而酈食其也順利的遊說齊王成功。

所以，當韓信大軍開抵平原津時，田廣每天跟酈食其喝酒宴飲，完全沒有防備。韓信起初有意停止進軍，可是謀士蒯徹對他說：「漢王並沒有下詔要將軍停止進軍，而那個書生（指酈食其）以三寸不爛之舌，一席話取齊國七十餘城，將軍打了一年多才下趙國五十餘城，難道血戰沙場數年，還不如一個書生嗎？」韓信聽進了這話，下令渡過黃河，突襲歷下（今山東濟南市）齊軍，大軍直逼臨淄城。齊王田廣大怒，烹殺酈食其，逃往高密（今山東高密市），並向楚王項羽求援。

項羽派大將龍且援齊，應允得勝後封給他半個齊國。有人建議龍且：「韓信一路打勝仗，勢不可當，可是漢軍千里遠征，人心未服。應該深溝高壘，不跟他開戰，讓齊王去招攬齊國各城軍隊反抗漢軍，韓信將只有投降一途。」

龍且是故楚國貴族出身，曾經跟項梁一同擊敗秦國遠征軍，且剛平定英布叛變，正趾高氣昂。他說：「我一向聽說，韓信是個膽小鬼（韓信是楚人，胯下受辱之事在楚地流傳甚廣）。如果援救齊國卻沒有打一場像樣的仗，我還有什麼功勞？今天如果將他擊潰，可得齊國之半，奈何堅壁不戰？」原來，龍且想打贏了可以當齊王！

楚軍與漢軍隔著濰水列陣，韓信派人裝了一萬多個沙囊，趁夜將上游河水攔住。天亮後，漢軍主動渡河攻擊，前軍詐敗，回頭就往河邊逃。龍且說：「我就知道韓信是個膽小鬼，他的軍隊也一樣！」下令楚軍渡河追擊。楚軍渡河一半時，韓信發出信號，上游掘開壅塞河水的沙囊，洪水急瀉而下，船上的通通沖走，還沒上船的留在對岸，已經登岸的被殲滅，龍且陣亡，田廣逃走，韓信招降楚軍，並盡得齊地。

封齊王，拒反漢王

齊王田廣號召齊地人民反抗韓信，韓信的戰地政務工作困難重重，這跟他招撫燕地得以傳檄而下情況完全相反，因為他是偷襲已經答應歸降的齊王，誠信不立乃致不得民心。

謀士蒯徹建議韓信，請漢王劉邦封他為齊王，才能名正言順的統治齊國。韓信不好意思要求封齊王，派使者向漢王請求：「齊人狡詐多變，反反覆覆，南邊又與楚國接壤。如果只以佔領軍名義，恐怕難以搞定，希望能封我一個『假王』，我才有鎮壓齊人的正當性。」

漢王劉邦當時正在滎陽城裡養箭傷，看到韓信來書，大怒，開罵：「老子困處此地，日夜期盼你來幫我，你小子卻只想自己封王！」

話說一半，張良和陳平各踹了一下劉邦的腳跟，附耳進言：「我們正處於不利情況，哪有力量阻止韓信稱王？不如順勢立他為齊王，更厚待他，至少讓他中立，守住齊地就好。否則的話，他可以自立為齊王，甚至可能跟項羽聯合，那可後果嚴重喔！」

劉邦是個聰明人，一點就透，立即改口，仍以開罵口氣說：「沒出息，大丈夫平定諸侯之地，當然就是真王，還當什麼『假王』！」於是派張良為使節，帶著印信，到臨淄去封韓信為齊王，並徵召韓信出兵，由東方攻擊楚國。

整個天下大勢其實已經改變，原本楚、漢在滎陽對峙，趙、燕、齊在東方算是「第三勢力」。如今韓信橫掃東方，原本楚強漢弱的局面，變成「兩邊和大於第三邊」。韓信既然是「第三邊」，楚漢哪一方爭取到他，就能穩居勝面。因此，項羽也派出使節，到齊地跟韓信談聯盟。

韓信對項羽的說客武涉說：「我當年在楚軍官階不過郎中，任務不過執戟（宿衛），建言、獻策都不被採用，所以投奔漢國。漢王授我上將軍印，交付數萬軍隊給我，我吃的、穿的都跟他一樣（解衣衣我，推食食我），聽我的建言、用我的獻策。人家待我如此親近、如此信任，我即使死了，也不會動搖立場，請為我向項王致謝！」

武涉不得要領而去，策士蒯徹卻認為機不可失。於是想要以相人術說服韓信。

【原典精華】

以相人說韓信曰：「僕嘗受相人之術。」

韓信曰：「先生相人何如？」

對曰：「貴賤在於骨法，憂喜在於容色，成敗在於決斷，以此參之，萬不失一。」

韓信曰：「善。先生相寡人何如？」

對曰：「願少閒。」

信曰：「左右去矣。」

通曰：「相君之面，不過封侯，又危不安。相君之背，貴乃不可言。」

——《史記・淮陰侯列傳》

（**語譯**）蒯徹：「我曾經跟一位高人學過相人之術。」

韓信：「先生看寡人之相如何？」

蒯徹：「請摒退左右。」

> 韓信吩咐左右退出。蒯徹說：「我相大王的面，不過封個侯爵，而且處境危險，並不安定。但是我相大王的背，卻貴不可言！」

「背」暗示「反」。摒退左右，然後說「貴不可言」，蒯徹的意思非常明顯。他繼續引申：「當今兩強的命運操在閣下手中，閣下的最高利益是與楚漢等距外交，讓他們維持均勢，則齊國可以三分天下，鼎足而居。以閣下用兵之神，不難割取大邊、補助小邊，然後扶助鄰近小諸侯，諸侯感懷齊王的德澤，相率而朝，齊國就能號令天下了。」韓信對這番話完全不接受，仍以「漢王衣我以其衣，食我以其食」做為推辭，謝絕了蒯徹的進言。

過了幾天，蒯徹再進言，但韓信立意已決，不為動搖。蒯徹曉得自己已經種下大禍，而且算準韓信的下場悲慘，只好假裝發瘋去當乩童。後來事實證明，蒯徹說的「面相不過封侯，而且處境危險」都說中了，而韓信可能因此錯過了「三分天下」的機會。他的決定是對，是錯？哪知，歷史無法重來。

大敗楚霸王，劉邦心生忌憚

楚軍疲憊且缺糧，項羽不得不跟劉邦協議，兩國以鴻溝（連結黃河與淮河的運河，河

黑龍江
吉林
內蒙古
自治區
族自治區
遼寧
北京市
天津市
河北
山西
山東
言）
江蘇
河南
安徽
上海市
湖北
浙江
江西
福建
臺灣
廣東
香港
澳門

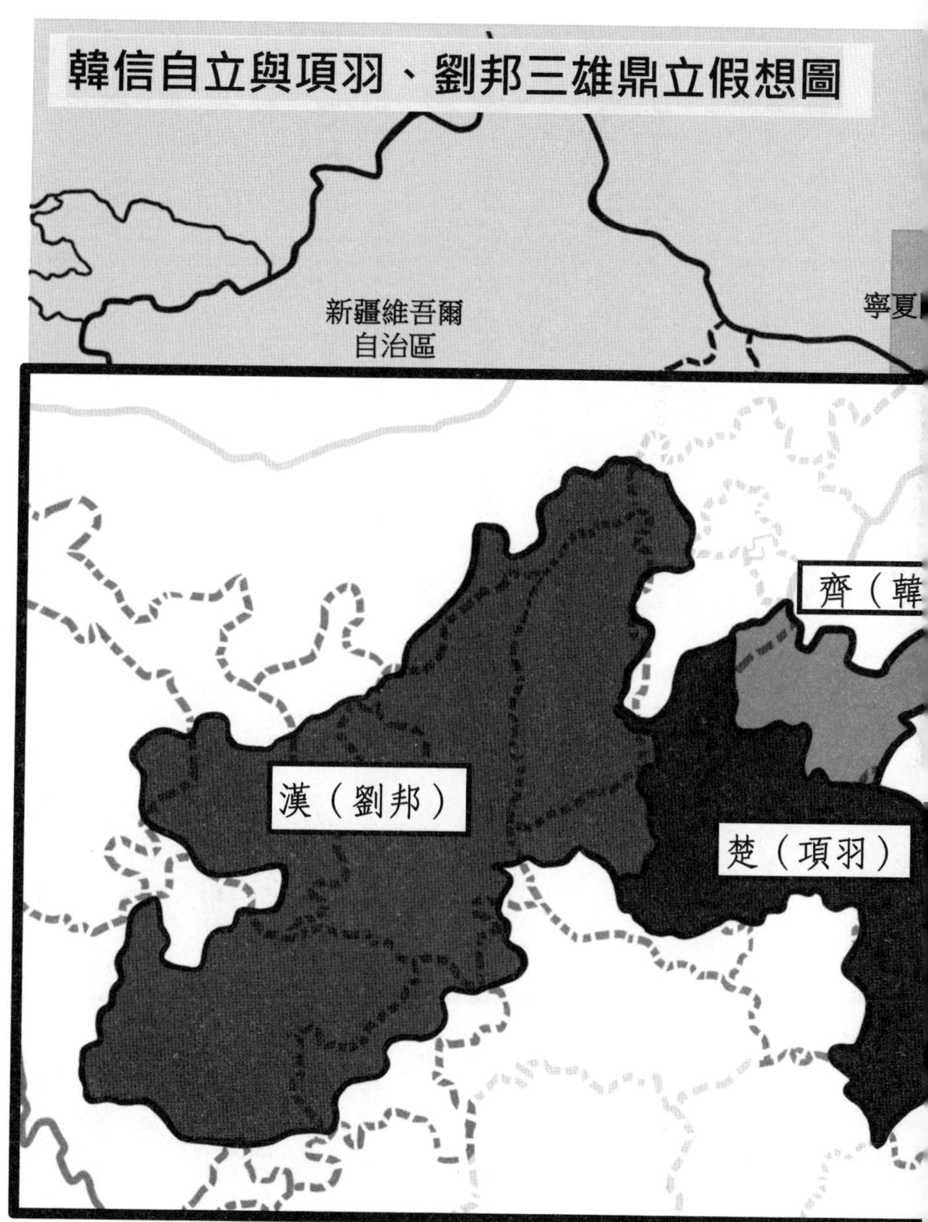
韓信自立與項羽、劉邦三雄鼎立假想圖
新疆維吾爾
自治區
寧夏
齊（韓
漢（劉邦）
楚（項羽）

道現已湮沒）為界，以東歸楚，以西歸漢。可是項羽引兵東歸，劉邦卻違約縱兵追擊，項羽三次回軍擊敗漢軍，劉邦打不過項羽無計可施，召韓信、彭越、英布出兵，答應得天下後封他們為王。

韓信在九里山前擺下十面埋伏，楚軍攻擊一面，則另外九路拊其側背，將楚軍困在垓下，然後教軍士在晚上四面唱起楚歌，楚軍個個歸心似箭，聽到四面楚歌，軍心動搖。最後，項羽只帶了八百騎突圍，逃到烏江畔，在鬥志完全失去的心理狀態下拔劍自刎。

事實上，劉邦一輩子沒有打贏過項羽，項羽一輩子只吃過一次敗仗，就是敗在韓信手上。

因此，當劉邦得了天下後，思考如何讓他的帝國得以永續，第一個動作就是褫奪韓信的兵權，並將他從齊王改封楚王，說得好聽，是讓他衣錦還鄉。韓信回到家鄉，找來從前給他食物的漂母，賞賜她千金；找來南昌亭長，賞賜百金，說：「你為德不卒。」

【原典精華】

召辱己之少年令出胯下者以為楚中尉。告諸將相曰：「此壯士也。方辱我時，我寧不能殺之邪？殺之無名，故忍而就於此。」

然後召來從前霸凌他，讓他受胯下之辱的惡少，不但不報復，反而任命他擔任楚國的中尉（相當首都衛戍司令），對諸將說：「他算得上是一個壯士。當初他羞辱我時，我不是不能殺他。可是，殺一個無名小卒，殺人者要抵命，我還有生平大志要完成，所以忍了下來，也才有今天。」

韓信可能已經志得意滿，覺得此生無憾了。可是劉邦對他不放心，於是又耍了計謀，宣稱天子到雲夢巡狩，約諸侯到陳郡會合。韓信毫無防備的去了，劉邦下令逮捕韓信，綁起來帶回洛陽，改封他為淮陰侯，可是不讓他離開京城，形同軟禁。

狡兔死，走狗烹

韓信對此並無怨言，只說：「果然應了俗話說的：『狡兔死，走狗烹；高鳥盡，良弓藏；敵國破，謀臣亡』。天下已經平定，我活該被烹！」

有一次，劉邦與韓信討論諸將的能力，韓信一一分析。劉邦突然問：「那我能指揮多少軍隊？」韓信說：「陛下直接指揮軍隊作戰，不過十萬人，再多就不行了。」劉邦問：

「那你呢？」韓信說：「我的話，多多益善。」劉邦笑著說：「你那麼會帶兵，為何卻被我所擒？」韓信：「陛下不適合直接指揮軍隊，可是陛下很會指揮將領，所以我被你所擒。」

韓信與劉邦做完這次對話之後才發現，他「獲罪」的原因其實不是謀反，而是劉邦對他的軍事才能深為忌憚。於是他稱病不朝，以為這樣就可以免去殺身之禍。

他錯了。

一位將領陳豨反叛，劉邦帶兵出征，韓信侯府中有一個舍人（家臣）得罪了韓信，韓信將他囚禁起來，剋日誅殺。舍人的弟弟向呂后告發，韓信陰謀發動兵變。呂后想要召韓信入宮，卻又怕他起疑不來，反而會促使他提前動手。就跟丞相蕭何商量，定下一計：命人假裝前線來的使者，說陳豨已經兵敗被殺，列侯與群臣都入宮道賀。韓信一進宮，呂后派武士將他逮捕，綁起來，在長樂宮裡的懸鐘之室斬首。

韓信臨死前，說：「後悔當初沒有採納蒯徹的計謀，如今被一個女子詐騙而死，豈不是天意！」

【原典精華】

太史公曰：（……）假令韓信學道謙讓，不伐己功，不矜其能，則庶幾哉，於漢家勳可以比周、召、太公之徒，後世血食矣。不務出此，而天下已集，乃謀畔逆，夷滅宗族，不亦宜乎！

——《史記・淮陰侯列傳》

司馬遷論韓信：假如韓信懂得謙讓，不吹噓功勞，不自誇能力（例如說劉邦帶兵能力不如自己），他對漢朝的功勞可比周朝的周公、召公、姜太公，後代大概能夠世襲爵位吧。可是他居然在天下已經大定之後謀叛，終至身死族滅，也是必然的了！

公孫策點評

韓信年輕時能夠忍受胯下之辱，是他懷著雄心壯志，不甘因小忿以致殺人抵命，那個邏輯我們能夠理解。

但是，他既然有本事取關中、伐魏、破趙、撫燕、收齊，最後更逼使戰無不勝的楚霸王項羽自刎，卻為什麼一直都被劉邦給吃定了：三次剝奪兵權，兩次降貶，最後被殺。這一點無人能解，可能他自己也不明白。

然而，他能夠透視項羽的性格弱點，乃至於陳餘的自大、龍且的心態都被他「吃定」了（事實上那是他用兵如神的秘訣之一），自己卻被劉邦吃定，難道真是天意？

成也蕭何敗也蕭何

如果沒有蕭何，劉邦會不會在史書上出現，大有疑問。

蕭何是沛縣的主吏掾（縣政府的高級官員），劉邦擔任泗水亭長時，蕭何對他另眼相待，其他亭長帶囚犯去咸陽的酬勞行情是三百錢，蕭何給劉邦五百。①

陳勝揭竿起義，沛縣縣令有意響應，蕭何建議他徵召當時躲在沼澤區避禍的劉邦，縣令起先答應後來又反悔，但劉邦已經帶了徒眾來到縣城，縣令要殺蕭何，蕭何逃出城外會合劉邦。將文告射入城中，鼓動沛縣人民殺了縣令，擁立劉邦為沛公，劉邦以此為起點加入逐鹿天下行列。

劉邦進入咸陽，其他將領都忙著爭搶、掠奪金帛財物，唯獨蕭何進入秦國丞相府，蒐羅所有的律令圖書等資料。項羽將劉邦排擠到漢中為漢王，蕭何擔任丞相，楚漢爭霸時，由於蕭何掌握天下戶口、物產、要塞強弱等資料，劉邦才能夠跟所向無敵的項羽對峙。

劉邦得了天下，論功勞蕭何第一，拜為相國，蕭何制訂漢朝的法律、制度，這套制度經過「蕭規曹隨」，奠定了西漢帝國的立國基礎。

至於韓信，如果沒有蕭何，大概也不會有後來的韓信。（蕭何追回韓信，要劉邦拜韓信為大將，故事如主文所述。）

劉邦領軍出征，呂后獲「密報」說韓信謀反，跟蕭何商量怎麼辦，蕭何於是以相國名義宣布，「陛下得勝，請諸將入宮道賀」。韓信素來信任蕭何，毫無防備的入宮，結果被殺。這是「成也蕭何，敗也蕭何」的成語由來，可是韓信不能怪蕭何，所有選擇都是他自己決定的。

在那個「秦失其鹿，天下共逐之」的年代，蕭何是一個獨特的人才。他獨具慧眼選擇了劉邦，更能隨著劉邦的事業壯大而持續進步，成為帝國永續最重要的人物。

---

①秦朝的郡縣制地方行政，縣以下設鄉，鄉以下設里，鄉里之間另置亭長管理交通與治安，大概十里為一亭。

張良——超級軍師，超越戰略

劉邦在得到天下之後，對諸將說：「我之所以能夠擊敗項羽，因為我會用人才而項羽不會。」他提到三位超級人才：蕭何、韓信與張良。劉邦對張良的優點評語是：運籌帷幄之中，決勝千里之外。

籌，是古代一種用作計算工具的竹片。那兩句的意思是，張良在後方營帳裡算計，就能決定千里外戰場上的勝負。

史書記載張良奇計致勝的故事很多，但是最重要的兩次卻不是致勝，而是阻止劉邦犯錯：

一次是當劉邦與項羽在滎陽對峙，對突破困境一籌莫展之時，有人建議「封六國之後為王，建立反項聯合陣線」，劉邦認為那個主意不錯，就命人鐫刻封王印璽。印璽鐫刻完成，還沒發送出去，剛好張良回來，劉邦正在吃飯，他對張良說了那個「妙計」。孰料，張良當場「打槍」：「這是誰出的餿主意？大王的大事這下可完了！」劉邦問：「怎麼講？」張良回答：「請容我為大王借箸代籌。」拿起桌上的箸（筷子），為劉邦逐一說明。

張良的論述簡而言之：立了六國的後人，各方謀士說客都各自回去事奉自各的君王，與家人親戚團聚，誰還來幫大王取天下呢？

張良放下第八根筷子時說：「除非楚國垮了，如果項羽依舊強盛，否則新建立的六國還不是又去附從他，大王又如何讓他們臣服呢？所以我說，採用那個計謀，大王的大事就完了！」

劉邦聽了這番話，將口中沒嚥下去的食物吐了出來，騰出嘴巴開罵：「這小子，差一點敗了老子的大事。」下令立即銷毀印璽——那是第一次。

第二次是本篇主文述及，韓信請求劉邦封自己為「齊假王」時，劉邦原本已經發火，若非張良與陳平踢他腳跟，並說服他封韓信為齊王，歷史恐怕要改寫了。

除了那兩次之外，劉邦最後想要改立趙王劉如意（寵姬戚夫人生的兒子）為太子，呂后求助於張良，張良出主意要她請出「商山四皓」，果然穩住了太子的地位。

以上三件事情，都不是「決勝千里之外」的計策，卻都發揮了穩住大局的功效，那才是秦末逐鹿大賽中，其他所有「奇計之士」遠遠不及張良之處。

03. 馬援——榮華富貴從未放在心上

群雄逐鹿的年代，英雄豪傑都希望自己跟到的是真命天子，得以「攀龍鱗，附鳳翼」。只有馬援的態度是「不唯君擇臣，臣亦擇君」，而且在選對君主、建立功勳之後，更能視富貴如浮雲。

窮當益堅，老當益壯

馬援的曾祖父馬通在漢武帝時曾經封侯，卻又因謀反被誅，因此他的祖父、父親輩都不得做官。①若不是王莽篡漢改朝換代，馬氏大概沒有機會了，而馬援的大哥馬況在王莽建立的新朝做到二千石（郡太守等級）高官。

馬援是小弟，從小就有大志，不喜歡被困在書本當中。他對大哥說，想要到邊郡去耕作放牧。馬況說：「你是大器晚成型，且由著自己的性情去發展。」可是馬況卻在此時去世，馬援為大哥守喪，身著喪服一周年，不離開墓所；恭敬服侍寡嫂，不戴好帽子就不進屋。

喪期滿後，馬援到郡政府任公務員，當到督郵。督郵位輕權卻重，無所不管，有一次解送囚犯去郡治，那個囚犯犯的是重罪，馬援居然將他放了，自己逃亡北地郡（郡治在今甘肅慶陽市）。

這下遂了馬援曾經想要到邊郡田牧的心願。馬援經營有方，擁有牛馬羊數千頭，穀數萬斛。很多邊郡豪傑都投在他門下，賓客、役屬數百家。

【原典精華】

常謂賓客曰：「丈夫為志，窮當益堅，老當益壯。」……有牛、馬、羊數千頭，谷數萬斛。既而嘆曰：「凡殖貨財產，貴其能施賑也，否則守錢虜耳。」

——《後漢書．馬援列傳》

馬援常對賓客說：「大丈夫窮當益堅，老當益壯。」又說：「人從大自然獲得的資產財富，貴在能施救濟於人，否則不過是個守財奴罷了。」於是將財產通通分散給哥哥和故

①馬何羅、馬通兄弟謀反一案，史書記載頗多疑點，動機、目標都不明，謀反案通常「夷三族」，但該案卻只誅殺涉案人本身，更見蹊蹺。

舊，自己身上仍然穿著羊裘皮褲（不穿綢帛織品）。

這是馬援的「初心」，他一輩子沒有起念要爭逐天下，也不曾想要安享榮華富貴。

不唯君擇臣，臣亦擇君

王莽末年，隴右（山之西稱右，隴右即隴西，今甘肅南部自古就是秦國版圖，隴右向來被視為關中的肘腋）豪族隗崔、隗義聚集同志起義，襲殺地方官，打起「滅莽興漢」旗號，推出族中名聲最高形象最好的隗囂為領袖，稱號是「上將軍」——不稱王也不稱帝。當更始皇帝劉玄（綠林軍）打進關中，隗囂率眾到長安向玄漢政權宣示效忠。

劉玄封隗囂為御史大夫，可是在玄漢政權內部發生政變時，隗囂選錯了邊，事敗後逃回天水（今甘肅天水市），集結舊部，重振聲勢，自稱西州上將軍。後來赤眉打進關中（玄漢亡），三輔的士大夫大批逃難到隴右，隗囂折節下交，網羅優秀人士為幕僚，其中就包括了馬援。隗囂對他特別禮遇且親近，封他綏德將軍，兩人甚至「共臥起」——隗囂不稱王稱帝，馬援或許因此跟他投緣。

當時劉秀平定河南後稱帝，據有蜀地的公孫述也稱帝，隗囂夾在兩個皇帝之間，難以決定選擇哪一邊。於是他派馬援出使蜀地，求見成家皇帝公孫述（地盤包括今天四川，京城在成都）。馬援跟公孫述小時候是鄰居，以為自己到了成都，公孫述應該會跟老朋友「握手歡如平生」，孰料公孫述擺出皇帝的盛大陣仗，軍容威武出警入蹕，見面一開口就說要封馬援為侯、拜為大將軍。馬援隨行的賓客都暗中高興，但馬援對他們說：「天下未定，公孫述不但不禮賢下士，還擺出皇帝的架子，如同一個巨大人偶，這種人何足依靠？」回到涼州，對隗囂說：「公孫述是個井底蛙，不如專心事奉東方（劉秀）。」

於是，隗囂再派馬援「往觀」劉秀。

【原典精華】

世祖笑謂援曰：「卿遨遊二帝間，今見卿，使人大慚。」

援頓首辭謝，因曰：「當今之世，非獨君擇臣也，臣亦擇君矣。臣與公孫述同縣，少相善。臣前至蜀，述陛戟而後進臣。臣今遠來，陛下何知非刺客奸人，而簡易若是？」

帝復笑曰：「卿非刺客，顧說客耳。」

——《後漢書・馬援列傳》

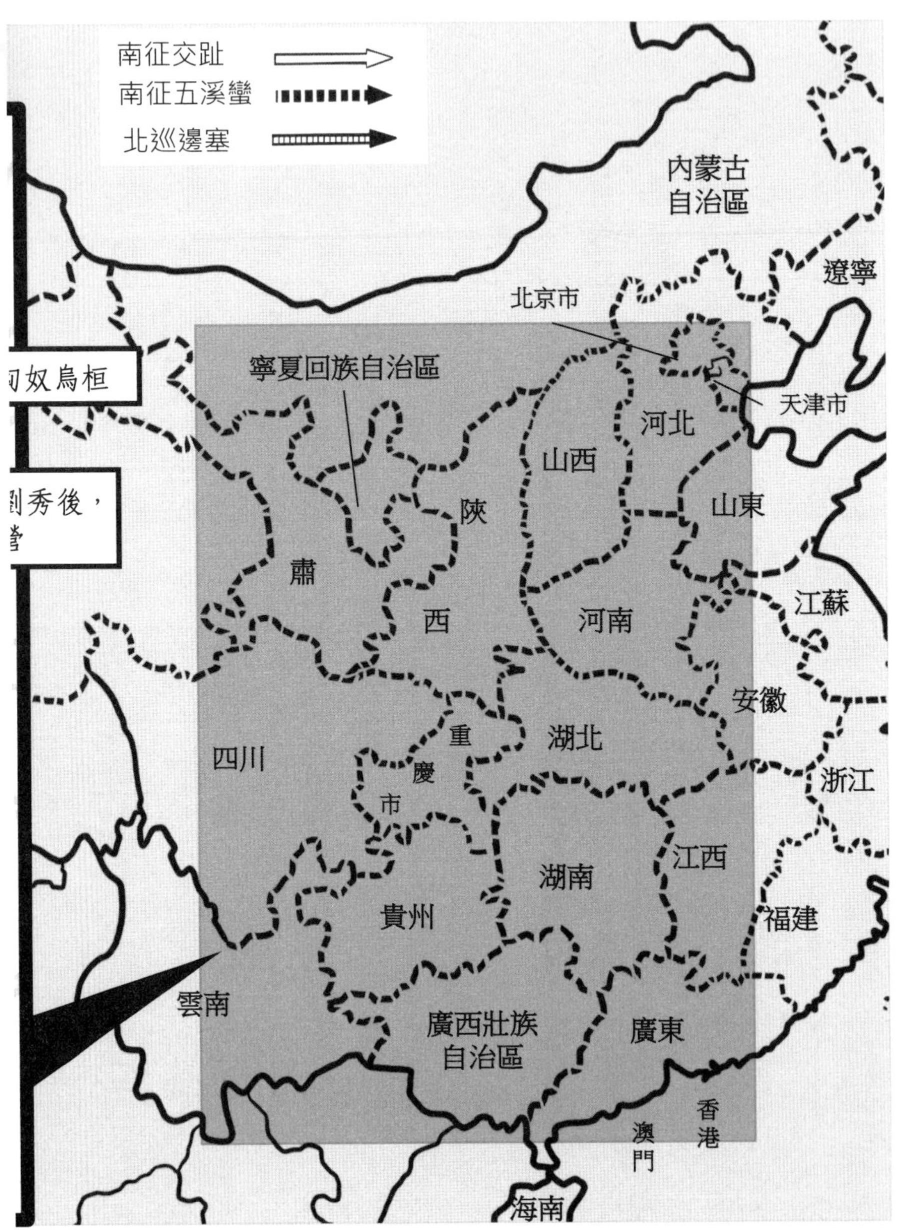
南征交趾
南征五溪蠻
北巡邊塞
内蒙古
自治區
遼寧
北京市
天津市
寧夏回族自治區
河北
山西
山東
陝
甘
肅
西
河南
江蘇
安徽
四川
重
慶
市
湖北
浙江
江西
湖南
貴州
福建
雲南
廣西壯族
自治區
廣東
香
港
澳
門
海南
匈奴烏桓
劉秀後，

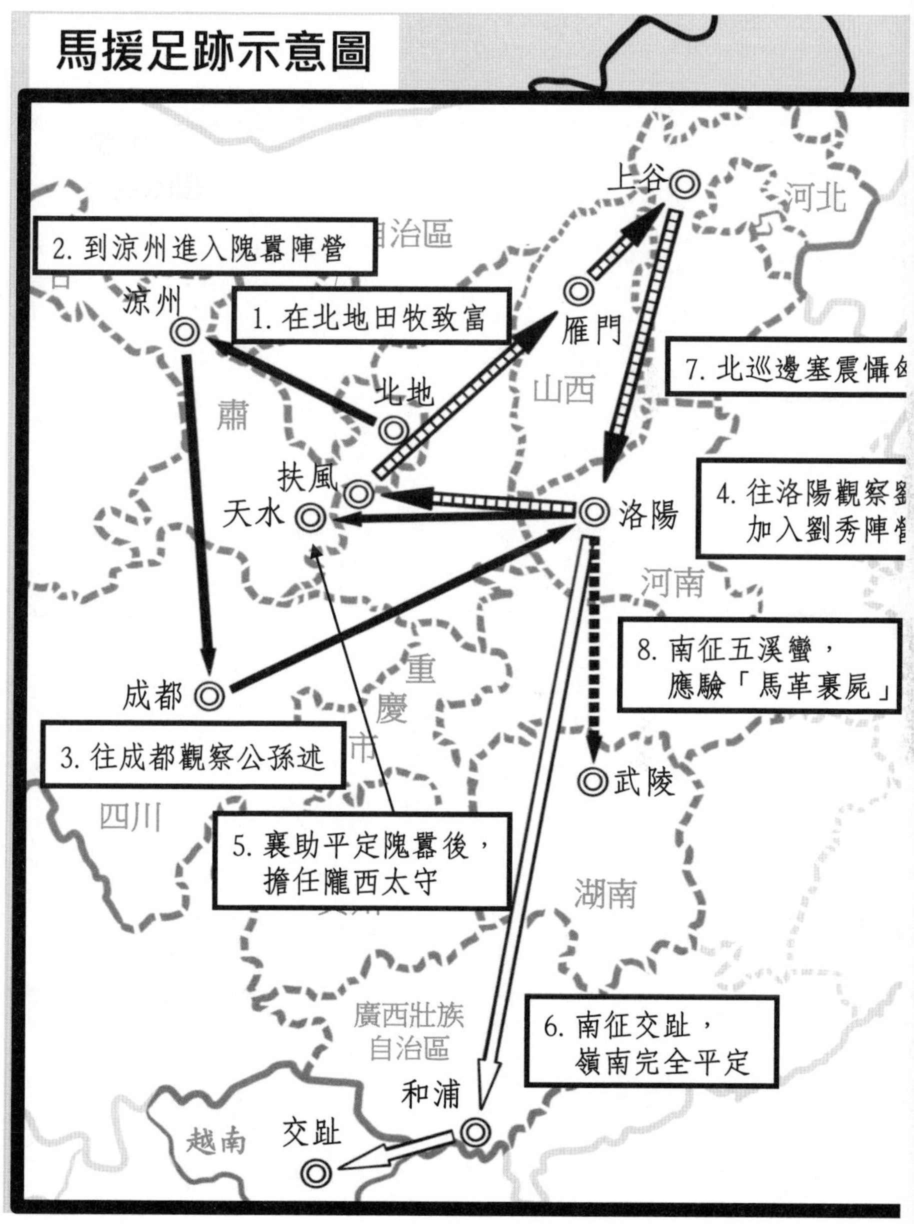
馬援足跡示意圖
上谷
河北
2. 到涼州進入隗囂陣營
1. 在北地田牧致富
涼州
雁門
7. 北巡邊塞震懾
山西
北地
肅
扶風
天水
洛陽
4. 往洛陽觀察
加入劉秀陣
河南
8. 南征五溪蠻，
應驗「馬革裹屍」
成都
重
慶
市
3. 往成都觀察公孫述
武陵
四川
5. 襄助平定隗囂後，
擔任隴西太守
湖南
廣西壯族
自治區
6. 南征交趾，
嶺南完全平定
和浦
越南
交趾

劉秀完全不擺架子，在洛陽宣德殿南邊的走廊下接見馬援，卻只在頭上包了幘巾（儒士裝束），坐在席上，笑著說「閣下遨遊二帝之間，今日相見，令人慚愧」，意思是「你先去看公孫述，然後才來我這裡，顯然有先後輕重之別，令我慚愧」。

馬援是當世英雄人物，只是沒有稱王、稱帝的機運而已。這一場會面，堪稱當世兩大高手過招。劉秀稱帝，但努力放低姿態；馬援是使者身分，叩首拜謝，但卻說出了曠世名句：「當今之世，非但君擇臣，臣亦擇君。」言下之意，我不是來求職面試，我是來面試你夠不夠格當天下之主。然後他對劉秀說：「之前我去成都，公孫述戒備森嚴，如今我來陛下這裡，陛下怎知我不是刺客（而無防備）呢？」劉秀說：「你不是刺客，最多不過是說客吧！」

兩人惺惺相惜，但馬援畢竟仍屬隗囂陣營，必須回去覆命。回到天水，隗囂問：「東方（劉秀）怎麼樣？」馬援說：「開誠布公作風如漢高祖劉邦，博學能幹則前世無人可比。」意思是劉秀比劉邦還優秀。隗囂說：「你說，他比高祖（劉邦）怎麼樣？」馬援說：「不如。高帝率性，無可無不可；而東方細膩，處理政務能恰如其分，且不喜歡飲酒。」隗囂不高興的說：「照你這樣說，他倒勝過高祖了。」然而儘管內心不服，隗囂在公孫述與劉秀之間，仍然選擇傾向劉秀，並將長子隗恂送到洛陽（名義是去朝廷供職，其實是人質）。

馬援方略定隴右

馬援藉著這個機會，以護送隗恂的身分到了洛陽，就沒再回去涼州。事實上，很多因避戰亂而投奔隴右的知識分子，也跟馬援一樣，逐漸離開隗囂。他們不是看衰隗囂而「西瓜偎大邊」，而是看穿隗囂始終自稱大將軍，並非心在漢室，而是想要稱王稱帝，卻拿不起放不下，那不是成大功立大業的特質。漸漸的，隗囂身邊只剩下慫恿他「順應天命」，也就是獨立稱帝的人，其中最有說服力的是王平，他對隗囂說了一句名言：「魚不可脫於淵，神龍失勢，與蚯蚓同。」隗囂不想成為「蚯蚓」，於是決定跟劉秀決裂。

隗囂心有異志，劉秀當然看得出來，於是使出一招：以皇帝詔令隗囂率軍南下攻擊公孫述。隗囂以「蜀道大部分已經壞朽，進軍困難」為由推託。

劉秀測試出隗囂的立場，乃決定以武力解決。派出耿弇、蓋延、寇恂、祭遵、吳漢等大將，一共七路大軍，同時派來歙前往天水，提出最後通牒。這個節骨眼上，最難自處的當然就是馬援。他不能不表態，於是上書劉秀，請求前往關中，向劉秀陳述消滅隗囂的方略。劉秀召見馬援，聽取他的作戰計劃後，撥給他五千突騎，往來遊說隗家軍的將領高峻、任禹等，以及諸羌部落首領，向他們分析禍福利害。東漢將領每次遭遇問題，都向馬援請教，由於馬援熟悉隴右內情，問題都能得到解決，因此諸將都對馬援非常敬重。

隗囂面對漢軍的強大壓力，只得向公孫述靠攏，甚至接受公孫述冊封為朔寧王。劉秀估計隗囂已經師老兵疲，決定親率大軍出擊。諸將認為皇帝不宜親冒矢石，劉秀召見馬援，聽取他的意見。馬援說：「隗囂軍隊正有土崩瓦解的趨勢，此時大軍壓至，必可擊破勍敵。」他當場用米粒堆出山谷河川地勢，戰區地勢盡在眼底，分析進軍路線十分清晰。劉秀說：「好了，隗囂已在我掌握之中。」

戰事進行有諸多波折，長話短說：隗囂病死，隴右平定後，劉秀命諸將南征公孫述，關中由來歙駐守。馬援被任命為太中大夫，留在關中輔佐來歙。當時關中因戰亂而殘破，湟中（湟水流域）的羌族又時加侵擾，來歙上奏：「隴西羌亂非馬援不能定。」於是劉秀任命馬援為隴西太守。

馬援數出奇計平定了羌亂，光武帝劉秀以璽書慰勞，並賜他牛羊數千頭，馬援通通分給幕僚賓客——已經是大官了，馬援仍然維持年輕時的作風。

洛陽朝臣很多主張不要浪費兵力在隴西，集中兵力對付東方的齊王張步。馬援上書，建議讓漢人回到原來的居住地，同時封賞曾經背叛公孫述來歸的羌族、氐族首領，也就是以胡治胡、胡漢共居。劉秀採納了他的建議，從此隴西無事，關中也恢復元氣。馬援在隴西六年後，回到洛陽擔任虎賁中郎將（禁衛軍統領）。

南征北討，但求馬革裹屍

光武帝劉秀一統天下之後，交阯（今越南北部紅河三角洲）出了兩名女英雄徵側、徵貳，她倆聚眾造反，攻下嶺外（五嶺以南）六十多城，徵側自立為王。光武帝以璽書拜馬援為伏波將軍，率領樓船二千餘艘、戰士二萬餘人遠征交阯。

馬援從合浦（今廣西北海市合浦縣）緣海路前進，隨山開道千餘里，經過一年多的征剿，連續擊敗叛軍，擊斬徵側、徵貳，將她倆的首級送到洛陽，嶺南完全平定。

光武帝派使者宣答，封馬援為新息侯，食邑三千戶。馬援殺牛斟酒犒賞戰士，對眾人說：「我的堂弟馬少游看我年輕時慷慨有大志，勸我說『人生一世，只要有吃有穿，能有馬拉車代步，做一個郡的掾史，守住祖先的墳墓，鄉里人都稱讚說是個好人，這樣就可以了，至於追求更多的東西，那就是自找苦吃』。這次戰爭中，當我在船上，下面是水、上面是霧，毒氣熏蒸，想到少游的那番話，真不知道此生還有沒有機會能得到那樣的生活。如今幸賴大家的共同努力，被蒙大恩，僥倖封侯，真是既高興又慚愧啊！」

馬援每到一處都為郡縣治城郭挖渠灌溉，以利民生。又上奏說明嶺南與漢朝法律不相同的十幾件事，然後跟當地人申明制度加以約束，自此以後，百越都遵守馬將軍舊制。回到洛陽，故舊朋友紛紛來道賀，其中一位孟冀素以智謀見稱，馬援問他：「你也跟其他人一樣，只會講好聽話，而不給我好建議嗎？」孟冀說：「我哪有什麼可以建議您的呢？」

【原典精華】

援曰：「方今匈奴、烏桓尚擾北邊，欲自請擊之。男兒要當死於邊野，以馬革裹屍還葬耳，何能臥床上在兒女子手中邪！」

冀曰：「諒為烈士，當如此矣。」

——《後漢書・馬援列傳》

馬援說：「現在匈奴、烏桓仍然侵擾北方，我想請求去討伐，男兒應當死於邊野沙場，以馬革裹著屍體回來安葬，怎麼可以躺在床上，讓妻子兒女送終呢？」孟冀說：「要當一個烈士，就該如此。」——這其實超越了「老當益壯」，馬援此時已經下決心不死在家裡床上。

一個月後，消息傳來，匈奴、烏桓入侵扶風（今陝西寶雞市），馬援家鄉就在扶風，自動請求出征，光武帝批准。馬援率三千騎兵，巡行高柳，雁門、代郡、上谷等邊塞。烏桓探馬見漢軍到，便逃散了，馬援無所得而回。

遠征途中家書訓姪兒

馬援在遠征交阯途中，寫了一封家書給兩個姪兒馬嚴、馬敦，告誡他們切忌議論他人是非，信中說：「喜歡議論他人長短，或隨意譏刺時政，都是我最厭惡的，我常常提醒你們，這裡再次重申：這件事要像施衿結褵②一樣，牢記不忘。」家書中更指名道姓提醒兩個典型人物：「龍伯高敦厚謹慎，口無擇言③，我很敬重他，希望你們向他學習。杜季良豪俠講義氣，憂人之憂，樂人之樂，好人壞人都合得來，我也敬重他，但不願你們向他學

②施衿結褵：古代女子出嫁，母親將五彩絲繩和佩巾結於其身，後人以之比喻父母對子女的教訓。

③口無擇言：說話無須考慮措辭，因為思想端正，腦袋裡沒有不雅字眼。跟後來衍生出的成語「口不擇言」意思不一樣。

習。理由是，學習龍伯高好比雕刻鴻鵠，刻不成至少還像一隻鴨子；學習杜季良卻好比畫老虎，畫不像卻成了狗。」

龍伯高本名述，是馬援的扶風郡同鄉，為人與施政都以正直著稱。杜季良本名保，急公好義，名聲遠播。馬援雖然對兩人都很敬重，卻為什麼要姪兒要學習龍述，而不要學習杜保？

其實馬援自己就是一個任俠好義的人，杜保跟他比較像，正因如此，他曉得這種性格的人容易樹敵，如果不謹言慎行，甚至誤交損友，很容易就會因為朋友的事情受牽累。他自己家教很嚴，兒子不太會出事，人在征途還寫家書告誡姪兒，多少有防範姪兒「突槌」牽連自己的考量。由此亦可推測，馬援在光武帝朝廷中，可能受到「南陽幫」不小的排擠或壓力。

果然，後來杜保被仇人（急公好義者幫助一方總難免得罪另一方）上書狀告，牽涉到兩名京城洛陽的「太子黨」梁松與竇固，告狀中更引述了馬援的家書，增加梁松、竇固「擇友不慎」的罪名，光武帝為此將兩個太子黨叫來臭罵一頓。

誰曉得，這件事竟然成為馬援為國捐軀後，仍然背負罪名的遠因。

征五溪蠻失利，駙馬挾怨報復

馬援的最終一戰是遠征五溪蠻。漢朝武陵郡（轄區跨今天湖南、湖北、重慶、廣西、貴州）內有五條河流，統稱五溪，分布在那一代的蠻族（少數民族、原住民）通稱五溪蠻。五溪蠻造反，朝廷派出的遠征軍全軍覆沒，馬援又請求出征。馬援當時已六十二歲，光武帝不同意。馬援說：「臣還能披甲上馬。」光武帝令他試試。馬援跨鞍上馬，在馬鞍上顧盼四周，展現還能上陣克敵。光武帝笑著說：「這位老先生真好精神啊！」於是馬援率領中郎將馬武、耿舒、劉匡、孫永等，戰士四萬多人遠征五溪。

遠征軍進入武陵郡境，先打勝了第一場遭遇戰，蠻賊遁入山林，想要追擊卻有兩條路線可以選擇：一條從壺頭進入，路近但水險；一條從充縣進入，道路寬敞安全，但運輸路程遠。耿舒建議從充縣入，但馬援認為路遠拖延時間，且費糧多，不如從壺頭進，扼其咽喉。將帥意見不能統一，奏報皇帝，光武帝批示採用馬援的進軍方案。

然而，這條路進軍非常不順利。蠻軍扼守險隘，遠征軍溯溪行軍，水流過速，船不能上。恰逢酷暑，士卒多染瘴癘而死，馬援自己也患了病，大軍受困，就在河岸鑿洞為室，以避酷暑。蠻軍常常在高處擊鼓叫喊，馬援總是拖著病腿去察看，左右被他這種精神所感動，莫不為之流涕。

耿舒寫信給他的哥哥耿弇（東漢開國功臣雲台二十八將排名第四）說：「之前我的作戰方案未被採納，如今兵困壺頭不得進，至為痛惜。伏波用兵如西域胡賈（商人），到一處就停留不前，因此失利。」耿弇將情況上奏，光武帝派虎賁中郎將梁松乘驛馬車去前線責問馬援，且代為監軍。梁松到達時，馬援已經病逝，於是他挾怨構陷馬援。他的奏章上去，馬援已死，當然無法辯解，光武帝因此收繳馬援的侯印，還一度不許家屬為馬援安葬。

梁松對馬援的怨恨，除了前述那次，因為馬援的家書而挨皇帝臭罵之外，還有一次，馬援臥病，梁松來問候，拜見於床下，馬援卻不答禮。梁松去後，兒子們問道：「梁松是皇帝的女婿，貴重朝廷，公卿以下莫不害怕，大人為何獨不答禮？」馬援說：「我是梁公父親的朋友，他現在雖然貴為駙馬，怎能失掉長幼輩份呢？」又，馬援出征匈奴時，光武帝要百官為馬援餞行，馬援當著眾人面教訓梁松、竇固（也是駙馬）說：「人成了顯貴，也會再成貧賤，如果你們不願再貧賤，處在高位上要能自持自控，我希望你們時刻記得我的囑咐。」

梁松的父親梁統和馬援都曾在隗囂手下共事，也先後靠向劉秀，兩家關係很深厚。可是梁松後來娶了光武帝的女兒，馬援卻不顧及他的駙馬顏面，這樣的結怨常常很深。

光武帝崩逝，漢明帝即位，馬援的女兒被封為皇后。明帝將開國名臣列將繪成圖像，陳列於雲台，雲台二十八將卻沒有馬援。東平王劉蒼看圖，問明帝：「為什麼獨缺伏波將軍呢？」明帝笑而不言。事實上，包括馬援在內，後來成為外戚的功臣（如李通、來歙等）都不在雲台功臣繪像之列。

【原典精華】

論曰：馬援騰聲三輔，遨游二帝，及定節立謀，以干時主，將懷負鼎之願，蓋為千載之遇焉。然其戒人之禍，智矣，而不能自免於讒隙。豈功名之際，理固然乎？夫利不在身，以之謀事則智；慮不私己，以之斷義必厲。

——《後漢書．馬援列傳》

《後漢書》的作者劉曄在〈馬援列傳〉末尾評論：馬援當時在關中地區已經富有盛名，他能夠遨遊兩位皇帝之間，同時幫其他逐鹿之主（指隗囂）謀畫定策，那是他懷抱「負鼎④」

④夏桀暴虐，伊尹聽說商湯仁慈賢明，又聽說商湯喜歡美食，於是背著烹調食物的鼎去見商湯，從烹調談起，談到治國平天下，終於輔佐商湯革命成功。後人乃以「負鼎」做為輔佐明君創立王朝的代詞。

之志，且幸運的有了千載難逢的機遇。可是他警告他人趨吉避凶都很英明，卻不能讓自己免於讒言陷害，難道是身處宦海的必然嗎？

劉曄的意思是：為人謀由於事不關己，所以能夠保持頭腦清晰，而且能夠提出斷然建議。潛台辭是：一旦心繫個人的權位、利益，就會糊塗、犯錯。

公。孫。策。點。評。

劉曄完全誤解、甚至可說是污衊了馬援。馬援就是因為心中沒有權位，才會出言告誡駙馬爺，如果他有一絲權位之念，不利用這層關係就算正直了，更不可能去得罪人——不為自己，也為兒孫著想。事實上，梁松和竇固的父親跟馬援有老交情，在光武帝的朝廷都屬「隴西幫」，面對人多勢眾的「南陽幫」，如果為了權位，拉幫結派都來不及，哪還會去「破壞團結」？

光武帝劉秀在歷史上是一位被低估了的開國君主。一個原因是他維持了「漢」的國號，而且幾乎沿用了所有西漢的制度，這樣很容易就讓人認為，劉秀算不得創業梟雄，只是一個承先啟後的角色而已。但事實上，劉秀打天下的處境要比劉邦困難得多：劉邦只需要專心對付一個項羽；而劉秀的根據地在洛陽，關中有玄漢、隴右有隗囂、蜀地有公孫述、齊地有張步、河北還有一堆變民土匪，他必須四面作戰。

然而，劉秀有本事掌握千里外的戰場情況，常常以書信指示將領，料敵制勝。他曾經說：「伏波論兵，與我意合。」也就是說，諸將都不如他，只有馬援跟他「英雄所見略同」。平心而論，馬援的才能與領導氣質完全不輸當時的逐鹿群雄，只是他從來未曾起意爭逐天下而已。（也就是劉曄說的，馬援有的只是「負鼎」之志。）

是不是就因為這點，劉秀對馬援不放心，才會讓他一再出征，甚至壯烈殉國了，還要背負罪名呢？

史家對光武帝評價最高的一點，是他處置開國功臣非常寬厚，獨獨對馬援的處置卻失去「常態」，很多史家為之不解，成為歷史公案。

東漢盛世得力於後宮內助

史書多半稱頌東漢「明章之治」，那是一段寬政簡刑、民生富裕的美好時光，《資治通鑑》在漢明帝、漢章帝時，常常出現當年只有一條或三、四條記載——那意味著天下太平無事，民生自然安和樂利。

東漢的政治制度幾乎都沿襲西漢，而開國的光武帝劉秀更努力避免西漢的各種弊病，其中一項就是外戚干政。其實，外戚得以干政的前提是太后「指導」小皇帝太多。而東漢能夠成就「明章之治」的一大原因，就在兩位太后能夠體認光武帝劉秀的心意。

第一位是陰太后，也就是劉秀平生志向：「為官當如執金吾，娶妻當如陰麗華」那位南陽美女。陰麗華生子劉陽（後改名劉莊），在光武帝崩逝後繼位，是為漢明帝，而陰皇后就升格為太后。

陰麗華的兩個哥哥陰興、陰識都追隨劉秀打天下，立下不少戰功，陰識甚至掌管京師禁衛軍。明帝即位後，想要封幾位舅舅為侯，都被太后阻止，她說：「先朝（西漢）就是因為外戚封侯而衰敗，尤其王氏一門五侯直接導致移鼎（王莽篡漢），先帝在世時曾有意封陰識為侯爵，陰識辭謝，所以只封了關都尉（都尉是可以世襲的爵位），現在也不應該封侯。」

漢明帝的皇后是馬援的女兒，她在馬援死後才被選入太子宮中，所以馬援並沒有成為光武帝的親家。劉莊即位為漢明帝，馬貴人也成為馬皇后，可是馬皇后自己沒有生兒子，領養賈貴人的兒子劉炟，立為太子，後來成為漢章帝。

馬皇后非常儉樸，平常穿「大練」（質地粗疏的絲織品），而且裙子不縫布邊。宮中女人起初以為，皇后穿的當然是最精緻的紗綢，近看發現實況後都偷笑（不懂享受），馬皇后對宮人們解釋：「這種料子容易染色，所以喜歡穿它。」（意思是重新染色當新裙子穿。）宮人們後來都佩服、讚嘆。

漢章帝即位後，馬太后有幾次車子經過娘家門口，回來說：「我看見那些到我娘家串門子的賓客，車如流水、馬如游龍。娘家的僕人都穿著綠色的袖套（怕衣服弄髒），衣領和袖口都是白的（不勞動）。回頭看我自己的駕車人（太后隨從），遠遠不及。然而我並未譴責娘家人，只有減少他們的開支經費而已。原來期待他們會因此深自反省，但他們仍然沒有憂國忘家的覺悟。難啊，知臣莫若君，更何況對自己的娘家親屬！」

馬援的兒子馬防、馬廖、馬光都位居要職，漢章帝也想要封這幾位舅舅為侯爵，馬太后都引陰太后時期的例子阻止皇帝兒子。最後拗不過，三位舅舅都接受了封侯，卻同時辭去官職，以示外戚不干政。

東漢的國勢，光武帝、明帝、章帝為盛世，之後的和帝尚能維持平平，往後由於漢殤帝在位僅一年，東漢王朝乃步上西漢後塵，重演「外戚鬥宦官」的戲碼。而前三位皇帝的盛世，都有著來自後宮的助力，其中一位更是馬援的女兒。馬援一生未曾起意動念爭天下，女兒更幫助劉秀的子孫建立帝國盛世。

隗囂——三心兩意終不成事

王莽末年的逐鹿群雄當中，有梟雄有土匪，其中堪稱學養俱佳的一位是馬援起初的老闆隗囂。

隗囂年輕時就以知書通經而聞名隴右，受到王莽的國師劉歆延攬入幕，劉歆謀反被誅，隗囂回到天水，獲得族人推戴成為義軍領袖。隗囂敦請一位素負盛名之士方望為軍師，方望體認天下人心思漢，建議隗囂興建漢高祖劉邦的祭廟，盛大祭祀高祖、文帝、武帝。隗囂等自稱「臣」，斬馬宣誓效忠劉氏、恢復漢室。然後向甘肅各郡、國發出文告，聲討王莽，一時集結十萬之眾。

劉玄攻進關中，隗囂率眾投靠玄漢，方望極力反對不成，掛冠而去；隗囂後來逃回隴右集結舊部，網羅豪傑，重振聲勢；赤眉入關中時，隗囂也配合攻打玄漢；在之後就是派馬援「往觀二帝」。

馬援看出隗囂不成大器而改投劉秀，事實上跟馬援同樣看法的人很多，一個一個離開隴右（包括班超的父親班彪），隗囂身邊最後只剩下慫恿他獨立稱帝的人。其中以王元的說法最具說服力：「……如今天水富饒，士強馬壯，暫時蓄養士馬，據險自守，以待天下之變。這樣，不稱王，也可以稱霸。重點在於，魚不可以脫離深淵，神龍若失去憑藉，跟一條蚯蚓沒兩樣！」

之後的發展如本文所述：名義上順劉秀，實際上心懷二志；情況不利時又去接受公孫述的冊封，但公孫述並不能給他任何實質上的援助。

隗囂本人學養俱佳，麾下也曾有方望、馬援、班彪等高級人才，最終敗在自己三心二意，又想依靠別人（劉玄、劉秀、公孫述），又不甘於居人之下，最終落得兵敗身亡。

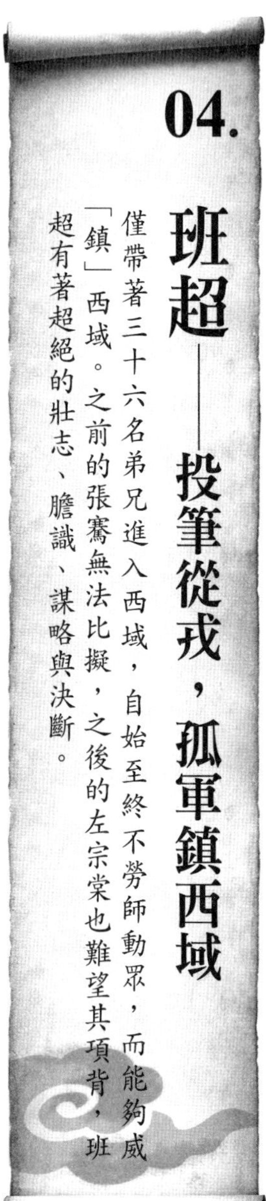

04. 班超——投筆從戎，孤軍鎮西域

僅帶著三十六名弟兄進入西域，自始至終不勞師動眾，而能夠威「鎮」西域。之前的張騫無法比擬，之後的左宗棠也難望其項背，班超有著超絕的壯志、膽識、謀略與決斷。

燕頷虎頸，投筆從戎

班超的父親班彪在莽末群雄中，最初依附隗囂，他跟馬援一樣，看出隗囂終必失敗，於是他投向據有涼州（今甘肅武威市）的竇融。竇融對班彪至為倚重，班彪勸竇融支持劉秀，竇融因此在平定隴右的戰爭中建立莫大功勞，成為東漢的開國元勛之一，後來三個兒子都成為駙馬、曾孫女成為皇后／太后，東漢盛世的竇家班盛極一時。班彪本人是文學家、史學家，他寫了「史記後傳」六十篇，他的大兒子班固繼續志業撰寫《漢書》，未能完成，由妹妹班昭續完。然而，班彪雖然是竇家班要角，卻不喜歡朝廷中的官場逢迎，長時期在洛陽以外的州縣當縣令。

班固接受徵召到洛陽當校書郎（國家圖書館基層館員），班超和母親也一同到了洛陽，班固俸祿不豐，班超偶爾幫官府抄書貼補家用。

【原典精華】

久勞苦，嘗輟業投筆歎曰：「大丈夫無它志略，猶當效傅介子、張騫立功異域，以取封侯，安能久事筆研間乎？」左右皆笑之。超曰：「小子安知壯士志哉！」

——《後漢書．班超列傳》

有一天，班超實在煩極了抄書工作，將手中的筆扔到地上，感歎說：「大丈夫即使不能驚天動地，也該效法傅介子和張騫，在異域創立功業，以博取封侯，怎麼能一輩子庸庸碌碌困在筆硯之間呢？」旁邊的同僚都笑他。班超說：「你們這些小人物，怎麼能理解壯士的懷抱呢！」

有一位相士對班超說：「你的相貌是『燕頷虎頸』①，將來會跟燕子一樣遠飛，像老虎一樣食肉，是個萬里封侯的面相。」於是班超益發堅定要到異域立功。

漢明帝想要效法漢武帝，命竇固北擊匈奴。竇固就是前章被馬援教訓過的那位竇固，是竇融的姪兒，也是駙馬爺，卻因受牽連而罷官在家。漢明帝命竇固和耿秉一同領軍北伐，兩人都可以設立屬官，竇固當時是竇家班的「班長」，而班超屬竇家班成員，竇固知道班超有大志向，問他願不願意隨軍出征。當然，班超立刻就答應了，竇固任命他為假司馬（副參謀長）。

北伐軍分四路出擊，竇固率領的主力一直攻到天山，擊敗匈奴呼衍王，誅殺一千餘人，又追擊到蒲類海（今新疆巴里坤湖）。班超在那次行動中，獨自率領一支軍隊攻下伊吾盧（在今新疆哈密市），深得竇固賞識。竇固得勝班師，但留下一部分軍隊在伊吾盧屯墾，同時派班超與從事（文職官名）郭恂一同出使西域。

不入虎穴，焉得虎子

班超離開伊吾盧，到了鄯善國（今新疆吐魯蕃市，也就是進入了南疆塔里木盆地）。國王「廣」起初接待他們禮節非常恭敬周到，但不久之後，態度突然變得疏忽怠慢。

班超感覺有異，對他的隨從人員說：「你們難道沒覺察鄯善王的態度變得淡漠了嗎？

我研判，一定是匈奴有使者來到這裡，他不知道該靠向哪一邊（漢或匈奴），因此猶疑不決。」

於是班超在服侍漢使的鄯善人中，找來一個比較老實的，誆騙他說：「我知道匈奴的使者來了好些天了，現在住在哪裡？」那侍者禁不住班超反覆套問與威脅，將實情全都透露了。

【原典精華】

超乃閉侍胡，悉會其吏士三十六人，與共飲，酒酣，因激怒之曰：「卿曹與我俱在絕域，欲立大功，以求富貴。今虜使到裁數日，而王廣禮敬即廢；如令鄯善收吾屬送匈奴，骸骨長為豺狼食矣。為之奈何？」官屬皆曰：「今在危亡之地，死生從司馬。」

①頷是下巴，燕頷指下巴像燕子般豐滿。平常人的頸項與頭部連接有弧度，虎頸指頸骨如老虎般直上連接頭部。鄧小平、蔣經國都是燕頷虎頸。

超曰：「不入虎穴，不得虎子。當今之計，獨有因夜以火攻虜，使彼不知我多少，必大震怖，可殄盡也。滅此虜，則鄯善破膽，功成事立矣。」

——《後漢書・班超列傳》

班超將那個侍者關押起來，召集一同出使的三十六人，先跟他們喝酒。等到酒酣耳熱的時候，用話煽動他們：「諸君與我一同身處邊地異域，要想藉此立功，以求得富貴榮華。可是現在匈奴的使者來了才幾天，鄯善王對我們就冷淡疏忽了。一旦鄯善王把我們縛送交給北匈奴使節團，我們都將成為原野上豺狼的食物（意指曝屍荒野），你們看該怎麼辦才好？」

所有人齊聲說道：「我們現在處於危亡境地，是生是死，都由司馬決定。」

班超說：「不入虎穴，焉得虎子。唯今之計，只有趁夜用火攻，他們不清楚我們究竟有多少人，一定會震懾害怕，我們正好趁機消滅他們。只要消滅了匈奴使節團，鄯善王一定會嚇破膽，我們大功就告成了。」

有人提醒：「是不是應當和從事（副使郭恂）商量一下？」

班超激動地說：「是凶是吉，在此一舉。郭從事是個平庸的文官，他聽到這種拚命的事情，搞不好會因為害怕，而暴露我們的行動計劃，我們若白白送死而落得個不好的名聲，那就稱不上壯士了。」

眾人說：「好。」

天黑以後，班超帶領弟兄奔襲北匈奴使節團的駐地。

當天晚上正好颳起大風，班超吩咐十個人拿了軍鼓，隱藏在屋子後面。相約：「一見大火燒起，就立刻擂鼓吶喊。」其餘人都帶著刀劍弓箭，埋伏在門外兩旁。

於是班超親自順風點火，屋後的人一起擂鼓呼喊。屋內匈奴人一片驚慌，奪門而出。班超親手擊殺三人，部下亦斬殺北匈奴使者及隨從人員三十多人，沒跑出來的一百多人統統被燒死在裡面。

第二天一早，班超才告訴了郭恂，郭恂一聽大驚失色，隨即臉色又晴陰不定，班超看透了他的心思，舉手對他說：「你雖未一起行動，但我怎麼會獨占這份功勞呢？」郭恂這才臉色和緩（功勞有他一份）。

接著，班超派人請鄯善王廣前來，將北匈奴使者的頭顱排列在進入賓館的道路兩旁，鄯善舉國震恐。班超趁勢對鄯善王曉以大義，再好言安撫寬慰一番，勸鄯善王將兒子作為人質，入覲漢朝。

班超回到伊吾盧覆命，竇固上書朝廷詳細報告班超的功勞，並請求朝廷另行選派使者出使西域。漢明帝對班超的膽識十分讚賞，下詔給竇固：「像班超這樣現成的奇才，為什麼不派他，而要另外物色呢？擢升班超為軍司馬，讓他繼續完成任務。」

戰略孤立龜茲

竇固命班超出使于闐（今新疆和田市），問他：「要不要多帶一些人馬？」班超說：「于闐是個大國，距離更為遙遠，即使帶數百人去也不能展現強大，如果遇到不測的事情，人多了反而更添累贅。」於是仍然帶領原來的三十六名弟兄前往。

當時，于闐王廣德剛剛打敗了莎車國（今新疆莎車縣），聲威大振，雄霸南道（漢朝時西出陽關有南北二道），而北匈奴派出使者更嚴密監視他。因此，班超到達于闐國時，廣德王態度冷漠（既不屑班超人馬少，也不敢對漢使顯得熱絡）。

于闐人民迷信神巫。神巫放話說：「天神發怒了，責備我們為什麼勾結漢朝！漢使有一匹身黃嘴黑的騧馬（駿馬），趕快拿來給我祭祀天神！」

于闐王廣德派宰相去向班超要求那匹騧馬。班超一口答應獻出駿馬，可是「要神巫親自來取」。過一會兒，神巫來到，班超二話不說，立即拔刀砍下他的腦袋，還用皮鞭抽打于闐國宰相，讓宰相帶著神巫的腦袋回去，帶話嚴厲譴責于闐王廣德。

廣德王先前已經聽說班超在鄯善國誅滅匈奴使者的神勇事蹟，這下子愈發惶恐不安，於是下令攻殺北匈奴使者，表示歸降漢朝。班超重重賞賜了廣德王及其臣下，于闐國就此鎮定，並且成為班超的駐地，招撫西域各國。

當時匈奴在西域的代理人是龜茲（今新疆阿克蘇地區），龜茲王「建」依恃匈奴的勢力，占據西域北道，攻破疏勒國（今新疆喀什地區），殺死國王，另立龜茲人兜題為疏勒王。

班超的戰略：先幫助疏勒復國，然後擊敗龜茲，才能讓西域各國歸順。

收服于闐的第二年春天，班超帶領部下取道小路，去到疏勒國，離兜題所居住的盤槖城只有九十里，預先派部下田慮去勸降兜題。班超指示田慮：「兜題本非疏勒人，疏勒人民一定不會為他盡忠效命，他如果不肯歸降，就將他拿下，扣押起來。」

田慮到達盤槖城，兜題看他孤單力微，因此毫無歸降之意。田慮趁他不提防，突然撲上去，將他捆綁起來。事出突然，兜題的手下一哄而散。田慮派人飛馬馳報班超，班超軍隊（于闐國軍隊）即刻進城，召集疏勒文官武將，歷數兜題的罪狀，另立原來國王的侄子「忠」為疏勒王，疏勒人都很高興。

疏勒王忠和他的大臣請求殺掉兜題，班超不同意，將他放回龜茲「以示威德」——事實上那是一個高招，從此疏勒國跟龜茲國的仇怨遂不可解。

東漢班超變成西域班超

漢明帝去世，焉耆國（北匈奴的盟國，國都在今新疆焉耆縣）趁漢朝國喪機會，攻陷西域都護陳睦的駐地（西域都護府設在輪臺，自西漢宣帝開始派軍隊在輪臺屯田），陳睦陣亡，班超陷於孤立，固守盤橐城，與疏勒王忠互為首尾，但兵少勢單。堅守了一年多後，漢章帝擔心班超勢孤力單，難以支撐下去，就下詔召回班超。

班超出發回國，疏勒全國上下都感到擔心害怕，一個名叫黎弇的都尉說道：「漢使若離開我們，我們必定會再次被龜茲滅亡。我實在不忍心看到漢使離去。」說罷，就拔刀自殺了。

班超途中來到于闐國，國王以下的人全都悲號痛哭，表示：「我們依靠漢使，就好比嬰兒依靠慈母一樣，你們千萬不能回去。」還緊緊抱住班超坐騎的腳，使馬無法前行。

班超看到于闐人民情深意堅，又想實現自己的壯志初衷，於是改變主意，調轉馬頭，返回疏勒。疏勒國中有二座城池，在班超離去後，已經投降了龜茲國，並且與尉頭國聯兵叛漢。班超捕殺了叛降者，又擊破尉頭國，攻殺六百餘人，疏勒國重新安定下來。

決定留在西域那一刻，班超的心情肯定異常複雜。他已經在西域拚命了將近五年，天山以南就靠他一個人（和最初帶去的三十六位弟兄）撐著，勢孤力單一年多，苦撐待援的結果是召他回國。

於是，當他看到疏勒、于闐軍民視他為救星的真情，他決定留在西域。這在東漢朝廷角度看來是「抗命」，而且不會給他任何支援，班超肯定徹底覺悟了，他往後必須完全依靠西域人對抗西域人。

從那一刻起，班超從漢朝的班超變成西域的班超，他著手聯合西域各國，對抗匈奴跟它的盟邦。

回轉疏勒的第三年，班超率領疏勒、康居、于闐和拘彌等四國軍隊一萬多人，攻占了姑墨國（今新疆阿克蘇一帶）的石城，殺敵七百餘人。班超想要就此平定西域諸國，一度上書漢章帝請求援兵。漢章帝批准了，可是援兵總數只有一千多人，多半是減刑的罪犯，只有部分是自願出塞的兵士，由徐幹帶領。班超會合打勝了第一仗，想要直搗龜茲，可是自己力不足，希望藉助烏孫（今新疆伊犁自治州）的兵力。於是再度上書漢章帝，章帝采納了他的建議：晉升班超為將兵長史，並破格使用鼓吹幢麾（將軍儀仗），又晉升徐幹為軍司馬，另外派遣衛侯李邑護送烏孫使者回國，攜去贈送給大小烏孫王及其部屬的許多禮物。雖然烏孫並未發兵，但至少換得烏孫王派遣世子入侍（到洛陽當人質）。

隔年，班超用重禮收買月氏王（大月氏在今伊犁河流域），說服康居王（今哈薩克南部）不與叛變的疏勒王聯合，然後平服叛變，西域南路從此打通。

又隔年，班超徵發于闐等國的軍隊二萬五千人，再次攻打莎車，龜茲王則糾合溫宿、姑墨、尉頭等國五萬軍隊援救莎車。

面對這場西域爭霸的決戰，班超召集將領和于闐王開軍事會議，在會上指示戰術：「眼下我們寡不敵眾，只能分進合擊，于闐軍由此向東而進，我軍向西運動，等到昏黑鼓響後分頭出發。」但事實上，班超並未分兵。

班超暗中放鬆對俘虜的看守，讓俘虜逃回去報信。龜茲王得到漢軍動向的假情報，親自率領一萬騎兵趕往西邊去攔截班超，另命溫宿王帶領八千騎兵趕往東邊去狙擊于闐軍。

班超的探子回報，兩支敵軍已經分兵而出，即刻將全部兵力集合，在雞鳴時分飛馳奔襲莎車軍營，莎車軍一片驚亂，四方奔逃，班超追擊殲敵五千多人，繳獲了大量的牲畜財物，莎車王投降，龜茲等軍只好各自撤退。

從此，班超威震西域，直到他回國之前，龜茲都不敢妄動。

但願生入玉門關

漢章帝在位十五年間，班超讓北匈奴的盟友龜茲、莎車不敢妄動，章帝下詔稱許他：出入（西域）二十二年，莫不賓從，不動中國，不煩戎士，得遠夷之和，同異俗之心。簡單說，就是不動員漢朝一兵一卒，就讓西域各國臣服，於是任命班超為西域都護——給了個頭銜，其實是無本生意，漢朝則「笑納」西域五十餘國。

漢章帝駕崩，漢和帝即位，終於封班超為定遠侯，采邑一千戶——燕頷虎頸，飛而食肉的相者之言，至此應驗；投筆時「立功異域，以取封侯」的豪語，至此實現。

班超此時已經六十三歲，開始思念故鄉，差第三子班勇（在西域出生）隨大食使者去到洛陽，見到妹妹班昭，從未見過面的姑姪二人相擁而泣，班勇述說父親希望落葉歸根的心願。當時班昭受到漢和帝、鄧太后的賞識，得以出入皇宮為皇后、貴人的老師，因班固過世，班昭並奉旨繼續完成《漢書》。

於是班昭上奏，班勇帶來班超的上書，其中兩句「臣不敢望到酒泉郡，但願生入玉門關」言辭謙卑而真情流露，漢和帝大受感動，於是下詔准班超回國，派任尚接替西域都尉。

任尚向班超請教，他在西域三十一年，有什麼秘訣可以傳授？

班超說：「來到塞外的官吏士兵，本來就不是孝子順孫，多半都是因為犯有罪過，而

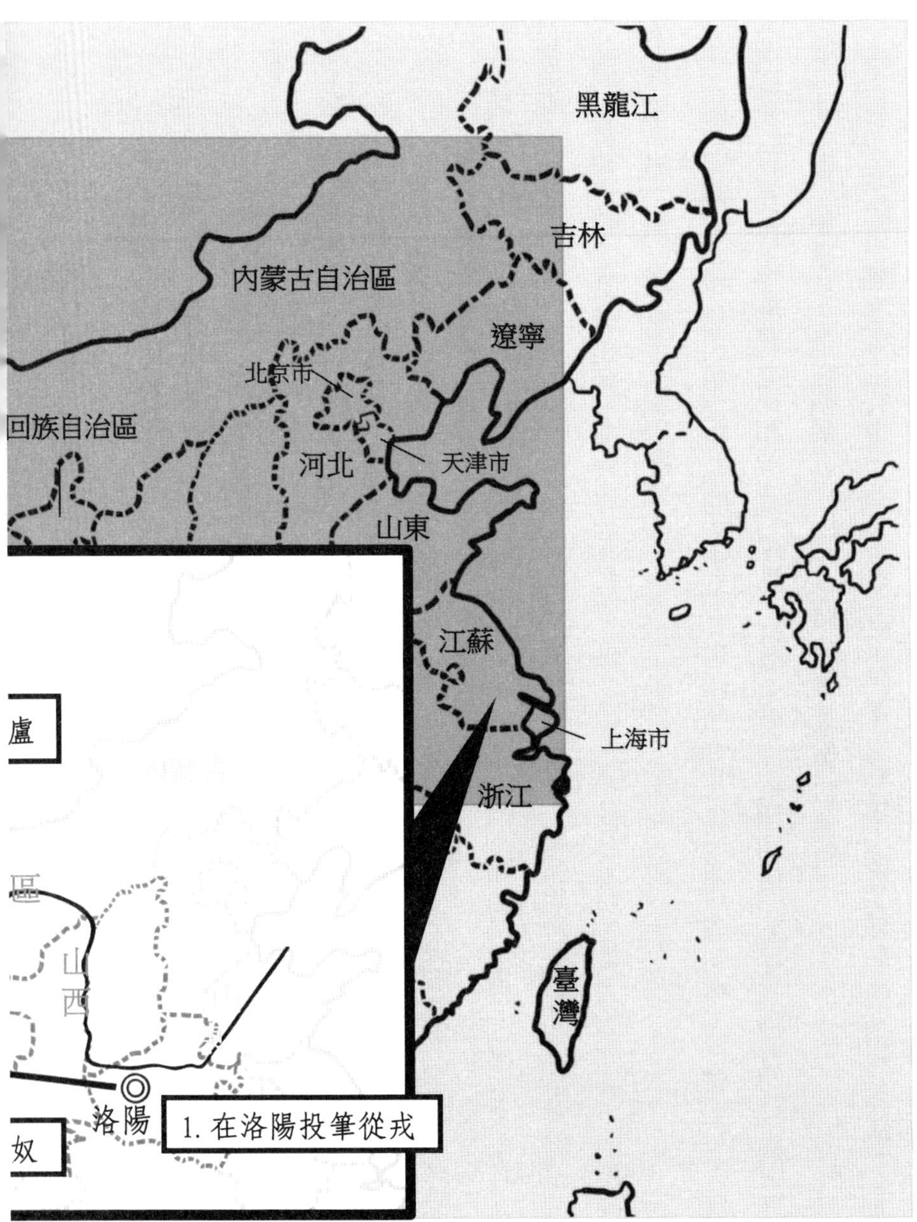
黑龍江
吉林
內蒙古自治區
遼寧
北京市
回族自治區
河北
天津市
山東
江蘇
上海市
浙江
臺灣
盧
區
山西
洛陽
1. 在洛陽投筆從戎
奴

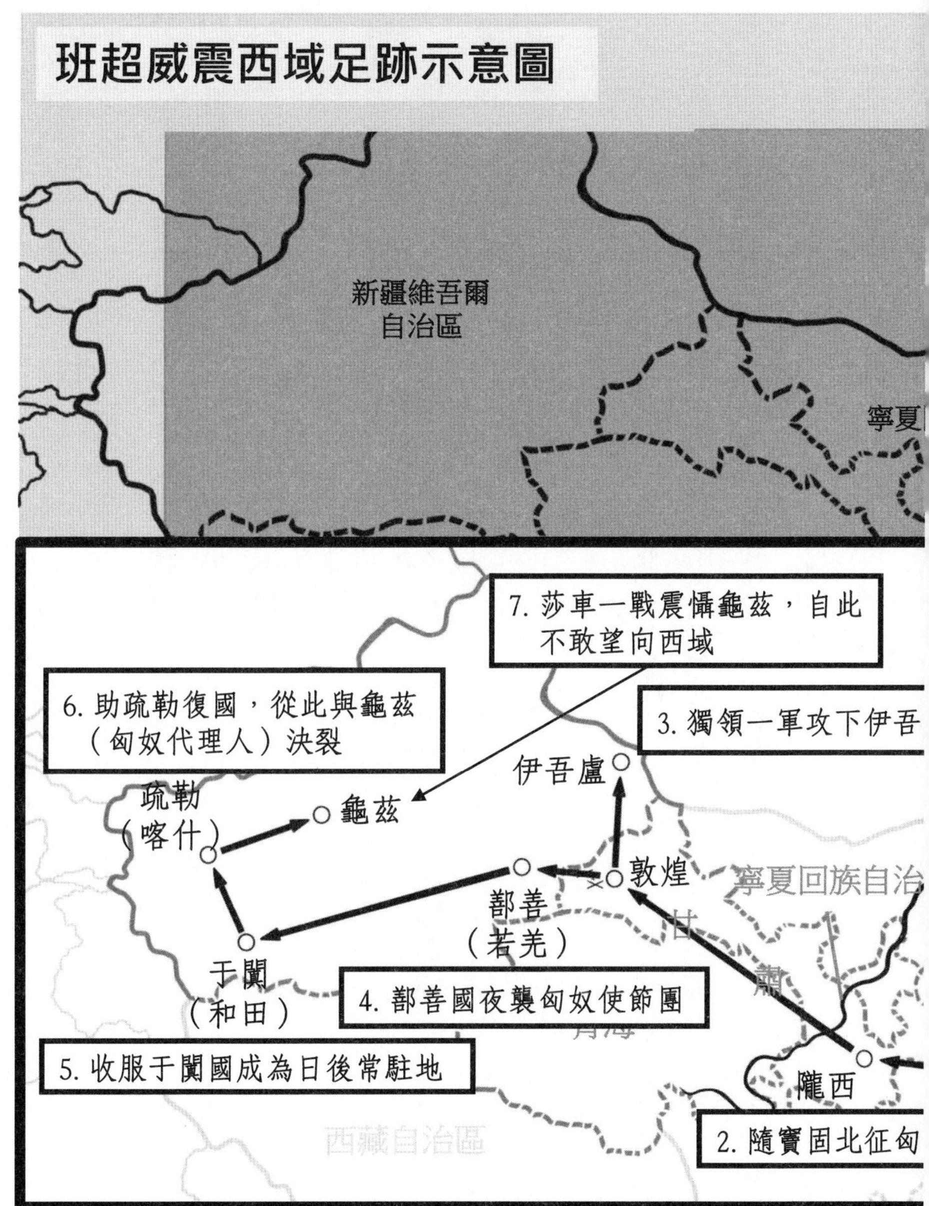
班超威震西域足跡示意圖
新疆維吾爾
自治區
寧夏
7. 莎車一戰震懾龜茲，自此
不敢望向西域
6. 助疏勒復國，從此與龜茲
（匈奴代理人）決裂
3. 獨領一軍攻下伊吾
伊吾盧
疏勒
（喀什）
龜茲
敦煌
鄯善
（若羌）
寧夏回族自治
于闐
（和田）
4. 鄯善國夜襲匈奴使節團
5. 收服于闐國成為日後常駐地
隴西
西藏自治區
2. 隨竇固北征匈

被遷徙塞外，守邊屯戍。而西域各國人的思考跟我們不一樣，難以扶植卻容易叛離。然而，水清無大魚，而閣下的作風嚴厲急切，明察之政不得人心，應當採取相對放鬆、寬簡易行的政策，寬恕他們的小過，只要總攬大綱就好。」

班超回國後，任尚私下對自己的親信說：「我以為班君會有奇策，而他說的那番話，不過平平而已。」任尚後來終於斷送了西域和平，正如班超所言。

班勇四年征服西域

班超回到洛陽不久就去世了，經過十多年，西域各國陸續反叛漢朝歸附北匈奴，任尚陷於孤立（連奏章都無法送出），東漢朝廷派班超長子屯騎校尉班雄領兵出敦煌，班勇在哥哥軍中擔任軍司馬，成功接回任尚，在伊吾盧等地的屯田漢軍也另派軍隊接回。此後十多年，西域沒有一個東漢使節。

放棄西域的後果是，敦煌面對北匈奴的直接壓力。敦煌太守曹宗決定採進取戰略，派長史索班率軍出玉門關，駐軍伊吾盧。由於班超的餘威仍在，一見漢軍出塞，車師王與鄯善王率先歸附。北匈奴糾集人馬進攻伊吾盧，結果索班戰死、車師王敗走、鄯善王向曹宗告急。曹宗上書皇帝，主張一勞永逸，請求出兵五千，徹底擊敗北匈奴。

鄧太后召集大臣討論曹宗的上書，班勇也參與那次廷議。很多人認為應該關閉兩關（玉門關與陽關），放棄西域，班勇謹慎的分析了西域形勢之後，提議派出三百人進駐敦煌故地，五百人屯樓蘭，目的是讓西域人看到漢朝不會放棄西域「以堅其心」，而樓蘭距離敦煌比較近，可以隨時得到支援。

班勇的意見受到諸多質疑。一個質疑是：西域歸附後，萬一索求無度怎麼辦？班勇說，西域國家其實都還富庶，足以自給自足，來中原（經商）的西域人也不過需要一餐一飯罷了；相反的，如果西域歸附北匈奴，而匈奴進犯并州、涼州，「則中國之費何止千億？」

另有很多人質疑：如今車師已經歸附匈奴，鄯善又難以保證，一旦反覆倒戈，「班將（勇）能保北虜不為邊害乎？」班勇毫不客氣的吐嘈回去：「朝廷設置州牧是為了維持一州之內的郡縣治安，如果州牧能夠保證境內不起盜賊，我就敢保證匈奴不危害邊境！」

然而，班勇還是態度溫和的向大臣們說明：「從來（漢武帝以來）通西域的戰略目的就是斷匈奴右臂，如果將西域還給匈奴，豈不等於幫他把斷臂接回去嗎？如果放棄西域，各國歸附漢朝的希望斷絕，一旦他們向匈奴靠攏，我們的邊塞郡縣必定受到侵擾，河西（今甘肅）的各個城門恐怕連白天都不敢打開了。」

鄧太后裁決，增兵敦煌但不出屯，也就是採納了班勇意見的一半。直到鄧太后駕崩，漢安帝親政，任命班勇為西域長史，率領五百人馬出玉門關，屯駐柳中（古城址在今新疆鄯善西南魯克沁）——距離上次漢軍出屯已經二十年。

隔年，班勇兵進樓蘭，鄯善率先歸附。班超在西域很有名望，聽說班超的兒子到來，龜茲、姑墨、溫宿陸續歸附。班勇徵發西域軍隊以及敦煌、張掖、酒泉漢軍六千人，進攻車師，「大破之」，投降士卒八千多人、擄獲牲畜五萬頭，生擒車師王和匈奴持節使者。北匈奴單于先派呼衍王帶兵攻打車師，被班勇擊潰、俘虜二萬人，單于親自率軍來攻，被班勇的假司馬曹俊擊敗，退回大漠。

整個西域至此只剩焉耆尚未歸附，漢朝派班勇走天山南路進攻，另派敦煌太守張朗走天山北路進攻。班勇的兵力包括西域各國軍隊有四萬人之眾，張朗的兵力只有四千人，班勇事實上不需要張朗支援，由於張朗當時有罪在身，希望藉此立功，所以班勇接受張朗的「協力」。兩人約期會合後併力進攻，可是張朗加速進軍，抵達後迅即發起攻擊，殲滅焉耆軍隊二千人。

張朗接受焉耆王投降，帶著焉耆王的兒子（人質）回到洛陽，戴罪立功，功罪相抵。可是班勇卻因遲到，獲罪下獄，後來雖得赦，卻從此未能復出，老死家中。

班超用了二十多年平定西域，班勇只用了四年。當然，那是班超打下的厚實基礎，班勇更是生長在西域，非常瞭解西域的風土民情和道路地理有以致之。無論如何，北匈奴從此退回大漠，西域此後就不曾脫離漢朝，甚至三國時的曹魏都還設西域都護府。

【原典精華】

必如班定遠，方是滿腹皆兵，渾身是膽。趙子龍、姜伯約不足道也

——明．馮夢龍，《智囊》

《智囊》是作者馮夢龍從明代以前的經傳史集當中，蒐羅有關智謀的故事近兩千則，部類分別，並加上自己的評語。

他對班超的評價極高，認為班超才是智勇雙全的代表人物。上述文字裡提到的趙子龍就是大家熟悉的三國時代的趙雲，劉備稱讚他「子龍一身是膽也」；另一位姜伯約就是諸葛亮死後鎮守漢中的姜維，他陣亡後，「人剖其腹，其膽大如升」；馮夢龍認為他們都不足以跟班超相提並論。

【原典精華】

西漢有張騫，東漢有班超，皆一時人傑，不可多得。吾謂超之功尤出騫上，……用夷攻夷，原攘夷之上策，但亦必才如班超，方足收功，否則平虜不足，啟釁有餘，幾何而不喪師僨事耶！

——清末・蔡東藩，《東漢演義》

蔡東藩是清末民初的史學家，他從一九一六年開始，用了十年時間完成十一部「歷史通俗演義」，上述是他對班超的評價：班超的功業高出張騫多多，兩人都完成了「斷匈奴右臂」的任務，可是張騫糜廢國家資源甚鉅，而班超只帶了三十六人，且能不妄廢中國人力物力。

尤其是「以夷制夷」戰略，必須是班超那樣的超級人才方能收效，否則恐怕反而給國家帶來戰禍。歷史上，志大才疏而造成遠征軍埋骨異域的記載可多著呢！

公孫策點評

東漢的鄯善就是西漢的樓蘭。班超投筆從戎時說要效法的傅介子，在西漢昭帝時出使樓蘭，並且誘殺了樓蘭國王安歸，立安歸的弟弟為樓蘭王。

東漢時，樓蘭國已經不在，只剩樓蘭城。班超到了他心目中英雄傅介子揚威立萬的地方，想必腎上腺素已經升高到一個程度。等確定匈奴使節團也在鄯善國，他當然不會放過「拚他個裂土封侯」的大好機會。事實上，班超後來建立功業，一再展現那次突擊匈奴使節團的膽識。而若論將兵之才，對比前章主角韓信，能以漢將統領魏、趙、齊軍打敗楚軍，班超能統領西域軍隊打敗匈奴代理人，似乎猶勝一籌。

史家對班超的評價相當分歧，《後漢書》作者范曄將班超和梁慬並列一傳，就是認為他僅是「功在西域」而已，王夫之《讀通鑑論》甚至認為班固、班超兄弟兩人有相互標榜之嫌。

那些都是「統治者史觀」下的評論，范曄、王夫之都是一代學者，如果讓他們穿越時空回到過去並「落入」班超幕下，或許才能真實體會班超的心境。

拿班超最後對任尚說的那句「塞外吏士，本非孝子順孫；蠻夷懷鳥獸之心，難養易敗」來看吧，班超曾經被貪生怕死的漢人讒譖，也曾因受他恩惠的西域國王背叛而痛心（因屬枝節，本文未述及）。那兩句話聽在任尚耳裡，看在我們歷史故事讀者眼裡，都不會有特別感覺，可是在班超而言，肯定是刻骨銘心的啊！

馬融——東漢盛極而衰的見證

班超當初不耐書案投筆從戎，而最後的請歸骸骨上表竟然還能寫得真情感人，因為那其實是妹妹班昭的手筆。

本章主文寫到班固撰《漢書》，是老爹班彪先鋪設了基礎（史記後傳），但事實上班固去世時，《漢書》尚未全部完成，由班昭續寫，並將之整理問世，後來漢和帝又詔令馬續，將《漢書》做了最終整理。

馬續的弟弟馬融是東漢儒家集大成的學者之一，他門下弟子上千人，包括最有名的鄭玄。而起初《漢書》剛面世時，很多人看不懂，只有馬融拜伏藏書閣下，願意隨班昭學習《漢書》。

看到這一段，切莫以為馬融的身段很軟，事實上他超有骨氣。漢和帝崩逝後，漢安帝即位才十歲，由鄧太后聽政，馬融一度不回應大將軍鄧騭的徵召，後來勉強接受入仕，又為文諷刺當道，惹得鄧太后一度下令不准馬融做官，直到鄧太后去世，漢安帝才又徵召馬融為官。

可是馬融後來又得罪了歷史上有「跋扈將軍」惡名的梁冀，被誣控貪污，判削髮流放至朔方。他在流放期間自殺以明志，未死，後來被赦免回京，因病辭官，在家中去世。

馬融一生經歷了東漢十三位皇帝中的八位，從鼎盛時期的漢章帝到開始衰敗的漢桓帝，可以說，他見證了東漢王朝盛極而衰的整個過程。

馬融又是前章主人翁馬援的姪孫，前章述及馬援教訓竇固，本章述及竇固提拔班超，班超之妹班昭傳授馬融《漢書》。這一串人物又是東漢王朝從草創到極盛時期的代表，看這幾個人的傳記，等於翻過東漢盛世的歷史。

馬援是東漢名將，馬融是東漢大儒，兩人一武一文，相隔兩代，卻都流著視富貴如浮雲的相同血液。

甘英的未竟任務

班超在西域期間，除了對付北匈奴及其盟國，還跟中亞的貴霜帝國幾番交手。貴霜國是月氏人建立，史書上都稱之為月氏，班超曾經雇用月氏傭兵，也曾跟月氏交惡（但並未開戰）。班超由月氏人口中聽到，西方有一個大國「大秦」，於是派部將甘英出使大秦。

事實上，當時的歐亞大陸有羅馬、安息、貴霜、東漢四大帝國並立，大秦就是羅馬帝國，安息帝國是阿拉伯人建立，史書上稱之為「大食」，貴霜（月氏）則雄踞中亞。

「絲路」其實一直都通暢，只不過必須經過安息與貴霜帝國。易言之，兩個大草原上的帝國掐住了東西兩大帝國的貿易線，他們當然不樂見東西兩大帝國能夠直接往來。

因此，甘英到了「大海」（有說是裏海，有說是波斯灣）時，大食人對他百般勸說渡海的艱險：「海水廣大，往來者逢善風三月乃得度，若遇遲風，亦有二歲者，故入海人皆齎三

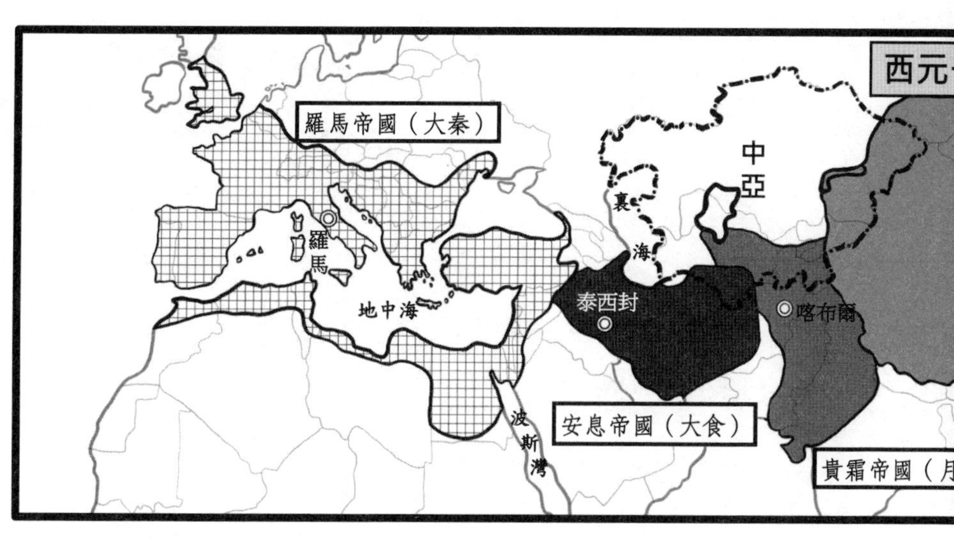

歲糧。」也就是說，運氣好的話三個月，運氣不好的話兩年！

大食人更渲染海上航行的兇險：「海中有思慕之物，往者莫不悲懷。若漢使不戀父母妻子者可入。」——一來一回搞不好要三、四年，甘英自忖做不到「不戀父母妻子」，於是回頭向班超報告「海水鹹苦不可食」，因此不建議通使大秦。

班超一輩子沒見過大海，同時又信任甘英（班超應該是派出他認為能夠克服萬難的部下，如當初竇固會派他出使西域），此事遂就此打住。

直到東漢末年，大秦使者才由海路到了中國，當時班超已經去世六十年。

05. 諸葛亮——草廬農夫而能胸懷天下

臥龍岡上一個青年農夫，胸中卻有安邦定國韜略。雖然沒有遇到劉邦、劉秀那樣的創業英主，但即使皇帝是扶不起的阿斗，他仍然秉持信念，不改初衷，鞠躬盡瘁到最後一刻。

自比如管仲、樂毅之才

諸葛亮是山東琅琊人，父親早逝，叔叔諸葛玄受袁術任命為豫章太守（治所在今江西南昌市），帶著十五歲的諸葛亮和比他小一歲的弟弟諸葛均一同上任。當時群雄割據，相互征戰，諸葛玄到任未久就被朱皓攻擊，不敵而走，帶著一對小兄弟投奔荊州牧（治所在今湖北襄陽市）劉表。沒幾年，諸葛玄死了，諸葛亮帶著諸葛均到襄陽城外的臥龍岡耕田為生——到此為止，我們看到的只是一個在戰亂中顛沛流離的年輕人。

諸葛亮「身長八尺」（超過一百八十公分），高大英俊，每每自比管仲、樂毅，可是當時除了一干好朋友如崔州平、徐庶等非常推崇他，其他人並不看好他——到此為止，我們看到這個年輕農夫懷抱大志，但他的大志不是逐鹿稱王稱帝，而是如管仲輔佐齊桓公、樂毅幫助燕昭王那種。

然而，諸葛亮事實上可以不當山村農夫的，怎麼說呢？

諸葛亮的岳父黃承彥娶了荊州巨室蔡諷的女兒，荊州牧劉表也娶了蔡諷的女兒，兩人是連襟，要拉關係的話，諸葛亮可以喊劉表一聲「姨丈」，他立馬就可以進入荊州的領導班子，因為當時荊州當權的正是蔡夫人的哥哥蔡瑁，諸葛亮跟著老婆喊聲「舅舅」也理所當然。

可是諸葛亮非但沒有好好運用這一層裙帶關係，反而跑到城外臥龍岡去種田，他是怎樣？

這得從「自比管樂」四個字上去推敲。

管仲是輔佐齊桓公成為春秋第一位諸侯霸主的宰相，樂毅是幫燕昭王遊說諸侯聯軍攻齊的名將，也就是說，諸葛亮在等待一位如齊桓公、燕昭王那樣的人物。

當然，他完全不看好劉表能在東漢末年群雄割據的形勢下脫穎而出——如果劉表日後必敗，他加入荊州權力圈也沒幾天榮華富貴日子可過。

那時候北方戰亂不歇，有很多中原的知識分子逃難到荊州，其中不乏想在荊州政府裡謀個職位安身立命的人。但也有一批人不看好劉表，他們常常聚在一起討論天下大勢，其中就包括諸葛亮和他的那幾位朋友，他們分別來自山東、河南、河北，對當時參與逐鹿的人物各有觀察分析，都在找機會投入可能的贏家陣營。

徐庶、石廣元、孟公威後來都加入了曹操陣營，曹操毫無疑問是當時的大贏家。可是諸葛亮不一樣，他選擇了劉備。

選擇加入落魄的劉備陣營

劉備來到荊州的時候，真可以「喪家之犬」來形容。他當過徐州牧、豫州牧，可是先後被呂布、袁術、曹操打著跑。來到荊州，因為同為漢室宗冑，劉表不好意思不收留他，可是卻處處提防他，讓他駐紮在襄陽和許昌之間的新野（今河南南陽市新野縣），也就是做為抵擋曹操的前哨。

不能怪劉表沒誠意，劉備雖然一路被打著跑，可是他的對手都沒小看過他，對他的評語從「人中之龍」到「狼子野心」不一而足，諸葛亮就沒看衰劉備，甚至押寶在他身上。

【原典精華】

時先主屯新野。徐庶見先主，先主器之，謂先主曰：「諸葛孔明者，臥龍也，將軍豈願見之乎？」

先主曰：「君與俱來。」

庶曰：「此人可就見，不可屈致也。將軍宜枉駕顧之。」

由是先主遂詣亮，凡三往，乃見。

——《三國志·蜀書·諸葛亮傳》

雖然諸葛亮「相」中了劉備，可是他運用了高級推銷術：先由徐庶加入劉備陣營，徐庶大力推銷了「臥龍」，劉備欣然答應要徐庶帶他來，可是徐庶說「高級人才不能呼之即來，必須閣下放下身段去拜訪他」，而劉備確實「凡三往」（去了三次）——三顧茅廬是真有其事。換個角度，如果劉備當時自恃身分不願三顧茅廬，那就是一個死要面子的輸家，諸葛亮就不會出山了。

劉備既然放下身段去拜訪諸葛亮，諸葛亮之前可以擺架子，兩人見了面卻必須展

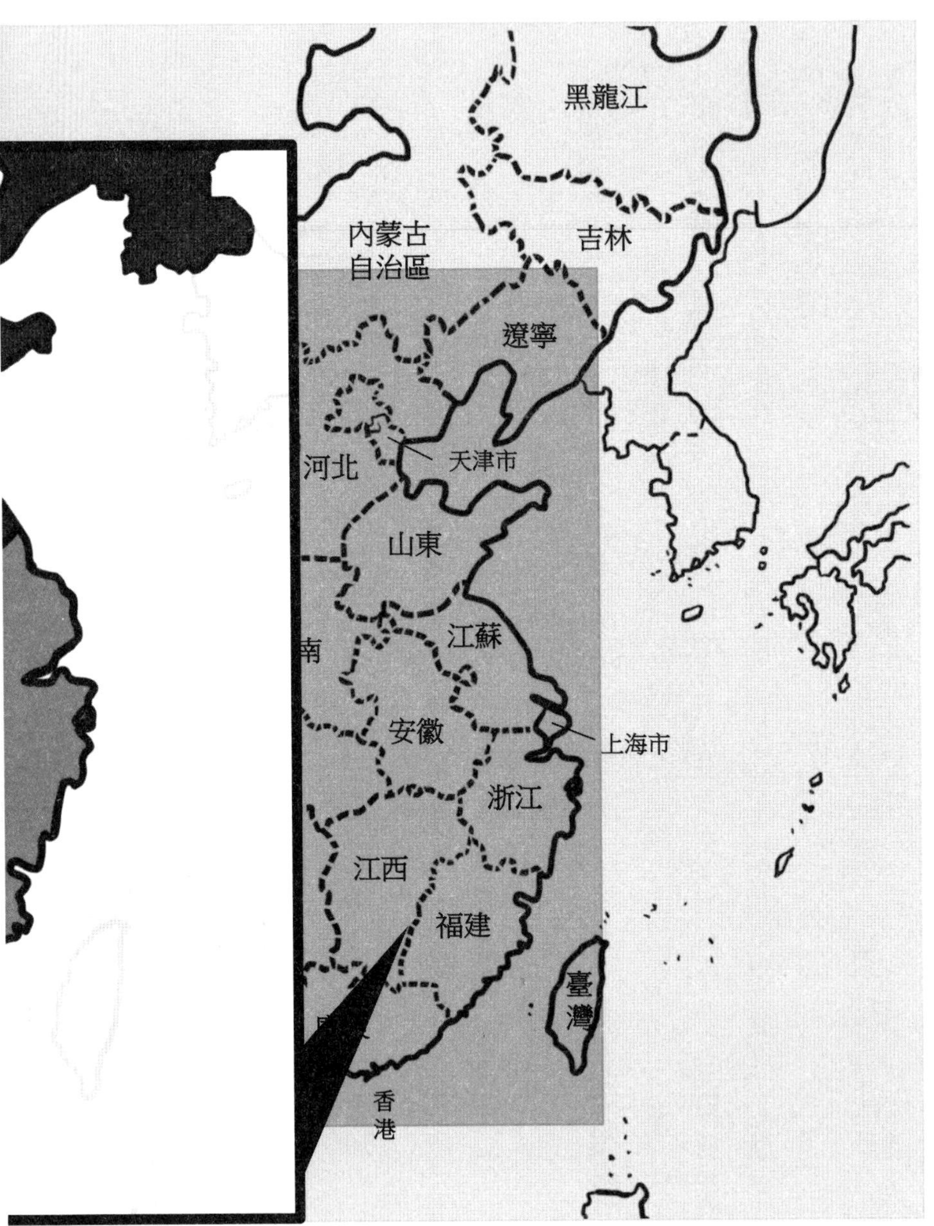
黑龍江
吉林
內蒙古
自治區
遼寧
天津市
河北
山東
江蘇
南
安徽
上海市
浙江
江西
福建
臺
灣
香
港

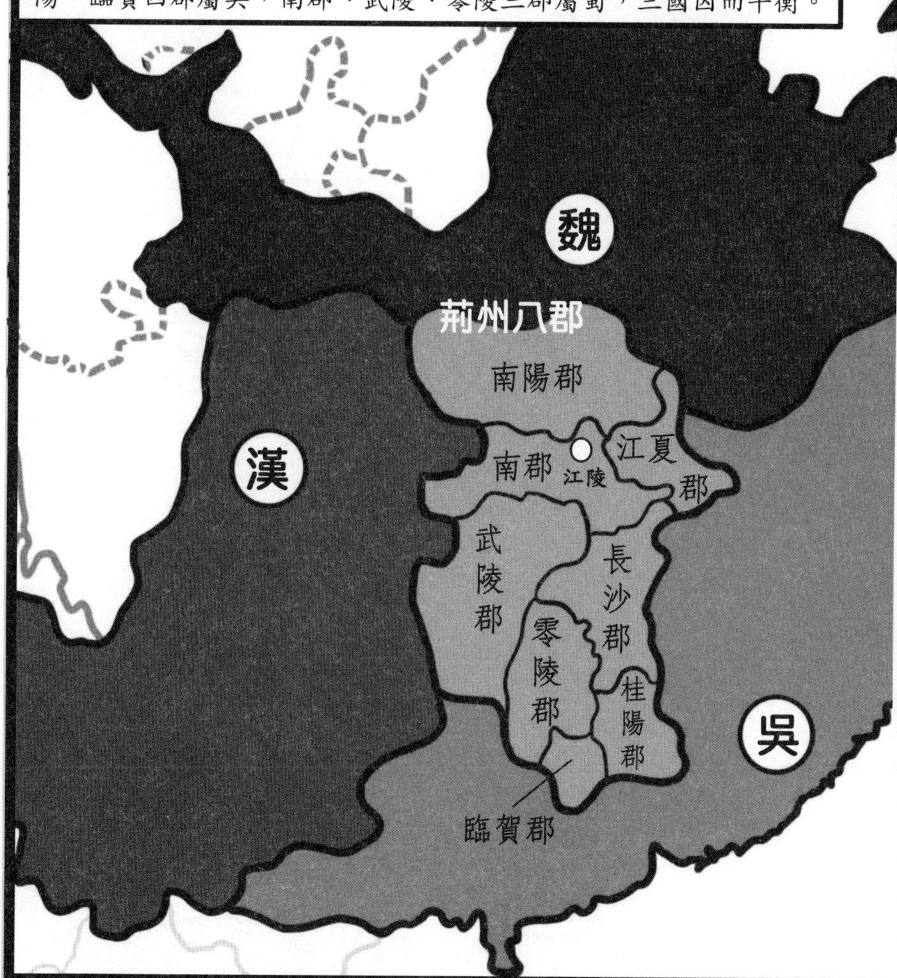
三國荊州的戰略地位示意圖
荊州正好位在魏、吳、蜀三國中間，可以說，誰得荊州誰就最大。赤壁之戰後，荊州八郡分屬三國：南陽郡屬魏，江夏、長沙、桂陽、臨賀四郡屬吳，南郡、武陵、零陵三郡屬蜀，三國因而平衡。
魏
漢
吳
荊州八郡
南陽郡
南郡
江陵
江夏郡
武陵郡
長沙郡
零陵郡
桂陽郡
臨賀郡

現真才能——他只有那一次機會，必須在最短時間贏得劉備的信心，也就是「隆中對」。

諸葛亮的陳述邏輯完全符合現實，而且是劉備當時的實力可以達到的：曹操不可與之爭鋒，孫權可以結盟不可以圖謀，荊州、益州的主人（劉表、劉璋）守不住地盤，如果能取得荊益兩州，好好經營，先聯吳制魏站穩鼎足，有機會則進取關中，霸業可成。這個戰略簡報事實上是為劉備量身打造（換一個人，諸葛亮應該會有另一套設計），登時讓劉備茅塞頓開，因為之前他一直在跑路，連棲身之地都沒有，哪有時間想「霸業」，而眼前這個年輕農夫居然能把天下大勢說得跟圖畫一樣清楚！

說服孫權一同抗曹

沒多久，曹操大軍往荊州而來，劉表又在此時去世，繼承人劉琮決定不抵抗，獻出荊州，劉備帶領人馬往南撤退到江夏（今湖北武漢市），跟劉表的大兒子江夏太守劉琦會合。就在這個危急存亡之刻，諸葛亮的表現機會來了，他自請前往柴桑（今江西九江市）見孫權，《三國志》記載了精彩的對話：

【原典精華】

亮說權曰：「今操芟夷大難，略已平矣，遂破荊州，……將軍量力而處之：若能以吳、越之眾與中國抗衡，不如早與之絕；若不能當，何不案兵束甲，北面而事之！今將軍外託服從之名，而內懷猶豫之計，事急而不斷，禍至無日矣！」

權曰：「苟如君言，劉豫州何不遂事之乎？」

亮曰：「……劉豫州王室之胄，英才蓋世，……若事之不濟，此乃天也，安能復為之下乎！」

權勃然曰：「吾不能舉全吳之地，十萬之眾，受制於人。吾計決矣！非劉豫州莫可以當曹操者，然豫州新敗之後，安能抗此難乎？」

亮曰：「豫州軍雖敗於長阪，今戰士還者及關羽水軍精甲萬人，劉琦合江夏戰士亦不下萬人。曹操之眾遠來疲弊，聞追豫州，輕騎一日一夜行三百餘里，此所謂『彊弩之末，勢不能穿魯縞』者也。故兵法忌之，曰『必蹶上將軍』。……操軍破，必北還，如此則荊、吳之勢彊，鼎足之形成矣。」

——節錄自《三國志・蜀書・諸葛亮傳》

（語譯）諸葛亮：「曹操大軍南下，荊州已經投降，將軍（指孫權）如果估計東吳有力量抵抗，就早點跟曹操宣戰；如果估計無法抵擋，不如早點表態投降。如果不戰不降，猶豫瞻顧，大禍很快就要臨頭了。」

孫權：「那你們劉豫州（劉備曾經是豫州牧）為什麼不投降？」

諸葛亮：「劉豫州是王室血胄，英才蓋世，萬一大事不濟，那是天命，怎麼可能投降曹操？」

孫權：「我擁有東吳全境，還有十萬軍隊，怎麼可能受制於人？我決定跟劉豫州一同抗曹。可是，劉豫州現在還有多少實力呢？」

諸葛亮：「我們從襄陽撤退來的超過一萬人，劉琦在江夏也超過一萬人。重點在於，曹軍為了追逐劉豫州，輕騎一日一夜急行軍三百里，這屬於『強弩之末，勢不能穿魯縞』，兵法上說，這樣將會導致主將陣亡。一旦曹操兵敗北還，荊州和東吳就能站穩腳步，形成鼎足之勢。」

這番對話又一次證明，諸葛亮在臥龍岡上沒有閒著，他那一批志同道合的朋友，對天下大勢與當世英雄人物做過反覆且透徹的分析。因此諸葛亮對孫權的說詞與激將法，完全拿準了孫權的性格與心思，他其實是滿懷信心去遊說孫權，而非去碰運氣的。

於是孫權撥三萬水軍給周瑜，從柴桑西上到江夏，跟劉備會合，打了一場歷史留名的「赤壁之戰」。

赤壁之戰是周瑜打贏的，但赤壁之戰後，孫權將打贏得來的荊州借給劉備，顯然對聯劉制曹大戰略有體認，那肯定該歸功於諸葛亮前述那番對話。諸葛亮在劉備陣營的重要性於是大為提高，被任命為軍師中郎將。然而，之後劉備西上入蜀，軍師中郎將並沒有隨軍出征，而是負責治理荊州南方三郡，鎮守第一線襄陽的主將則是關羽。

白帝城託孤是轉捩點

劉備取蜀的機會出現，盤據漢中的張魯攻擊益州，益州牧劉璋抵擋不住，派法正到荊州，請劉備幫忙打張魯。劉備幫忙打退了張魯之後，回師攻打成都。這一次，諸葛亮和張飛、趙雲等荊州部隊才逆長江西上，一路平定郡縣，在成都跟劉備會合（荊州仍交給關羽鎮守）。等到劉璋投降，劉備擁有益州，諸葛亮的職務升為軍師將軍（蜀漢的最高軍事首長），每當劉備出外征戰，都是由諸葛亮鎮守成都，負責供應糧草與兵源。

曹丕篡漢稱帝，改國號為魏。劉備陣營於是群起勸進劉備稱帝，劉備沒答應，諸葛亮對劉備說：「從前光武帝劉秀在稱帝之前，也是再三辭讓，直到耿純說出『天下英雄紛紛來歸，都是冀望主上能成大功立大業，他們才能攀龍鱗附鳳翼，如果讓天下英雄灰心，恐怕會各自離去，另謀出路了』。如今曹丕篡漢，漢朝沒了天子，大王是漢室血胄，即帝位正是順天應人，也能應合耿純的說法（不讓群臣失望）。」於是劉備稱帝，任命諸葛亮為丞相錄尚書事，假節。這三個職銜可不一般：丞相居百官之長，位高；錄尚書事於政務無所不管，權重；假節又被賦予生殺大權；諸葛亮至此終於確定他在蜀漢的「一人之下」地位。

同時，曹丕篡漢又給了實現「隆中對」的政治號召：恢復漢室。當初在臥龍岡上就明確勾勒出那個情境，「天下有變，則命一上將將荊州之軍以向宛、洛，將軍身率益州之眾出於秦川」，而天下果然有變。

可是計畫跟不上變化。關羽率荊州兵團攻向宛城、洛陽，「威震華夏」。可是卻被東吳呂蒙突襲荊州，關羽陣亡，壞了孫劉同盟。接下去是劉備怒而興師，討伐孫吳，卻在夷陵之戰（夷陵在今湖北宜都市內）慘敗，劉備兵敗後生病，病勢轉重，將諸葛亮從成都召至永安宮（也就是白帝城，在今重慶市內），交代後事，「閣下才能十倍於曹丕，一定可以安定國家。如果我的兒子是塊材料可以輔佐，就勞煩你輔佐他；如果他不是材料，閣下儘管取而代之。」

諸葛亮在劉備病榻前涕泣著說：「我一定竭股肱之力忠心侍奉，至死不渝！」劉備聽他這樣說，於是下詔給兒子劉禪（阿斗）：「你要聽丞相的話，像對待父親一樣。」

劉備崩逝，劉禪即位，封諸葛亮為武鄉侯，兼益州牧，國家大小事一概由諸葛亮決定。

白帝城託孤是劉備人生的終點，卻是諸葛亮人生的一個新起點。在此之前，劉備是老大，諸葛亮是老二。白帝城託孤之後，皇帝是劉禪（阿斗），諸葛亮的地位仍是「一人之下」，可是他卻必須承擔「老大」的擔子，所有大小事都要他來拍板加執行。

與東吳重修舊好

諸葛亮治理蜀漢肯定是成功的，《三國志》作者陳壽評論諸葛亮「理民之幹，優於將略」，既然諸葛亮的將略為世所推崇，於是可以推論他的治術更為高超。但諸葛亮的志向不是當一個治世能臣而已，做為實質的老大，他還得把定國家的戰略方向。這方面他無須傷腦筋，就是堅持執行「隆中對」的戰略方針。

外交方面，首要之務是修復跟東吳的關係。他派鄧芝兩次出使東吳。第一次，孫權問鄧芝：「我有誠意跟貴國重修舊好，只怕你們皇帝幼弱、國土太小，抵擋不住曹魏。」鄧芝回答：「大王是當世英雄，諸葛亮也是一代豪傑。貴我兩國如唇齒相依，進可以吞併天下，退可以鼎足三分。大王如果依附曹魏，他們會要求大王去洛陽朝見，或要求太子入侍（當人質），如果拒絕，曹丕更可以理直氣壯出兵『討伐叛逆』，那時候大王將如何回應？」這番話話說中了孫權的心事，於是決心跟蜀漢聯合。

【原典精華】

權謂芝曰：「若天下太平，二主分治，不亦樂乎！」

芝對曰：「夫天無二日，土無二王，如并魏之後，大王未深識天命者也，君各茂其德，臣各盡其忠，將提枹鼓，則戰爭方始耳。」

權大笑曰：「君之誠款，乃當爾邪！」

——《三國志．蜀書．鄧芝傳》

鄧芝第二次去吳國，孫權對鄧芝說：「但願天下從此太平，兩位君王平分天下，豈不是樂事？」鄧芝回答：「天無二日，民無二王。如果有那麼一天，我們合力消滅了曹魏，可是大王不能體認上天旨意（天命在漢），那時候，君王各布恩德，群臣各盡忠心，恐怕戰鼓將再擂起，戰爭又要開始了！」孫權聽了當場大笑，說：「你還真直白啊！」

當時的情勢，東吳是戰勝國，蜀漢是戰敗國，但是若兩國不能捐棄怨仇，肯定會被曹魏各個擊破。諸葛亮和孫權的腦袋都很清楚，鄧芝不卑不亢，加上東吳的荊州守將陸遜也明白「兩邊和大於第三邊」，因此能維持鼎足三分局面。

七擒七縱南中蠻族

聯吳制魏是鼎足三分的大前提，可是夷陵之戰後情勢變了，東吳佔有荊州，對蜀漢的國家安全影響還好，因為蜀地易守難攻，若只求自保可以守很久。問題在於，東吳的實力不足以支撐那麼長一條防線：之前只管守住長江下游即安全，現在防線擴大一倍。易言之，天下「鼎足而三」的前提是，吳、蜀有默契的在東方和西方牽制曹魏，一方有事，另一方就出兵幫忙「減壓」。如今蜀漢沒了荊州，土地與人民不足以支撐「鼎足」的一足，而東吳則力不足以支撐半壁防線，眼看「鼎足」將失去平衡。

諸葛亮採取的是「任勢勝形」戰略，以物理的力學觀念來比喻，就是不斷增加「動能」，以補「位能」之不足——蜀漢以弱勢的一方主動出擊，並且出擊次數頻繁到足以牽制曹魏必須在西部布置重兵，那樣將可以平衡三國實力的差距，具體的作法則是：北伐。

在北伐之前，他先跟東吳修好，然後南征——先安定後方，也就是搞定從前不時背叛的南中（指今天四川大渡河以南、雲南、貴州一帶，甚至包括緬甸北部）蠻族。

大軍出發，參軍馬謖送行，出成都十里。諸葛亮說：「多年來，我們一同擬訂策略，今天可有好建議提出來嗎？」

馬謖說：「南中仗恃著路途遙遠，山川險阻，今天將他們擊敗，明天又反叛。丞相的目標是北伐，蠻族一旦得知京師（成都）空虛，必定隨時叛變。欲求杜絕後患，將他們全部屠殺不是辦法，既失仁道且不可能在短時間完全消滅。用兵之道，攻心為上，攻城次之，建議丞相能讓蠻族心服。」

諸葛亮聽進了馬謖的建議。大軍一路連勝，擊斬雍闓、高定（二人為叛變官員）。可是對於蠻族首領孟獲，諸葛亮下令「一定要生擒」。不久果然生擒，孟獲不服，說：「之前不明虛實，不小心戰敗。」諸葛亮笑著釋放了孟獲，要他捲土重來。結果「七擒七縱」，最後一次，諸葛亮又要釋放他，孟獲這回不走了，說：「閣下具有天威，南人（南中蠻族）從此不再叛變了。」諸葛亮任命蠻族酋長擔任郡縣首長，有才幹的、有影響力的都派給官職——諸葛亮有生之前，蠻族不但沒有再叛變，甚至成為蜀漢北伐的後勤與兵源基地。

安定南方後，諸葛亮積極準備北伐。

大家都知道「孔明揮淚斬馬謖」的故事，知道馬謖是諸葛亮的愛將，但馬謖顯然不只是普通「愛將」而已，事實上是一位高級參謀，他提得出前述大戰略，證明確實有謀。可是後來馬謖貽誤軍機（失守街亭），凸顯的是蜀漢缺乏戰將（所謂「蜀中無大將，廖化做先鋒」）的窘況——總司令部高級參謀居然必須領兵出戰。也就是說，諸葛亮哭的是馬謖，也是他自己（沒有可用戰將）。

二上出師表

完成北伐準備之後，諸葛亮向劉禪上〈出師表〉，基本上那是給劉阿斗的「行事準則」，內文不贅述，重點有四：

一、全文提及「先帝」五次，提及「陛下」也五次，顯然用了一些心思。

二、「宮中府中，俱為一體，陟罰臧否，不宜異同」是告誡小皇帝要防身邊小人作祟。

三、有事情只問這四個人：郭攸之、費禕、董允、向寵，後面接著「親賢臣，遠小人」箴言，不啻暗示「只有這四人是賢臣，其他都是小人」。

四、「願陛下託臣以討賊興復之效；不效，則治臣之罪，以告先帝之靈」意思是：北伐之事我全權負責，陛下無須操心（不必干涉）。

北伐大軍發動，集結在南鄭（今陝西漢中市），也就是以漢中盆地為進攻關中的基地。漢中入關中有四條路線：第一條是走子午道，由正南方經子午谷直取長安，距離最近，從前韓信「明修棧道」就是「修」這一條；第二條路線，是走褒斜道，循褒水、斜水河谷，最後出斜谷口（今陝西郿縣）進入關中平原；第三條路線是走陳倉道，主要是循嘉陵江上游古河道，也就是韓信「暗渡陳倉」襲取關中的路線；第四條路線是兵出祁山，先取隴右，徐圖關中。這條路最迂迴，可是也最穩妥，因為道路平緩得多。

蜀漢將領魏延自動請纓，撥給他五千精兵，外加五千後勤補給軍士，穿越子午谷，保證十天之內可以到達長安。可是諸葛亮沒有採納這個戰術，他放出空氣：大軍將循褒斜谷攻取郿縣（今陝西寶雞市郿縣），曹丕因此派大司馬曹真都督關右諸軍（總管函谷關以西所有軍隊），進駐郿縣。但事實上，諸葛亮本人率領主力大軍走祁山河谷，完全出乎魏國意料之外。一時間，天水、南安、安定三郡（都在今甘肅東部，靠近關中）先後叛魏歸附蜀漢。魏明帝曹叡命大將張郃領步騎五萬人西上阻截，自己御駕前往關中，以鼓舞士氣。

孰料馬謖卻犯了戰術錯誤失守街亭（今甘肅天水市境內），諸葛亮面對前方敗勢，下令遷徙西縣（今甘肅天水市境內）居民一千餘家，返回漢中，下令將馬謖處斬。諸葛亮斬馬謖的心境已如前述，而他此時必須「處置」自己，因為之前他上出師表說「不效，則治

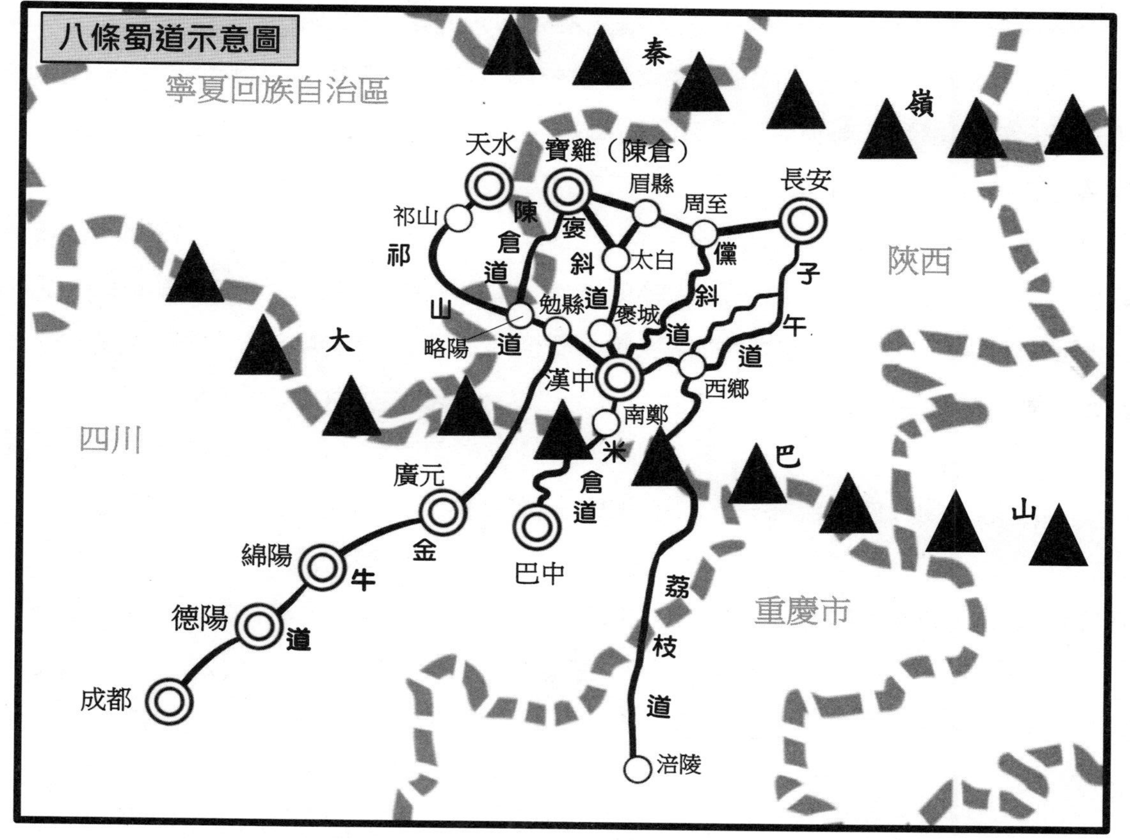
八條蜀道示意圖
寧夏回族自治區
秦
嶺
大
巴
山
四川
陝西
重慶市
天水
祁山
寶雞（陳倉）
眉縣
周至
長安
太白
勉縣
略陽
褒城
漢中
南鄭
西鄉
廣元
綿陽
德陽
成都
巴中
涪陵
祁山道
陳倉道
褒斜道
儻斜道
子午道
金牛道
米倉道
荔枝道

臣之罪」，所以上書請罪，自請貶降三等，官銜右將軍，但仍攝理丞相職務。重點是，諸葛亮不撤軍回成都，命軍隊在漢中屯田生產，西縣遷移回漢中的一千家平民也加入生產行列，儲蓄糧秣，使得曹魏必須維持重兵駐紮關中。

八個月後，孫權在東方戰場擊敗曹魏大將曹休，諸葛亮決定趁此機會再對曹魏施壓，於是上〈後出師表〉，重點有四：

一、我明白敵我實力懸殊，「然不伐賊，王業亦亡。惟坐而待亡，孰與伐之？」這是貫徹「以動能平衡位能」的一貫戰略思考。

二、賊（曹魏）在東方失利，機不可失。（同時向東吳展示蜀漢在西方的牽制實力。）

三、現在還有一些能征慣戰的將領、部隊，如果幾年不打仗，將損失三分之二戰力。

四、以當年曹操的實力與形勢，尚且在赤壁之戰慘敗，我又何能保證必勝？只能說鞠躬盡瘁，死而後已。

事實上，經過上一次北伐，諸葛亮心裡明白，出敵不意尚且不成，敵方加強戒備更不可能，因此〈後出師表〉充滿「壯士一去不復還」的情懷。他率軍出散關（遺址在今陝西大散嶺上），包圍陳倉。而曹魏大司馬曹真早就預料「諸葛亮下次一定從陳倉道來」，因此陳倉城守將郝昭雖然只有一千餘守軍，可是糧械充足，守備牢固。諸葛亮圍攻陳倉城二十餘日，糧秣告罄，退回漢中。之後的兩年，魏、蜀各有一次出擊，但都沒有真正用上勁。然後曹魏的大將軍曹真死了，魏明帝徵召司馬懿為大將軍，進駐長安。

鞠躬盡瘁，死而後已

司馬懿接替魏軍主帥是整個形勢的轉捩點。

當時的情勢是諸葛亮第四次北伐，他發明了木牛流馬運送軍糧，大軍出祁山，走的是第一次北伐的路線。司馬懿臨危受命非常謹慎，命副將領四千人駐守上邽（今陝西天水市），其他所有軍隊馳援祁山。諸葛亮早算準司馬懿的動作，只留一部分軍隊繼續圍攻祁山，自己率主力攻打上邽，擊破二軍，乘勢割取剛好成熟的小麥。

等到司馬懿獲報回軍，兩軍相遇，司馬懿據險紮營，拒不出戰。諸葛亮向後撤退，司馬懿只尾隨、不攻擊。魏軍諸將群情激憤（都是曹真的部將，認為司馬懿膽怯），司馬懿只好下令出擊，孰料諸葛亮最會打「退卻戰」，設下伏兵，箭石俱發，副帥張郃被巨石擊中，傷重死亡。

這一戰，諸葛亮達成目標——演練大軍糧道暢通，並算好季節收割關中麥子，但司馬懿也看出蜀軍的弱點在糧草供應。

諸葛亮在漢中休養生息了三年，再次動員十萬大軍北伐──漢中兵力幾乎傾巢而出，諸葛亮似乎有預感是最後機會。這次走的是褒斜道，出斜谷口在渭水南岸紮營。同時派出使節，請東吳同時出兵。

司馬懿率軍渡過渭水，兩軍隔著渭水紮營布陣。副帥郭淮向司馬懿提出：「諸葛亮一定會奪取北原（五丈原北邊區塊），然後切斷往隴右的交通線。」司馬懿遂命郭淮進屯北原。正在築壘，蜀漢軍隊已經湧到，郭淮強力迎戰，擋住蜀漢軍攻勢。諸葛亮見無法立即取得優勢，下令軍隊沿渭水開墾荒田，然後交給當地居民耕種，收成與農民共享，以充實軍糧。

雙方僵持一百餘日，諸葛亮不斷挑戰，司馬懿堅守不出。諸葛亮派人送女性的首飾衣服給司馬懿（激將法），司馬懿上書要求出戰，魏明帝派使節以皇帝符節前往大營，禁止司馬懿出戰。實際上，這是一場雙簧，魏明帝跟司馬懿合演給諸將看的。

卻在此時，諸葛亮病倒了，蜀漢皇帝劉禪派使節到前線，問諸葛亮「誰能接班（丞相）？」諸葛亮屬意的是蔣琬，然後是費禕。不久，諸葛亮就在五丈原軍營逝世。長史楊儀率軍撤退，老百姓去魏軍報告，司馬懿追擊，卻被姜維打了一記突擊反撲，司馬懿急行收兵，不敢進逼，蜀漢軍於是安全退入褒斜谷，楊儀這才為諸葛亮發喪。

當地於是流傳一句諺語「死諸葛走生仲達（司馬懿字仲達）」。這話傳到司馬懿耳中，笑笑說：「我能預料他活著的事，不能預料他死後的事。」當然這是阿Q的說法，大有「我鬥不過你，你活不過我」的意味。一路追到赤岸（褒斜谷南口），追不上蜀漢軍，司馬懿方才回軍。經過五丈原諸葛亮留下的殘營廢壘，連連嘆息：「真是天下奇才啊！」

【原典精華】

亮性長於巧思，損益連弩，木牛流馬，皆出其意；推演兵法，作八陣圖，咸得其要云。

……

然亮才，於治戎為長，奇謀為短，理民之幹，優於將略。而所與對敵，或值人傑，加眾寡不侔，攻守異體，故雖連年動眾，未能有克。

……

蓋天命有歸，不可以智力爭也。

——《三國志・諸葛亮傳》

《三國志》的作者陳壽原本是蜀漢官員，師事譙周。蜀漢亡國，譙周隨同劉禪去到洛陽，陳壽跟了去，於是在晉朝做官。

他寫《三國志》對諸葛亮最難定位，因為晉朝的始祖司馬懿數窘於諸葛亮，前述引用原典可以看出他的曲筆婉轉：

先說諸葛亮有機械天分，改良連弩（可以同時發射十支以上弩箭）、發明木牛流馬；又有軍事才能，推演兵法、作八陣圖。可是下段卻說他「理民之幹，優於將略」，而且運氣不好遇上司馬懿這位「人傑」，因此連年勞師動眾卻無法成功。結論是「天命有歸」，不是聰明才智可以扭轉的——陳壽領的是晉朝俸祿，吃的是晉朝皇糧，天命當然在晉，諸葛亮再怎麼神也無法對抗「天」。

公孫策點評

一般人最難理解的是諸葛亮在草廬種田時的心境。他對自己的韜略當然充滿自信，他在等待可以輔佐成大功力大業的角色出現，可是，如果這樣的人傑始終沒來到荊州，他要怎麼自處呢？

劉備是他理想中的英明之主，還是「沒魚蝦也好」呢？

諸葛亮在蜀漢的角色，拿西漢開國三傑來比擬：赤壁之戰後負責治理荊州長江以南三郡，供輸劉備入蜀軍糧、兵源，那是「蕭何之於劉邦」的角色；北伐作戰既要運籌帷幄，又要臨陣指揮，那是「張良兼韓信」的角色；去東吳說服孫權，是「酈食其」的角色。

這並不是說，如果諸葛亮輔佐的是劉邦，就可以一統天下；而是說，劉備麾下沒有劉邦那樣人才鼎盛，諸葛亮只好通通自己來，「鞠躬盡瘁，死而後已」。

周瑜——他才是出師未捷身先死

《三國演義》神話了諸葛亮，因此不得不「委屈」他的對手，特別是周瑜。

周瑜「長壯有姿貌」，家族中前兩代都有人官居太尉，用今天的形容詞「高富帥」。

他跟孫策同年，兩人少年時感情就很好，孫策平定三吳（歷史地域名稱，泛指長江以南、錢塘江以北地區），周瑜時在袁術部下，袁術想要提拔他為將軍，可是周瑜眼光準確，看出袁術不可能成大事，就找個理由回到吳地，孫策親自迎接周瑜，任命周瑜為建威中郎將，撥二千兵馬給他。當時從洛陽逃難到江南的一位高官喬公，將兩個女兒大喬、小喬分別嫁給了孫策和周瑜，所以兩人是連襟。

孫策遇刺身亡，周瑜「將兵赴喪」，有鞏固孫權繼位的功勞，跟張昭一同掌理東吳軍政。曹操得荊州，劍指江東，東吳群臣多半主和，也就是歸順曹操。只有周瑜、魯肅等少數主戰，周瑜對孫權述說取勝之機：「曹操想要順江東下，可是水戰非北方軍隊所長，同時現在是冬天，馬沒有藁草，步兵又得上船打水戰，軍隊水土不服容易發生疫病，將軍（孫權襲父兄稱號討逆將軍）擊敗曹操就在此一舉了。我願意帶領三萬精兵進駐夏口（今湖北武漢市漢陽區），保證擊破曹軍。」

赤壁之戰是周瑜打贏（而非諸葛亮）乃歷史事實。戰後孫權將荊州借給劉備，以成三足鼎立之勢，東吳這邊最努力促成的是魯肅，可是周瑜卻極力反對，因為他的志向始終是問鼎中原。曾經劉備到建康會晤孫權，周瑜就建議將劉備留置東吳，「盛為築宮室，多其美女玩好，以娛其耳目」。也就是說，孔明「草船借箭」、「借東風」皆非史實，而周瑜使美人計要將劉備困在東吳則事情屬實。

後來益州牧劉璋遭漢中張魯不斷侵擾，有點支持不住。周瑜向孫權自告奮勇，與孫瑜（孫權的堂兄，孫氏族中最具軍事才能的一位）一同領軍西上取蜀，得蜀之後再併張魯，留孫瑜鎮守益州，他與孫權從襄陽北伐曹操。

這個戰略是取得長江上游之後，北伐曹操。若撇開其可行性，周瑜的規模其實大於諸葛亮——周瑜是南北對決，諸葛亮是三足鼎立。但可惜他完成西征準備後，大軍開到巴丘（今湖南岳陽市，當時孫劉兩集團交界處），卻病重身故，年僅三十六歲。

杜甫詠諸葛亮的詩句很多，最膾炙人口之一是：「出師未捷身先死，常使英雄淚滿襟」，其實用在周瑜更貼切。

司馬懿——千古第一的忍術

司馬懿能忍是後人公認的。

能忍方為強者，但司馬懿的忍跟韓信的忍不一樣。韓信是胸懷大志，如果忍不住拔劍殺了那個惡少，就成了殺人犯，人生大夢就「謝謝收看」了；司馬懿少年時並沒有想要大展宏圖，可是他審時度勢的能力超強，形勢不利時，寧可龜縮絕不伸頭；可是一旦形勢轉為有利，他的出擊速度卻超過對手想像——此正所以稱他是「忍術」而非「忍功」，因為他在忍耐時，隨時都在留意形勢變化。

東漢後期，河內司馬氏成為儒學大族（河內郡在今河南洛陽、開封一帶），司馬懿兄弟八人號稱「八達」——當時的士林風氣流行相互標榜，有所謂八俊、八顧、八廚等，司馬兄弟都很優秀，字又都有一個「達」（司馬懿字仲達），因此得此稱號。又當時士族與宦官相仇視，當曹操徵召司馬懿做官時，司馬懿一再以「足疾」推託不出，其實是他不願追隨曹操（曹操的父親認宦官為義父）。最後曹操威脅他，「我可以讓你做官，也可以砍你腦袋」，司馬懿才縮著脖子出仕。

曹操手下人才濟濟，司馬懿並不強出頭，他只是很努力的跟曹丕交往，跟陳群、吳質、朱鑠號稱「四友」，擺明了押寶曹丕。曹操征討漢中張魯，司馬懿勸他攻下漢中後直取益州，曹操說：「人苦不足，既得隴右，復欲得蜀！」這句話是從前光武帝劉秀講過的，但是意思相反：劉秀是要諸將取隴右之後繼續伐蜀，曹操的意思卻是見好就收。

後來司馬懿隨曹操征伐東吳得勝，孫權上表稱臣，並勸曹操登大位，曹操問司馬懿說：「這小子想把我拱上火爐嗎？」司馬懿答：「殿下已經得到天下十分之九，仍然事奉漢帝。孫權上表稱臣乃是天意，古時候舜、禹、湯、武之所以不謙讓推辭，正因為敬畏天命啊！」這番話既歌頌曹操謙讓，又給曹操一個易鼎的好理由（如果曹操想要篡位的話）。

曹操一生多疑，他在確定太子是曹丕之後，告誡曹丕，「司馬懿有狼顧之相，恐怕會壞了我們的家事」。「狼顧之相」是說人可以跟狼一樣，不轉身而一百八十度轉頭，前句是要曹丕提防司馬懿，後句幾乎明講司馬懿會叛變。

可是曹丕沒將這話聽進去，繼位、篡漢後始終重用司馬懿，臨終更交代司馬懿和曹真、陳群同為顧命大臣。

諸葛亮第四次北伐，曹真病死，司馬懿臨危受命拒不出戰，魏軍將領譏笑他：「公畏蜀如虎，奈天下笑何！」他忍住，忍到諸葛亮糧盡撤軍；諸葛亮第五次北伐，司馬懿仍然堅守不出戰，諸葛亮送他女子衣服，他也不動氣，只問來使諸葛亮一些寢食瑣事，等使節走後，對左右說：「諸葛亮食少事煩，豈能久乎？」終於忍到諸葛亮病倒去世。

曹丕死後，曹魏宗室力量仍然強大，司馬懿在魏明帝曹叡在位時，除了在關中擋住諸葛亮，還征滅遼東公孫淵、擊退東吳入侵淮南，累積了很多軍事功勞。等到曹叡崩逝，養子曹芳繼位，他是當然顧命大臣，曹氏宗室則是曹爽。曹爽架空太后與司馬懿，司馬懿再度發揮忍術，裝病裝到曹爽以為他真的不久人世了，因此放鬆戒心。

突然，司馬懿發動武裝政變——皇帝和曹爽、曹氏重臣通通都出城去謁陵，於是司馬懿召集他的親信部隊，封鎖城門、請出太后，以太后詔令剝奪曹爽職權，小皇帝曹芳回到宮裡成為傀儡。自此開始，司馬懿跟他的兩個兒子一步一步掌握國家權力，直到他的孫子司馬炎才篡魏立晉。

《三國演義》將司馬懿塑造成一個奸詐且處心積慮謀奪曹魏天下的角色，事實上他只是處在波濤洶湧的亂世，一位能忍有謀且行動快速，具有超級適應力與生命力的人傑。

06. 郭子儀——功高蓋世而主不疑

大唐帝國因他起死回生；回紇援軍只服氣他一人；叛軍節度使幾乎都曾是他的部將。如此功勞、如此威望卻能讓三位皇帝都對他放心，千古只有一個郭子儀。

潛龍順勢而出

大唐帝國從國勢頂峰急轉直下是歷史的一個大教訓，只因為一個在位太久的皇帝（唐玄宗），錯用了一個排斥所有賢才的宰相李林甫——唐玄宗在位前半任用很多賢相，姚崇、宋璟、張說、張九齡等，成就開元之治，後半（年號改成天寶）單獨重用李林甫，李林甫排斥所有漢人將領，大量引用蕃將為節度使，埋下安史之亂的種因。

然而，安史之亂卻是郭子儀能夠成就曠世功業的機緣。

郭子儀是將門子弟，二十歲時通過武舉而授官入仕。武舉考試始創於武則天，是習武人才的正科晉身管道，但由於李林甫忌諱漢人出將入相可能威脅他的地位，因此漢人武將很少入京宿衛。於是，郭子儀的前半生軍旅生涯幾乎都在邊疆，包括：桂州、北庭、安西、朔方、單于府，也就是今天的廣西、新疆、寧夏、內蒙等地，戍守邊疆長達二十七年。如果不是發生安史之亂，甚至安祿山再晚個幾年舉兵，郭子儀可能都不會在歷史上佔有任何地位。然而，在最關鍵的時刻，郭子儀剛好在最關鍵的位置——朔方節度使。

安祿山的叛軍勢如破竹，所過州縣，望風瓦解。李林甫當時已死，繼任的楊國忠連續派出蕃將封常清、高仙芝，洛陽仍然失陷，勉強徵召病中的哥舒翰守潼關，又因楊國忠跟哥舒翰相互猜忌，潼關也失守。沒辦法，唐玄宗倉皇辭廟逃出長安，前往楊國忠兼任節度使的劍南（治所在今四川成都市）。

逃亡軍隊在馬嵬驛譁變，殺死楊國忠、逼死楊貴妃，然後玄宗繼續西逃，但太子李亨不再跟隨，他奔向靈武（今寧夏回族自治區吳忠市靈武古城），收攏邊防軍隊反攻，決心收復兩京（長安與洛陽）。

靈武是朔方節度使的治所，當時的節度使是郭子儀。郭子儀那年五十八歲，原任朔方右兵馬使，因為安祿山作亂才升為朔方節度使。接任節度使的隔月，北路叛軍就進犯振武軍（今內蒙托克托縣），郭子儀率軍迎戰，擊退叛軍後乘勝南追，收復了靜邊軍（今山西右玉縣古城）。

這一仗證實邊防軍的戰力足可以戰勝安祿山的范陽軍，郭子儀與河東節度使（治所在今山西太原市）李光弼分進合擊，穿過太行山，攻下常山郡（治所在今河北石家莊市），大有直搗安祿山老巢范陽（今北京市，也稱幽州、漁陽）之勢。

不念舊惡，薦舉李光弼

說郭子儀不能省略李光弼。

李光弼是契丹人，父親李楷洛官至左羽林大將軍，封爵薊郡開國公，李光弼二十一歲以門蔭入仕，雖為蕃將，但熟讀《左傳》，傾慕關羽。跟郭子儀相似，李光弼大多時間在邊塞軍中，但是他倆的頂頭上司卻不和：郭子儀在安思順的部下，安思順被認為與李林甫、安祿山為內外朋黨；李光弼與哥舒翰都是王忠嗣部下，王忠嗣被李林甫陷害、貶官、暴卒，因此哥舒翰跟安祿山長期不和，而李光弼與郭子儀雖曾短期同在朔方軍，卻同桌用餐都不說一句話。

郭子儀接任朔方節度使時接到指令：準備南下跟封常清會攻洛陽，同時挑選一名能將，另領一軍進軍河北，牽制叛軍後方。郭子儀深思熟慮之後，推薦朔方左兵馬使李光弼為河東節度使。

【原典精華】

當思順時，汾陽、臨淮①俱為牙門都將，二人不相能，雖同盤飲食，常睇相視，不交一言。

及汾陽代思順，臨淮欲亡去，計未決，詔至，分汾陽兵東討。臨淮入請曰：『一死固甘，乞免妻子。』

汾陽趨下，持手上堂偶坐，曰：『今國亂主遷，非公不能東伐，豈懷私忿時邪！』

——胡三省注《資治通鑑．唐紀》

李光弼原本想要找理由脫身離去，詔命到達，更沒想到是郭子儀推薦，還以為那是禍不是福，隻身去到郭子儀大堂，說：「我早就準備好一死，只請求不要罪及我的妻孥家人，殃及無辜！」

郭子儀下堂，拉住李光弼的手，請到堂上相對而坐，說：「如今國家危急，皇帝蒙難，這次東征重任只有閣下能夠擔當，我怎麼會斤斤計較個人恩怨呢？」從朔方軍分出一萬人，交給李光弼指揮。

情勢發展非常快，洛陽淪陷、叛軍直逼潼關。郭子儀不能也不必南下攻洛陽，他跟哥舒翰取得一致意見，哥舒翰堅守潼關，郭子儀進軍河北，切斷漁陽路（叛軍回家之路）。

於是郭子儀和李光弼率師穿過井陘（跟韓信攻趙同一路線），奪回常山郡，河北仍然效忠朝廷的郡縣為之士氣大振。安祿山留守范陽的大將史思明率數萬人追擊朔方軍，郭子儀和李光弼默契良好、犄角呼應，「賊來則守，賊去則追」，白天堅壁不出，夜晚襲擾敵營，這樣磨了幾個月，李光弼對郭子儀說：「我看賊兵懈怠了，可以開戰了。」於是，郭子儀率僕固懷恩、渾釋之等大將在嘉山（太行山東麓，今河北保定市內）列陣，史思明率大將蔡希德、尹子奇等列陣搦戰，朔方軍大勝，斬首四萬級、生擒五千人、獲馬五千匹，史稱嘉山大捷。由於這一場大捷，河北十餘郡義軍響應，「斬賊守者以迎王師」，郭子儀軍威大振，準備北攻范陽。

朔方軍在河北揚威的同時，潼關失守，玄宗已如前述奔蜀。而李亨到達靈武後，應各方要求即帝位，是為唐肅宗，新領導中樞的第一道命令卻是要郭子儀「班師」！

---

①汾陽即郭子儀，臨淮即李光弼。

一戰收復河東

靈武新朝初建立時，文武大臣不到三十人，朔方軍的主力精英部隊都到前線剿賊去了，朔方留後（留守代理節度使）杜鴻漸努力集結一千名騎兵迎接太子，撐足了場面，可是新朝廷很快就感受到武將「驕橫傲慢，不守朝儀」的壓力。

郭子儀和李光弼率領五萬大軍，挾勝利光環回到靈武，新朝廷上下振奮，氣象一新。唐肅宗詔命郭子儀為兵部尚書、同中書門下平章事（唐朝的實質宰相官銜），仍兼朔方節度使；李光弼為戶部尚書，同中書門下平章事，北都留守，領五千人馬赴太原鎮守。新朝廷的決策人物則是李泌，他原本是東宮供奉，也就是太子屬官的頭頭，卻因寫文章諷刺楊國忠，被貶到外郡，他索性跑到嵩山隱居。唐肅宗派人去嵩山徵召他，李泌到了靈武，君臣二人出則同行、寢則對榻，軍國大事都跟李泌先商量才決定。同時，唐肅宗詔命長子廣平王李俶為天下兵馬元帥節制諸將，朝廷氣象一新，但當時靈武兵馬總數不足七萬，想要對抗燕軍，必須在朔方軍之外再找援軍。

郭子儀找的外援是回紇汗國。

回紇是很多部族的一個聯盟，使用突厥文字，但有自己的語言。隋朝時參與反抗東突厥奴役聯合陣線，與薛延陀一同擊敗東突厥，唐太宗貞觀年間建立回紇汗國，並與唐軍聯合消滅了薛延陀汗國，稱臣於唐朝，被安置在甘、涼二州（河西走廊中部一帶）。回紇汗國最盛時期幾乎擁有今天的內蒙加外蒙（今蒙古共和國），卻在唐朝中葉以後轉衰，最終分裂。唐朝安史之亂時，恰是回紇開始興盛、擴張的時期，因此在中國歷史當中佔了重要的一頁。

郭子儀、李光弼從河北撤回朔方後，燕軍大將尹子奇率領五千騎兵南下渡過黃河，攻進山東，打算奪取江淮。這時，范陽城外突然出現二千回紇騎兵，尹子奇得報，急忙撤軍北返，固守大本營。這二千騎兵是回紇汗國的先遣部隊，回紇大軍隨後跟郭子儀會師，先聯手大破同羅（根據地在今烏蘭巴托）與當地其他部落，殺三萬人、俘虜一萬人——唐軍先幫回紇奪取大漠地盤，同時掃清河曲（今寧夏河套）地區，安定進軍河北的後方。

洛陽城內此時發生劇變：安祿山的兒子安慶緒發動兵變，殺了安祿山，自己即位稱帝。這個變化讓肅宗改變心意，決定以優勢兵力奪回兩京。李泌再三陳述利害緩急，可是肅宗對他說：「朕急著要迎回太上皇（亦即收復長安），不能採用你的戰略了。」——在此之前，他不敢想像能夠迅速平叛，一旦看見叛軍內亂，有機會很快光復長安，於是他想要「恢復兩京，迎回上皇」，由老爹正式傳位，當個名正言順的皇帝。

郭子儀提出戰略：先拿下河東，有利於光復兩京，肅宗批准。郭子儀的攻勢迅速發動，很快渡過黃河，撲向蒲津關（故關城在今陝西大荔縣東，也就是韓信東征與魏王對峙的臨晉），駐守河東的燕軍將領是曾經設伏擊敗並俘虜哥舒翰的崔乾祐，然而朔方軍先鋒將領僕固懷恩太勇猛了，燕軍一觸即潰，連放火燒橋都來不及，崔乾祐幸而在後押陣，見勢不妙，往西南逃走——郭子儀一戰收復河東。

收復兩京，迎回上皇

安慶緒發動反攻，力圖扳回局勢，燕軍攻勢凌厲，朔方軍勉力擋住，幸賴李光弼在太原取得決定性的勝利：安慶緒傳令史思明歸守范陽，鞏固後方，史思明留下蔡希德等將領繼續圍攻太原，自己回去范陽。李光弼得知敵軍內部生變，攻城軍隊情緒不穩，發起反攻，大破燕軍，蔡希德帶領敗兵狼狽東逃，奔回河北途中，遭各地武裝民眾攔截攻擊，被殲七萬人。

情勢一下子轉為對燕軍十分不利，唐肅宗登上鳳翔城樓校閱諸軍，詔令天下兵馬元帥廣平王李俶與副元帥郭子儀，領十五萬大軍進攻長安。

唐朝開國以來，天下兵馬元帥向來都由親王擔任，通常只是掛名，副元帥才是實際指揮作戰的大將。廣平王李俶雖然跟大軍一同行動，但軍事行動仍以郭子儀為主。唐肅宗在出師犒賞宴上，對郭子儀說：「成功與否，在此一舉。」郭子儀當場起誓：「若不能奏捷，臣當以死相報。」同時請回紇增兵入援。

回紇援兵四千精騎由英武可汗的太子葉護率領（葉護是回紇可汗以下的最高官職，史書未記載太子之名）到達鳳翔，廣平王與葉護約為兄弟，肅宗許諾：「收復京城後，土地和男子歸大唐所有，金帛和女子歸回紇。」

長安燕軍出動十萬人，雙方在長安西南的香積寺對陣，戰況激烈不細表，結果是燕軍潰敗，唐軍「斬首六萬級」，燕軍全部退至陝郡（今河南三門峽市，陝西就是因位於陝州／郡之西而名），燕軍自此退出關中。

廣平王李俶進入長安，老幼夾道歡呼、涕泣，說：「沒想到還能見到官軍。」回紇葉護要求如之前的約定，搜掠女子、金帛。李俶在葉護馬前下拜，說：「現在剛剛收復西京，如果驟行劫掠，那麼東京的民眾肯定會幫助賊軍死守城池。請求你等到收復東京以後再履約。」葉護大驚，跳下馬，跪拜答禮，捧住李俶的腳，說：「我立刻為殿下前往東京。」

安慶緒從洛陽發動反攻，十萬大軍開往陝郡，郭子儀定下戰術：唐軍由正面佯攻，回紇騎兵迂迴燕軍側背。兩軍接觸，燕軍佔據制高點，唐軍仰攻失利，此時回紇騎兵繞過山丘攻擊燕軍背後，燕軍陣腳大亂，紛紛扔下武器，爭相奔命。唐軍乘勝追殺，從陝郡到洛陽沿途三百里（約一百五十多公里），遍地可見燕軍的兵器和盔甲。安慶緒見大勢已去，率眾趁夜逃出洛陽，臨走將哥舒翰等唐軍降將、俘虜盡皆殺死。

廣平王整軍進入洛陽，回紇軍開始搶掠，郭子儀帶著洛陽父老向廣平王陳情，表示願意以羅錦萬匹，換取回紇軍不搶掠。

唐肅宗進入長安，民眾夾道歡呼「萬歲」，他在長安接見葉護，答應每年贈給回紇可汗絹帛二萬匹，回紇軍一路劫掠回到大漠。在此之前，肅宗已經派韋見素去蜀郡迎回太上皇，太上皇到了長安，登臨大明宮宣政殿，親自將傳國玉璽授給肅宗。

史思明反覆，郭子儀遭解兵權

安慶緒逃出洛陽時，步卒不足千人，騎兵不足三百，到了相州（治所在今河南安陽市）整頓殘兵敗將，共得六萬兵馬，實際掌握七郡六十餘城。而留守范陽的史思明擁有八萬人馬，控制十三郡，又兼併了洛陽兵變時逃回范陽的燕軍，實際上不接受安慶緒的詔命。

史思明派人去長安奉表輸誠，並訓令駐守大同（今山西朔縣）的燕軍守將高秀岩就地投誠。唐肅宗喜出望外，詔命史思明為范陽節度使，爵封歸義王。

然而，變化發生得令人不及反應。起初勸說史思明降唐最力的烏承恩又圖謀刺殺史思明，事發被擒，卻說：「我知罪，但這些都是李光弼的計謀。」於是史思明上表唐肅宗，要求殺李光弼，「陛下如果不殺掉李光弼，我將親自帶兵前往太原殺死他。」當然，之前的投誠也就「誤會一場」了。

同時間，安慶緒整頓兵馬再向洛陽進攻，被唐軍守將擊退。唐肅宗決定一舉消滅安慶緒，派出九路節度使進攻相州，也再請回紇派出精銳騎兵相助。問題在於，九路節度使大軍並未指定主帥，還派了宦官魚朝恩擔任觀軍容宣慰處置使——沒有統一指揮中心，卻有宦官監軍，吃敗仗幾乎已經注定。

安慶緒面對唐軍優勢兵力，只好低聲下氣向史思明求援，史思明早就想取而代之，當即自稱「燕王」，動員十三萬大軍南下，戰況激烈過程不表，結果是唐軍九路大軍潰散，其實史思明並未獲勝，他同樣潰退二百餘里，可是他在撤退途中維持情報靈通，而能很快回頭收拾戰場。（唐軍沒有指揮中心，無法靈活反應。）

相州解圍了，可是燕王史思明大軍不入城，燕帝安慶緒終日狐疑，六神無主，最後被騙去史思明大營。史思明開始還虛情假意，突然翻臉將安慶緒拿下，將他和四個弟弟與親信數人一同問斬。其他將領是都是范陽老同志，全部擁護史思明稱帝，國號仍然是大燕。

唐朝這邊，九鎮節度使全部上表請罪，唐肅宗一概不追究。魚朝恩是監軍，極力指述是郭子儀率朔方軍先撤退，導致全軍潰敗。唐肅宗宣郭子儀入朝（到長安面聖），朔方軍群情激憤，拉住馬頭，不讓宣詔欽差走。郭子儀誆騙將士：「我為欽差送行。」於是跟宣詔使一同到了長安。到了長安，郭子儀三上奏表，請求解除副元帥職務，唐肅宗將元帥、副元帥都換了：趙王李係（肅宗第二子）為天下兵馬元帥，李光弼為副元帥，兼朔方節度使、東京留守——郭子儀第一次解除兵權。

郭子儀二度被解兵權

史思明稱帝後，下令各郡縣太守一律率兵三千人隨他南征洛陽。鎮守洛陽的李光弼處境艱難，一個原因是他治軍作風比郭子儀嚴格很多，朔方軍逃兵情況嚴重（這些士卒後來在郭子儀復掌朔方軍時大部分又回來），手下只有二萬多能戰精兵，必須對抗史思明總數十餘萬的四路大軍。

李光弼在自己的靴子裡插了一把小刀，對官兵說：「我絕不死於賊人之手，如果萬一，我會在諸位戰死之前自刎，不會讓諸位為了保護我而犧牲。」唐軍從主帥到士卒鬥志昂揚、頑強血戰，兩軍在河南多處交戰，唐軍每戰皆捷，卻因眾寡懸殊無力向北反攻，只能形成對峙——李光弼以二萬餘朔方軍跟史思明十萬餘叛軍對峙了一年四個月之久。

這時候，「豬隊友」魚朝恩又來了！

史思明苦於大軍受阻於河南，使出反間計，派人到長安散佈流言：「洛陽叛軍多為燕地（河北）人，久戰無功人心思歸，官軍若發動猛烈攻擊，不難一戰而勝。」唐肅宗也聽到如此留言，於是派魚朝恩到前線監軍。魚朝恩向皇帝奏報：「李光弼說賊軍勢眾，其實是挾寇自重。」於是，催促李光弼出兵攻打洛陽的中使（宦官）前後相繼。李光弼明白他終究無法抵擋壓力，於是自己和副帥僕固懷恩、大將李抱玉同時表態：接受魚朝恩的提調，會師進攻洛陽。過程不贅，單說結果：唐軍對如何布陣意見都尚未統一，史思明已經攻來，唐軍潰散，李光弼、僕固懷恩向北退保聞喜，魚朝恩向西奔赴陝州。李光弼上表請罪，唐肅宗改了他的官職，卻不敢臨陣易帥。

此時大燕內部卻又發生兵變：史思明的長子史朝義綁架並縊殺老爹，在洛陽登基稱帝，秘密派人回到范陽，殺死留守的太子弟弟史朝清和不聽命的將領。結果范陽諸將相互攻殺，數月不息，死數千人。內亂終於感染到洛陽，燕軍軍心不穩，史朝義放棄西進，轉向東南劫掠——大燕帝國已經失去跟唐朝對抗的地位，形同流寇。

軍情放緩，各地方開始發生軍人劫掠百姓、將校跋扈、甚至軍隊嘩變等情形，唐肅宗不顧宦官反對，重新起用郭子儀，任命他為興平、定國節度副元帥，節制八個行營，爵位晉升汾陽郡王，出鎮河中（今山西永濟縣）。當時唐肅宗身體已經不行，郭子儀臨行仍堅持求見，說：「老臣此去可能回不來了，不見陛下，死不瞑目。」唐肅宗在寢宮接見郭子儀，對他說：「河東（關中以外）的事情，全部託付給你了。」

郭子儀到任，立即逮捕跋扈殺害節度使的將校，首謀皆正法。一個多月後，肅宗崩逝，唐代宗即位，也就是當年跟郭子儀一同收復兩京的廣平王。皇帝換人，但當權宦官同樣忌讒郭子儀，新皇帝免了他副元帥的「重擔」，加封七百戶食邑，派他擔任肅宗的山陵使（看守陵寢）——郭子儀第二次解除兵權。郭子儀上表謝恩，同時進呈從前廣平王給他的信件（其實是提醒自己過去的功勞）。代宗回答他：「讓你感到憂疑，是朕的錯，你不要想太多啊！」

安史之亂平，藩鎮外患起

代宗溫言軟語安撫郭子儀，可是在宦官包圍之下，唐代宗雖然一度想要用郭子儀為天下兵馬副元帥，仍然打消。

郭子儀閒置、李光弼遠鎮臨淮，討伐史朝義的重任落到僕固懷恩肩上。僕固懷恩是鐵勒族，在郭子儀部下任朔方左武鋒使，驍勇果敢，是郭、李之後中興第一名將，他更特別的一個身分是，回紇登里可汗的岳父。

唐代宗以雍王李适掛名天下兵馬元帥，三路大軍攻向洛陽：僕固懷恩與回紇軍為西路、李光弼為東路、李抱玉為北路，史朝義跟唐軍西路大軍展開野戰，燕軍被殲滅六萬人，史朝義率眾逃回范陽，可是留守范陽的李懷仙已經舉城降唐，只好往北想要投靠契丹，被李懷仙攔截、就擒、縊死——他的人頭成了李懷仙後半生盤據河北的籌碼。

收復東京的捷報傳到西京，長安朝廷君臣慶賀勝利之時，回紇軍大掠洛陽，火光幾十天不滅，民眾死傷數以萬計——這次沒有郭子儀安撫回紇！

為時七年三個月的安史之亂結束，但更大的禍患卻埋下了根苗：代宗加授僕固懷恩中書令、朔方節度使、河北副元帥（取代過去郭子儀的角色），僕固懷恩答應所有叛軍降將恢復原職，也就是繼續擁有原本的地盤，包括李懷仙、田承嗣、薛嵩等，後來成為長安朝廷無法節制的河北三鎮。

朝廷管不到河北的另一個原因是：吐蕃攻進關中。

唐肅宗為了收復長安，徵調各地邊防軍集結關中，吐蕃、黨項等趁機侵入隴右、河西，甚至進入大散關（關中西南門戶，扼陳倉古道），到達寶雞附近。史朝義首級送到長安之後不到兩個月，關內郡縣頻頻告急，吐蕃軍已經到達武功（今陝西武功縣，距西安火車站八十公里），代宗這才徵召郭子儀為關內兵馬副元帥，出鎮咸陽。

郭子儀當時已經賦閒在家一年，奉詔即刻帶著幾十名騎兵離京赴任，可是當他到達咸陽，吐蕃軍前鋒已經到達渭河便橋，唐代宗倉皇奔逃出京。郭子儀一方面調動各路人馬前往長安，一方面對吐蕃進行心理戰，最終吐蕃畏於郭令公（對中書令尊稱令公）的威名，退出長安，轉而攻向劍南道。郭子儀上疏迎駕，唐代宗回到長安。唐代宗對郭子儀說：「朕沒有早些起用你，乃至於今天。」賜他鐵券，並繪圖凌煙閣。

郭子儀又一次力挽狂瀾，可是更大的波瀾接踵而至。

擊退僕固懷恩與回紇吐蕃聯軍

僕固懷恩平定史朝義後，加官封爵，意氣風發。他不似郭子儀般一心奉公，而是對范陽降將廣結善緣，看在漢人將領眼中就是「不臣之心」，因此對他戒慎提防。僕固懷恩親自送回紇可汗出塞，回紇軍沿途搜掠財物毫無顧忌。經過太原時，河東節度使辛雲京閉城不理，僕固懷恩回程時，辛雲京仍然閉城不見，僕固懷恩大怒，一狀告到唐代宗那裡，卻未得到任何回應。

唐代宗派中使駱奉仙去太原瞭解情況。辛雲京對駱奉仙深相結納，說僕固懷恩與回紇通謀，反狀已露。駱奉仙回京覆命，奏報「僕固懷恩圖謀不軌」，同時僕固懷恩的奏章也上達，要求將辛雲京和駱奉仙斬首。代宗息事寧人，降詔安撫雙方，僕固懷恩大為不滿。

此後代宗又兩次派大臣（不是宦官）去瞭解情況，卻反而增加君臣之間的嫌隙。僕固懷恩決定自行解決，派兒子僕固瑒襲擊太原，辛雲京早有準備，開城迎戰，僕固瑒轉而襲擊榆次（古城在今山西省晉中市）——原本是私怨，這下坐實了叛逆。代宗召見郭子儀，說：「懷恩父子辜負朕意，聽說朔方將士懷念你如大旱之望雲霓，你去坐鎮河東，朔方軍一定不會叛變。」任命郭子儀為關內、河東副元帥、河中節度使，後來加封朔方節度大使。

消息傳到河東，朔方軍將士相互感嘆：「我們隨僕固父子行不義之事，將以何面目見汾陽王！」郭子儀到了河中，整飭軍紀，斬首四十一人、杖責三十人，河中地區立即安定。不久，圍攻榆次的部隊發生兵變，殺死了僕固瑒，僕固懷恩倉促中帶領三百名騎兵西渡黃河，奔回靈武，殺死留守的朔方軍將領，糾合逃散士卒，聲勢復振。

僕固懷恩決定來一次絕地大反撲，他利誘回紇、吐蕃組成聯軍，號稱十萬，先圍邠州，然後突然繞過邠州直襲長安（兩地相距一百多公里），但是郭子儀超前部署：兒子郭晞率一萬援軍解邠州之圍，自己率領主力在奉天布陣，旌旗招搖。聯軍騎兵到達奉天時，見唐軍已經嚴陣以待，大為驚愕，不戰而退。

長安解除警戒，郭子儀入朝，唐代宗命宰相裴冕等率百官到城門外迎接，自己親臨城

收復靜邊軍
與李光弼分進合擊攻下常山
嘉山大捷
收復河東
收復兩京
相州九鎮大軍潰敗
平定僕固懷恩叛變
嘉山
合擊攻下常山：
長安
河北
山西
陝
山東
天津市
河南
江蘇
安徽
湖北
重
慶
上海市
浙江
湖南
江西
福建
臺灣
廣西壯族
自治區
廣東
香港
澳門
海南

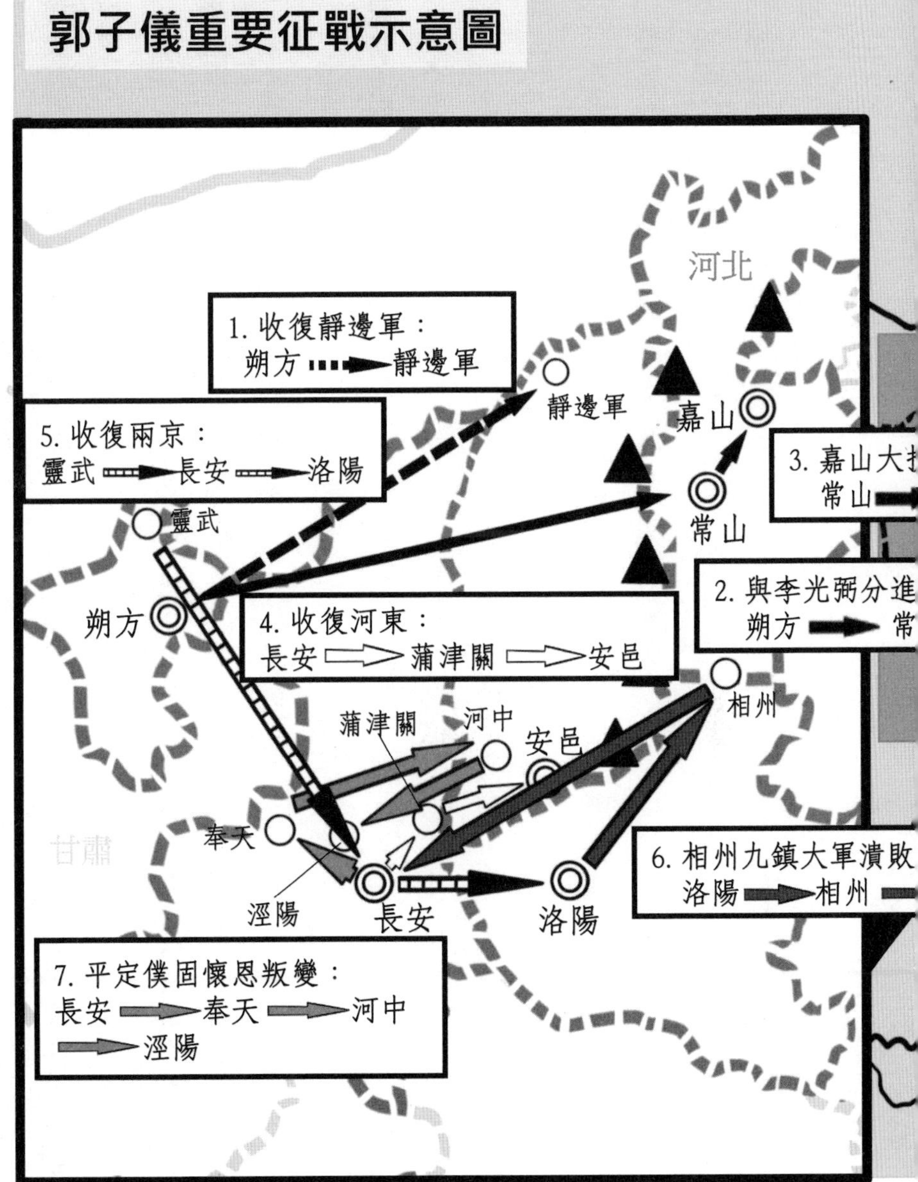
郭子儀重要征戰示意圖
河北
1. 收復靜邊軍：
朔方 → 靜邊軍
靜邊軍
嘉山
5. 收復兩京：
靈武 → 長安 → 洛陽
3. 嘉山大
常山
靈武
常山
2. 與李光弼分進
朔方 → 常
朔方
4. 收復河東：
長安 → 蒲津關 → 安邑
相州
蒲津關
河中
安邑
奉天
甘肅
6. 相州九鎮大軍潰敗
洛陽 → 相州
涇陽
長安
洛陽
7. 平定僕固懷恩叛變：
長安 → 奉天 → 河中
→ 涇陽

樓設宴慰勞，加封郭子儀為尚書令，郭子儀三次堅辭不受詔，代宗勉予同意，郭子儀返回河中任所。

那是唐代宗對郭子儀的最後一次試探。由於唐太宗李世民當過尚書令，後代都不再任命這個官職，尚書省的首長乃由尚書僕射擔任，是實質宰相，掌管六部。如今突然要給郭子儀，郭子儀當然知道那是皇帝在試探他，所以三次堅辭不受。

單騎退回紇

不到一年，僕固懷恩再次利誘吐蕃、回紇、吐谷渾等部族，糾合三十萬大軍進攻長安，京師震動。然而僕固懷恩卻在途中生病暴斃，聯軍雖然沒了主腦，可是吐蕃、回紇大軍已發不肯回頭，四處抄掠關中郡縣。

吐蕃十萬大軍進至奉天，長安城內陷入一片恐慌。所幸老天連降九天大雨，吐蕃軍弓弦受潮失效，於是擄掠數萬男女北撤，與回紇軍會合，再度攻向長安，到達涇陽（今陝西涇陽縣，距長安四十五公里）。郭子儀此時已經在涇陽部署防守，但是敵我眾寡懸殊，只能堅守不出。他探知回紇與吐蕃爭為尊長，就派李光瓚前往回紇營區，遊說回紇統帥藥葛羅（可汗之弟）與唐軍共討吐蕃。藥葛羅說：「僕固懷恩告訴我，郭令公已經死了，你說你是銜令公之命前來，我可以見見他嗎？」

【原典精華】

子儀率甲騎二千出沒於左右前後，虜見而問：「此誰也？」

報曰：「郭令公也。」

……

回紇曰：「謂令公亡矣，不然，何以至此。令公誠存，安得而見之？」

……

乃傳呼曰：「令公來！」

虜初疑，持滿註矢以待之。子儀以數十騎徐出，免冑而勞之曰：「安乎？久同忠義，何至於是？」

回紇皆舍兵下馬齊拜曰：「果吾父也。」子儀召其首領，各飲之酒，與之羅錦，歡言如初。

——《舊唐書．郭子儀傳》

李光瓚回營覆命，郭子儀只帶了幾名騎從，開西門而出。他派人在前面一路高呼：「郭令公來了！」回紇兵眾聞之大驚，藥葛羅上馬、持弓、搭箭以待，郭子儀在馬上扔掉長槍，脫去盔甲，單騎往前。回紇諸部酋長相顧說：「真是郭令公！」一齊翻身下馬跪拜行禮。郭子儀下馬，拉著藥葛羅的手，責問回紇為什麼背棄與大唐的盟約？藥葛羅回答：「都是僕固懷恩騙我們，說天可汗（肅宗）已經過世，您也已經去世，中國無主，我們才來的。」郭子儀傳令城內送來三千匹綵帛，分送回紇諸部酋長，然後回到涇陽城內。吐蕃聽說此事，連夜撤軍，長安解圍。

「單騎退回紇」是郭子儀最受後人津津樂道的一段，事實上，當時的大唐帝國幾乎全靠郭子儀一個人撐持。

為了籠絡郭子儀，唐代宗把一個女兒嫁給郭子儀的一個兒子，君臣結為親家；郭子儀有一次入朝，代宗命三位宰相和京兆尹各出資三十萬錢，供郭子儀在汾陽王府盛設宴席，夜夜笙歌，由教坊樂工歌伎助興，還要魚朝恩拿出羅錦兩百匹，讓郭子儀賞賜歌伎。代宗對郭子儀稱呼「大臣」，而不稱他的名字。

郭子儀八十三歲那年，唐代宗駕崩，太子李适即位為唐德宗。此時郭子儀的頭銜是：司徒、中書令，兼領河中尹、靈州大都督、單于鎮北大都護、關內河東元帥、朔方節度使、關內支度、鹽池、水運大使……，除了文官考試和財賦度支之外，通通歸他管，堪稱一身繫天下安危。德宗尊稱郭子儀為「尚父」，加給食邑、俸祿，備享榮華富貴，但卸去所有重擔，讓他安享晚年。兩年後，郭子儀病逝，兒孫都有官爵不說，直到唐朝滅亡，郭氏子弟都受庇蔭封官。

【原典精華】

天下以其身為安危者殆二十年。權傾天下而朝不忌，功蓋一代而主不疑，侈窮人慾而君子不之罪。

——《舊唐書．郭子儀傳》

八子七婿，皆貴顯朝廷。諸孫數十，不能盡識，至問安，但頷之而已。富貴壽考，哀榮終始，人臣之道無缺焉。

——《新唐書．郭子儀傳》

以上兩段分別是《舊唐書》和《新唐書》對郭子儀的評論，非常中肯。然而，說郭子儀功高震主而能讓皇帝對他不起猜疑之心，是太簡單的形容。這一方面是郭子儀本人從來沒有「取天下而代之」的念頭，另一方面是唐朝廷已經沒有實力，皇帝（包括肅宗和代宗）除了他以外都不可靠也不敢靠。至於他生活奢侈甚至極力為子姪要求官位，其實那是讓皇帝安心的動作，認為「有家族利益牽絆，就不會造反了」。

公。孫。策。點。評。

伴君如伴虎，皇帝肯定是最難測且危險的動物。功高震主且手握天下兵權卻能安享富貴榮華一生的，翻遍史書大概也只有郭子儀一個。

然而，歷史上當皇室衰微如風中之燭，手握兵權並建立大功，能夠不起「取而代之」之心的，同樣鳳毛麟角。前章的主角諸葛亮是一個，但諸葛亮的皇帝是個弱智角色，郭子儀侍奉的兩個皇帝：唐肅宗李亨與唐代宗李俶（後來改名李豫）都是很有心眼的角色。而郭子儀在相州大敗之後，毫不顧慮回長安面聖，卻是諸葛亮在北伐失利時都做不到的。這正顯示郭子儀和唐肅宗有著高度互信。

唐代宗跟郭子儀更有著革命情感，當李俶還是廣平王時，他倆是天下兵馬大元帥與副元帥。代宗應該是非常信任郭子儀的，但仍然一再試探他，而郭子儀每次都通過了試探。易言之，郭子儀從來沒想過要造反，可是他知道皇帝怕他造反，所以總能「超前部署」，例如懇切且低姿態的上書和「侈窮人慾」——他不但會帶兵打仗，更深具政治智慧。

李白跟郭子儀恩恩相報？

有一段歷史公案，唐朝的詩仙李白曾經救過郭子儀的命，後來郭子儀又將李白從流放途中赦回。故事是這麼說的：

李白曾經到太原作客，看見囚車裡關著一個軍官，要被押解到長安去——解送京師通常是死罪，李白跟那位軍官交談之後，覺得他是個人才，於是幫他向太原守將求情，就饒了他一命。

李白後來被唐玄宗召進宮中——唐玄宗很會作曲，要李白為他的曲子作詞。可是李白搞砸了，可能愛喝酒卻「沒規矩」是一大原因，包括「天子呼來不上船」、「貴妃捧硯、力士脫靴」的故事，總之，他沒辦法在長安繼續混下去。

離開長安之後，李白遊歷華北、華東，到了江南，隱居在廬山。永王李璘在長江中下游招兵買馬時，聽說李白在廬山，派人去請他出山。李白當時認為那是一次大好機會，畢竟北方是燕王安祿山與唐肅宗李亨相抗，而永王李璘掌握了長江以南的半壁江山——有土地、有兵馬、有財賦，還有一位雄心勃勃的領袖，這位領袖居然還「顧臣於草廬之中」，情況豈不比諸葛亮在臥龍岡好多了，於是欣然加入永王幕府。

可是，好夢由來最易醒，隨著永王兵敗被殺，李白一夜之間成了叛亂犯，幸虧他的老婆宗氏是宗楚客（武則天時曾任宰相）的孫女，在長安政壇還找得到門路，用盡力氣讓李白從死刑改為流放夜郎（今貴州桐梓縣）。

郭子儀掃平河曲後回到鳳翔（今陝西寶雞市內，當時唐肅宗駐在地），聽說李白遭流放，就向肅宗表示「願意以自己的爵位換取赦免李白」。開什麼玩笑？當時的大唐帝國怎麼能沒有郭子儀？李白根本無足輕重，於是降詔赦免李白。李白當時正溯長江西上前往夜郎，在白帝城接到赦免詔命，當即登船順江而下，留下名詩：

朝辭白帝彩雲間，千里江陵一日還。

兩岸猿聲啼不住，輕舟已過萬重山。

這件事記載於《新唐書》，但後世史家考證，時間點兜不攏：李白遊太原是三十五歲，郭子儀大他四歲，時任北庭兼安西副都護，防區包括天山南北的西域，既不是「青年軍官」，也不會在太原獲罪。

事實上，李白的一生跟郭子儀幾乎完全沒有交集，但故事情節曲折，兩位主角又都是歷史名人，更兼識才、友情、報恩等正能量要素，於是流傳千年。

唐朝宦官亂政自此始

大唐帝國盛極而衰的轉捩點是安史之亂，雖有郭子儀和李光弼這樣的大將力挽狂瀾，然而在安史之亂平定之後，國勢下滑仍如下阪走丸，有二大因素：宦官亂政於內、藩鎮跋扈於外。本文述及藩鎮之亂源自僕固懷恩的私人野心，而宦官亂政則源自本文述及的魚朝恩。

不說宦官干政，而說宦官亂政，是因為唐朝的宦官干政起自唐玄宗寵信高力士，但高力士事實上是歷史上數一數二能幹且忠心的當權宦官，這一點史家多有評論，此處不贅。

宦官亂政則自唐肅宗時開始，當權的宦官有魚朝恩、李輔國兩位。

李輔國得寵是他把握住兩個時機，做了最關鍵的建議：一是馬嵬驛兵變之後，他進言太子李亨「分玄宗麾下兵，北趨朔方，以圖興復」；李亨到了靈武以後，他又「進言太子即帝位，以收天下人心」。李亨即位為唐肅宗，李輔國當然是「擁立第一功」，因此得到寵信而以宦官擔任宰相，權威赫赫，氣焰壓倒李姓宗室，甚至架空太上皇、誅殺張皇后。唐代宗繼位之初，他視代宗如嬰兒，代宗放低姿態稱他為「尚父」，但不久就被罷黜出宮，又被代宗遣人暗殺。

李輔國當權時，權勢大過魚朝恩，但魚朝恩的為禍久遠，卻是因為他「文武全才」，肅宗「常令監軍事」。本文述及的九鎮節度使圍攻相州時，他就擔任觀軍容宣慰處置使，既有指揮權又有處置權，雖然那一仗以大敗收場，但他既非統兵將領，又有參奏將領過失之權，鎮帥對他敬憚十分，他的權威更大了。

說唐朝宦官亂政自魚朝恩始，因為自此以後，當權宦官都典禁軍（掌控宮廷警衛），大軍出征都派宦官擔任監軍，內政軍事一把抓。

07. 岳飛——壯志飢餐胡虜肉

數古今英雄，最令後人痛心、惋惜的當推岳飛；歷代名將稱得上智勇兼備，能夠指揮大軍又能臨陣殺敵的，岳飛是極少數中的一位；在外手握重兵且明知入京難逃一死，仍然義無反顧，就連諸葛亮也不幹。

從行伍拚到刺史

岳飛出生於一個普通農家，由於他出生時，有「大禽若鵠，飛鳴室上」，所以取名飛，字鵬舉。這不是帝王出生「滿室紅光」那種馬屁記載，可信度很高——岳飛有「鴻鵠之志」看來是命中注定。

他從小就文武全才，喜歡讀《左氏春秋》、《孫吳兵法》等書，學習刀槍會騎射，又兼天生神力，不滿二十歲就能挽弓三百斤、開腰弩八石，且能左右開弓，武藝「一縣無敵」。

他生在一個憂患時代，北宋從建國以來就受到北方的遼國壓迫，岳飛出生時已經被壓迫了一百四十年，廿一歲時金滅遼，朝政根本難以正常運作，所以科舉入仕的路子不必考慮，為了家計而去投軍，然而他的軍旅生涯也一點都不順利：第一次投軍，是真定宣撫使（治所在今河北正定縣）劉韐招募敢戰之士，岳飛去應徵，不久就建立奇功，帶領百餘人，詐敗設伏而擊潰賊兵，並擒獲兩名賊首。之後因父喪回家守孝，又因家中生計再度投軍，隸屬劉浩（有一說劉韐、劉浩為同一人），參與了「東京保衛戰」——北宋有四京，東京就是汴京（今河南開封市）。那一次，汴京算是保住了，可是主戰派的李綱被主和派排擠出京，然後就發生「靖康之難」，金兵攻陷汴京，將宋徽宗、宋欽宗擄去北方。

劉浩在東京保衛戰之後隸屬宗澤，於是岳飛成為宗澤的部下。宗澤在河南與金兵十三戰，每戰皆捷，岳飛在這段期間也多次建立奇功。

【原典精華】

澤大奇之，曰：「爾勇智才藝，古良將不能過，然好野戰，非萬全計。」因授以陣圖。飛曰：「陣而後戰，兵法之常，運用之妙，存乎一心。」澤是其言。

——《宋史．岳飛傳》

宗澤很賞識岳飛，對他說：「你智勇兼備，甚至不遜於古代良將，可是你喜歡野戰，不是萬全之計。」要傳授岳飛陣圖之法。

岳飛回答：「布陣而後開戰，是兵法的常規，然而運用之妙存乎一心。」宗澤對這個回答，深以為然。

靖康之變後，北宋算是亡了，康王趙構在南京（應天府，今河南商邱市）即位，是南宋第一個皇帝宋高宗。岳飛這個低階軍官竟然上書皇帝，痛批主和派大臣，建議皇帝「親率六軍北渡」。結果可想而知：朝廷批下來八個字「小臣越職，非所宜言」，岳飛被革除軍職、軍籍，逐出軍營。

隔年，岳飛奔赴前線——北京大名府，投入當時因屢敗金兵而「聲滿河朔」的河北招撫使張所麾下，張所瞭解岳飛的遭遇後，留他「帳前使喚」，很快擢升統領、統制（將領級，可以獨當一面），編在王彥部下。可是政治風暴捲來，主戰派的李綱罷相後，張所失去中樞靠山，被剝奪兵權判流放嶺南，死於謫途。王彥於是成了孤軍，面對強勢的金兵不敢出擊。岳飛對之不以為然，吐嘈王彥：「二帝蒙塵，現在若不速戰，（救回二帝的）機會愈來愈渺茫，怎麼可以觀望形勢？難道真的要附從賊子嗎？」

岳飛不甩王彥，帶領自己的部隊出擊，接連擊敗金兵、俘虜對方將領，使得金人以為王彥部隊是宋軍主力，抽調各路兵馬包圍王彥軍。王彥、岳飛拚命突圍，損失慘重，王彥往北到太行山打游擊，岳飛南下再度投入宗澤麾下。

也是北宋氣數已盡，宗澤在金兵擄走徽欽二帝北返後，收復汴京留守，但是他積勞成疾，含恨去世，臨終時口中仍喊著：「渡河，渡河！」

接替東京留守的是杜充，杜充跟另外兩位守將張用、王善不和，將岳飛從西京（河南府，今河南洛陽市）調回，命令他攻擊張、王。岳飛不願，但杜充以軍法問斬相脅，岳飛只好出兵，以八百人擊退張、王兩部數萬人。張用、王善從此成為流寇，張用後來被南宋軍收編，王善則投降金人。岳飛與王善多次交戰，以戰功升為真州刺史（治所在今江蘇儀徵市）。

從行伍菜鳥一路拚到刺史，成為方面大員，才花了三年多。岳飛完全靠自己的本事，被排擠則改投他軍，重新來過，正所謂初生之犢不畏虎。然而，南宋的大局卻如下阪走丸，非但不能渡河（北渡黃河），反而是渡江（南渡長江）。

楚州保衛戰

杜充接替宗澤擔任汴京留守，可是他不敢孤軍面對金兵，想要南渡長江到建康。岳飛對他說：「中原之地尺寸不可棄，此時離開，此地立刻非我所有，他日想要光復，非動用數十萬軍隊不可。」可是杜充聽不進這話，岳飛只能跟著杜充去建康，而宋高宗已經帶著朝廷前往臨安（今浙江杭州市），命杜充留守建康。

金兵在完顏兀朮（習稱金兀朮，正式名字是完顏宗弼）率領下大舉南下，先攻烏江（項羽自刎地點），已經逼近建康的長江對岸，岳飛「泣諫」請杜充出兵，杜充不理，金兵未遇抵抗順利渡江。杜充這才派出軍隊迎戰，主將王𤫉先遁，副將陳淬戰死，全軍皆潰，只有岳飛一軍仍然力戰。兀朮到達建康城下，杜充投降，留守部隊在逃竄過程中都搶掠老百姓，唯獨岳飛一軍秋毫無犯。常常駐軍在村子外面，雖然沒有糧食，將士也忍住飢餓，不敢擾民。老百姓稱他「岳爺爺」，各地散兵游勇乃至將領投降無人領導的宋兵，聞知爭相前來歸附。

兀朮繼續進兵杭州，岳飛以游擊戰方式一路攔截邀擊，在廣德六戰皆捷，在常州四戰皆捷，清水亭一戰殺得「屍橫十五里」。兀朮受挫，回轉建康，岳飛在牛首山設伏，夜間襲擾，白晝急行軍突擊，大破金兵，兀朮奔回淮西。岳飛收復建康，上奏：「建康是要害之地，應該選兵固守，同時增兵防守淮水。」兀朮已經逃回江北，岳飛想要推進到淮水。

當時臨安朝廷派樞密使張浚到建康，綏靖江南盜匪，岳飛因配合張浚有功，保舉他為通泰鎮撫使兼泰州知州，可是岳飛辭職不就，請求讓他負責淮南東路（治所在今江蘇揚州市），轄下十個州當時一半以上仍在金兵控制之下。淮南東路包括通州、泰州，岳飛不是要大不要小，他上奏朝廷，「請收復本路州郡，乘機漸進，次第收復山東、河北、河東」，他不像其他將領要地盤，地盤代表糧餉有著落，他想的是北伐。

於是，他受命救援「楚州保衛戰」（治所在今江蘇淮陰縣），負責楚州防務的是趙立，在周圍州郡大多降金，附近擁兵大帥畏縮不前的狀況下，趙立死守楚州，成為擋住金國四大帥之一完顏昌軍隊的中流砥柱。完顏昌因此不能南下跟完顏兀朮會合，而兀朮碰到岳飛這個命中剋星，差一點回不到江北。現在，兀朮和岳飛都來到楚州。

宋高宗原本是派張俊[1]去救援楚州，張俊不敢去，差岳飛去，高宗又命劉光世支援岳飛，可是劉光世不敢前進，岳飛兵力單薄，寡不敵眾，而趙立在戰鬥中被砲石擊中，重傷不治，楚州於是淪陷。

聽說楚州不守，宋高宗詔令岳飛退守通州泰州，「可守即守，如不可，但以沙洲保護百姓，伺機反攻」。實際上，泰州地處平野，無險可守，岳飛退保柴墟，在南霸橋迎戰金兵，大敗之，將百姓從沙洲上渡救出來。泰州百姓渡江時，岳飛派出二百騎兵殿後，金兵不敢靠近。（以上地名都在今天江蘇長江以北地區。）

楚州保衛戰是南宋抗金的重要一役，金兵雖然攻下楚州，可是完顏昌（金國滅遼、滅北宋的總司令）自此不再堅持採用純武力，改為「放回秦檜，和戰並行」的戰略。

岳家軍威震江南

金兵退往北方，南宋朝廷喘息未定，有效控制地區僅只東南一隅，一大片真空地帶遂為地方武力盤據，南宋朝廷稱之為「盜匪」。當時比較強大的盜匪包括：孔彥舟盤據武陵（湖南）、張用盤據襄漢（湖北），最大最囂張的是李成，勢力範圍包括現在江西、湖南一帶十餘郡，甚至意圖吞沒臨安政權。那當然是南宋朝廷所不能忍受，高宗任命張俊為招討使，張俊請求以岳飛為副招討使。

當時李成已經攻陷江州、筠州（今江西九江市、宜春市，都在江西北部），派部將馬進分兵取洪州（今江西南昌市，在江西中部），張俊大軍趕在馬進之前抵達洪州，岳飛親自率領騎兵突擊，馬進敗回筠州城。岳飛緊追不捨，選出兩百騎精銳，高舉紅羅旗幟，上面刺繡「岳」字，進逼敵陣。敵軍輕視他人少，一擁而上，岳飛發動伏兵，敵軍大潰，岳飛派人喊話：「不願繼續做賊的，就地坐下，不殺你們。」當場坐下的有八萬餘人。李成

①張俊、張浚不是同一人，但史書記載亦有混淆之處，本書只能盡量依照原典記載。

聽說馬進兵敗，自己率眾十餘萬前來，跟張俊大軍在樓子莊（今地不詳）會戰，遭夾擊大敗，李成北渡長江投奔齊王劉豫（金人扶植的傀儡政權）。張俊渡江追擊，岳飛又招降張用，張俊班師回江南，上奏岳飛功勞第一，駐守洪州。

江西安撫使李回當時正遭盜匪范汝為攻擊，緊急請岳飛馳援，岳飛派人先趕到建州（靠近福建），在城門上樹植「岳」字大旗，盜匪望見，相互警告不要進犯。「岳家軍」的名號至此已經能威懾群匪，岳飛乃陸續平定匪亂。

之後，朝廷連番調遣岳飛平定江南、福建、嶺南各地盜匪，臨安的西面、南面基本上都在朝廷控制之下。宋高宗召岳飛入覲，御筆親書「精忠岳飛」四字，命人製成旗幟賜給岳飛。

首度北伐中斷

對一個年方三十歲的年輕人來說，那一次入覲確實滿難消受的：

第一天賜馬甲、馬鞍和「精忠岳飛」旗；隔兩天授官鎮南軍承宣使、江南西路制置使，武職為神武後軍都統制，簡單說，岳飛的防區南達廣州，西及武昌，這塊廣大範圍內的諸將受他「統制」；又隔五日再賜銀二千兩，犒賞所部將士——一個星期之內，面聖、授官、晉階、賜賞。可是岳飛對功名視若塵土，他想的是規復中原，而情勢變化給了他機會。

齊王劉豫在金兵支援之下，攻破襄陽和唐、鄧、隋、郢諸州（都在今湖北境內），目標攻下武昌後順江而下，更聯絡長江以南的李成、楊么等變民軍「會師兩浙」。面對這個攻勢，宋高宗再度擴大岳飛防區，派他荊南、鄂岳州制置使（湖北南部）。岳飛隨即上書，請求「先取襄陽六郡，以為恢復中原基本」，宋高宗問宰相趙鼎意見，趙鼎說：「瞭解上游的形勢厲害，沒有超過岳飛的了。」於是再加給岳飛三個制置使頭銜（當時其實是「空頭」，因為還在敵人控制下）。

岳飛率軍渡過長江，船到中流，回頭對同船幕僚說：「我岳飛如果不能收復襄陽，絕不再渡過此江。」

這次北伐非常順利，郢州、隋州、襄陽先後收復，岳家軍勢如破竹。劉豫增兵守新野，也被連番擊敗。於是岳飛上書：「金人只想要子女金帛，劫掠後北歸，他們的士氣已經驕惰；而劉豫是傀儡，不得人心，如果以精兵二十萬直搗中原，恢復故土大有可能。而襄陽、隋州、郢州都是膏腴之地，建議在這裡駐軍屯田，充裕軍糧。一旦糧秣充足，就過江剿敵。」接著攻下鄧州、唐州、信陽，襄陽六郡完全收復。岳飛請辭所有「制置使」，請朝廷另外派重臣鎮守荊襄——意思當然是自己要揮軍北伐，可是朝廷不准，還增加了岳飛幾個制置使頭銜，並封他「武昌縣開國子」——有爵位（子爵）有封邑，子孫可以世襲，可是北伐計畫就此中止。

破水寇，用兵如神

隔年，岳飛晉封武昌郡開國侯（比子爵又高一級），詔命他進剿洞庭湖水寇楊么。楊么本名楊太，由於兄弟排行老么，人稱楊么。他當時以洞庭湖為老巢，擁眾號稱三十萬人，自號大聖天王。宋軍屢次動員剿湖寇都不成功，因為楊么對付宋軍的戰術是「陸攻則入湖，水攻則登岸」，甚至放話「想要攻我，除非岳飛來」（其他宋軍將領都不夠看），結果這句話一語成讖。

岳家軍多半是「西北人」②，很多人說「西北人不習水戰」，所以一直沒有調岳飛去討伐楊么。可是岳飛說：「用兵哪有不變的常理，但看戰術如何。」

岳飛第一個戰術是招降。一位湖匪頭目黃佐對嘍囉說：「岳飛號令如山，跟他對戰萬無生理，不如歸降他。」於是率眾投降。岳飛單騎前往迎接黃佐部眾，拊著他的背說：「只要能立功，封侯不在話下。我現在想要派你再回到湖中，視情況可擒者擒之，可勸者招之。你看怎樣？」黃佐感動涕泣，發誓以死相報。

樞密使張浚當時都督沿江軍事來到潭州（治所在今湖南長沙市），有人打小報告「岳飛玩寇」，意思是岳飛有「通匪」之嫌。張浚斥責那個人：「岳侯是忠孝之人，而且他用兵常有深機，怎麼可以胡亂說！」果然，黃佐偷襲另一位湖匪周倫的寨子，殺周倫而回。

【原典精華】

會召浚還防秋，飛袖小圖示浚，浚欲俟來年議之。飛曰：「已有定畫，都督能少留，不八日可破賊。」浚曰：「何言之易？」飛曰：「以王師攻水寇則難，以水寇攻水寇則易。……八日之內，當俘諸酋。」浚許之。

……

果八日而賊平。浚嘆曰：「岳侯神算也。」

——《宋史・岳飛傳》

②不是一般人認知的「西北」，而是相對於臨安朝廷所在的江南而言，中原和襄漢就是北與西。

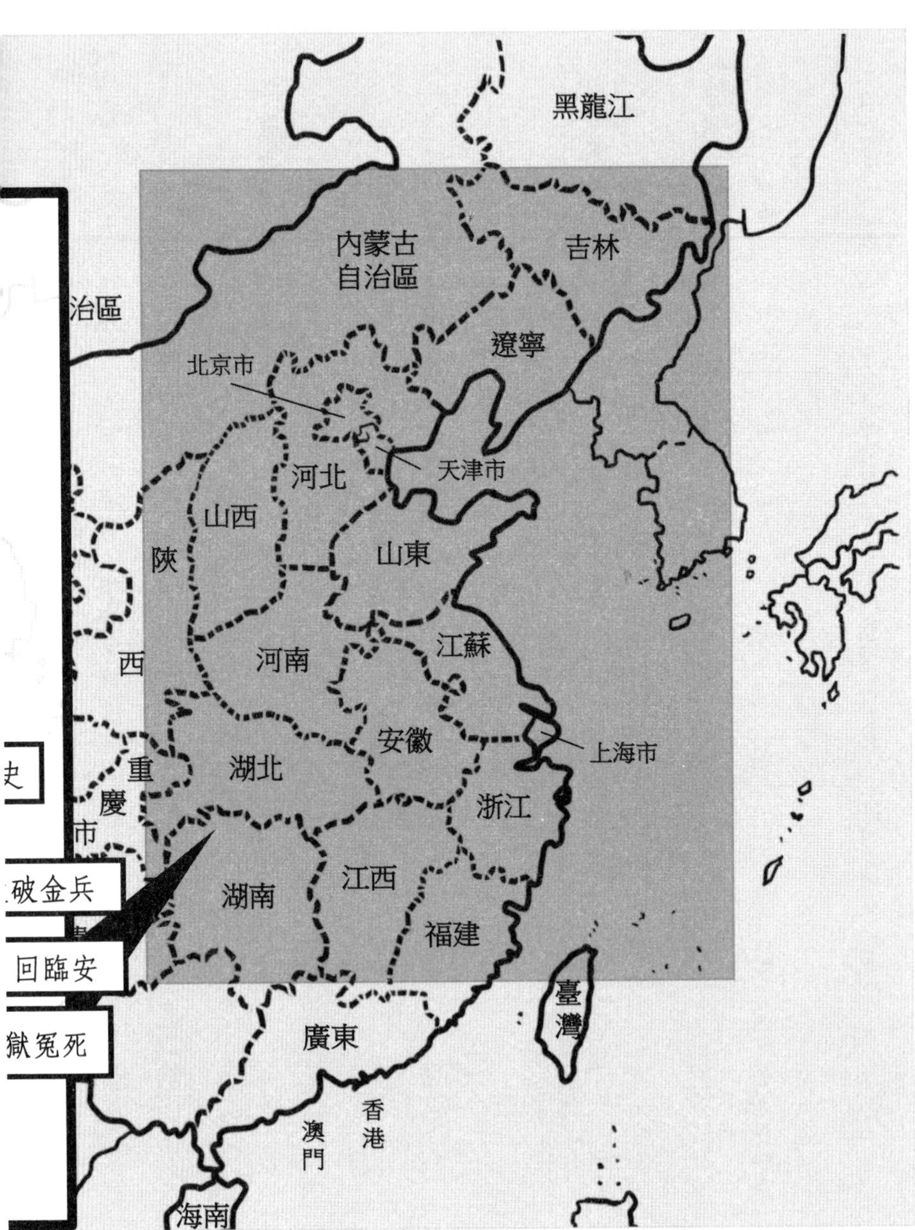
黑龍江
內蒙古
自治區
吉林
治區
遼寧
北京市
天津市
河北
山西
陝
山東
江蘇
河南
西
安徽
上海市
史
重
湖北
慶
浙江
市
破金兵
湖南
江西
回臨安
福建
臺
灣
獄冤死
廣東
香
港
澳
門
海南

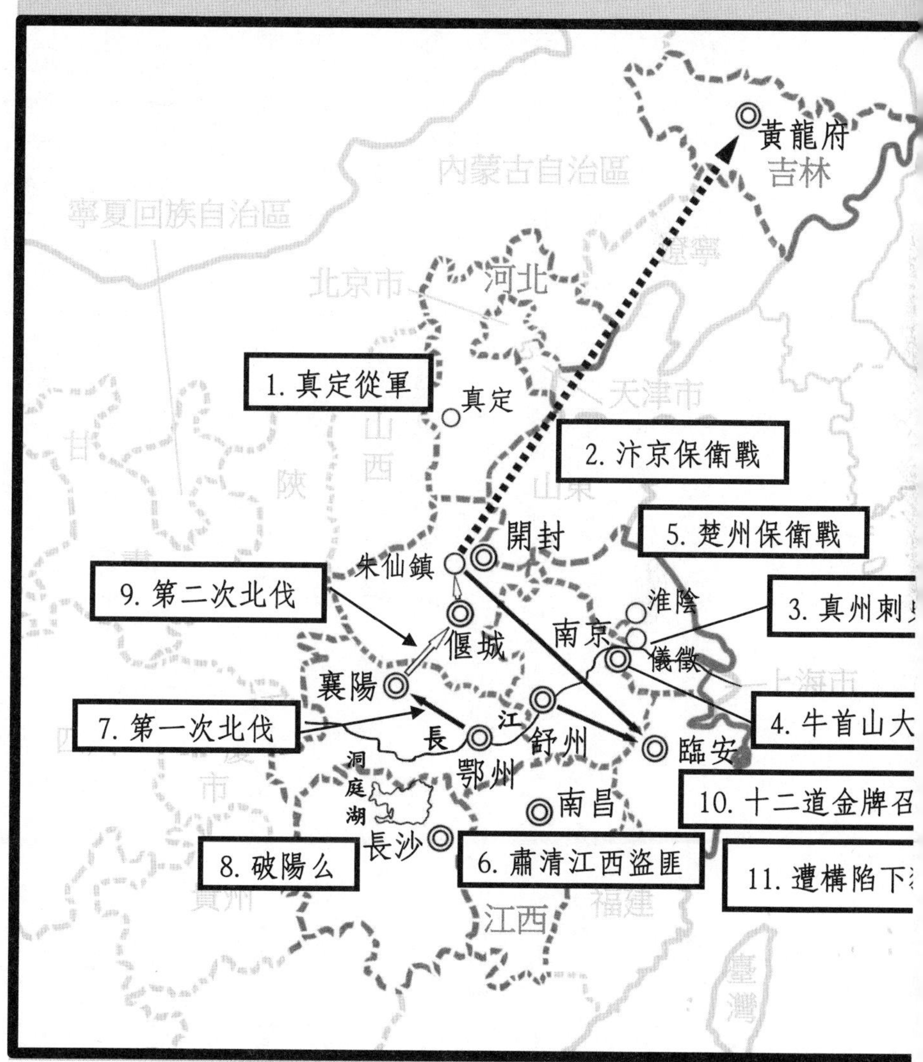
岳飛八千里路征途示意圖
黃龍府
吉林
內蒙古自治區
寧夏回族自治區
遼寧
北京市
河北
天津市
1. 真定從軍
真定
山西
陝
2. 汴京保衛戰
山東
開封
5. 楚州保衛戰
朱仙鎮
9. 第二次北伐
淮陰
3. 真州刺
南京
儀徵
郾城
襄陽
上海市
7. 第一次北伐
長
江
舒州
4. 牛首山大
臨安
洞
庭
湖
鄂州
市
10. 十二道金牌召
南昌
長沙
8. 破陽么
6. 肅清江西盜匪
11. 遭構陷下
福建
貴州
江西
臺
灣

朝廷召張浚回臨安，岳飛帶了作戰圖去見他，張浚說：「時序已經入秋，秋冬天寒不宜水戰，明年再說吧。」岳飛對他說：「都督如果能夠稍微多待，不出八天，一定破賊。」張浚問他：「你憑什麼那麼有把握？」岳飛說：「以正規軍攻水寇則難，以水寇攻水寇則易。八天之內，一定俘虜諸賊酋。」

於是岳飛展開行動，先由黃佐招降楊么的心腹楊欽，岳飛對楊欽禮遇備至，再派他入湖中，楊欽遊說全琮、劉詵來降，岳飛假意斥責楊欽：「賊眾沒有全部歸降，你回來幹嘛？」打他一頓軍棍，命令他回去。當晚大軍掩殺入賊營，賊眾數萬人投降。

楊么率餘眾進入洞庭湖，上了他最恃以為利器的輪動戰船。岳飛派人在岸邊選擇好的地點罵陣，楊么戰船殺過去，卻被預先收集並布置在那裡的腐木亂草塞住船輪，難以進退。楊么逃奔入港，孰料岳飛事先已經命人伐君山（洞庭湖中小島）大木編成巨筏，塞滿港汊之中，楊么的戰船無法入港。這時岳飛才使出殺著，以船隻（比楊么的輪船體型小但靈活）載巨木衝撞楊么所乘戰艦，艦身破洞，楊么跳入水中，被牛皋擒獲，岳飛下令斬首，二十餘萬賊眾全數投降。——果然八天內報捷，張浚讚嘆：「岳侯，真是神算啊！」

大破拐子馬，岳飛事業巔峰

洞庭湖匪平靖，高宗命岳飛節制光州（今河南潢川縣城就是光州古城），光州位處鄂豫皖三省交界，岳飛轄區從湖北擴至河南，並增撥軍隊隸屬岳飛，高宗詔諭將領「聽飛號令，如朕親行」；之後又有一次召岳飛進入寢宮，對他說：「中興之事，一以委卿。」

岳飛於是放手進行「中興之事」，第一步先要除去偽政權齊王劉豫。

有一次，抓到一個漢人奸細，軍士報告說「那是兀朮的奸細」，於是岳飛親自審問那傢伙，一見面劈頭就罵：「你不是張斌嗎？我派你去聯絡齊王誘殺四太子（完顏兀朮），你一去就沒消息。我另外派人去，已經跟齊王講好，你為什麼毫無音訊，是要背叛我嗎？」那奸細懇求免死，願意再出任務。岳飛就做了蠟書（信藏在蠟丸中）要他帶去給劉豫，約定冬天「會合渡江攻宋」，設局誘殺完顏兀朮。這封蠟書到了兀朮手中，兀朮大軍經過汴京時，逮捕劉豫和他的兒子劉麟，父子都被流放到林潢（今內蒙西林縣）。金人廢了劉豫，岳飛打鐵趁熱，上奏：「趁此機會長驅以取中原。」可是沒有回音。

當然那是秦檜作梗，岳飛在灰心之餘回軍鄂州，兵部尚書王庶到江淮巡視，岳飛寫信給王庶：「今年如果不舉兵（北伐），我將繳回符節，解甲歸田。」王庶是朝廷中的主戰派，也是秦檜的對頭，見信至表嘉許。然而當年秦檜二度拜相，和議派當時是朝廷主流，王庶是少數非主流。

隔年，和議初步達成，金人歸還河南地以示誠意。高宗安撫岳飛，封他「開府儀同三司」，這個頭銜在宋朝是「使相」，也就是宰相級，岳飛力辭，三次詔命不接受，經過宋高宗「溫言獎諭」，終於接受，但一再上奏「金人無事請和，此必有肘腋之患」。

果然，金人隔年就撕毀合約，完顏兀朮率大軍南下，鎮守亳州（今安徽亳州市）的劉錡首先告急，宋高宗命岳飛馳援，岳飛將岳家軍兵分三路：東援劉錡，西援郭浩（川陝方面），自己帶領主力大軍由襄陽長驅直入指向汴京，東路與中路所戰皆捷，中原大震。

完顏兀朮對龍虎大王完顏突合速說：「宋國其他將領都好對付，只有岳家軍勇不可當，我將要引誘他做一次決戰。」其實，那是兀朮故意放話，這個「情報」很快就傳到臨安，「南宋君臣皆大懼」（後方朝廷怕什麼？史書寥寥數語，暗示秦檜為首的主和派很用力的幫完顏兀朮放空氣），於是高宗降詔，要岳飛「審固自處」。岳飛看到，告訴諸將：「金人技窮了！」於是每天加緊向金兵挑戰。

兀朮召集麾下猛將龍虎大王、蓋天大王等精銳部隊，集結在郾城（今河南漯河市內），跟岳家軍決戰。那就是著名的「岳飛大破拐子馬」戰役。所謂拐子馬，是以重鎧甲將三匹馬連鎖為一組，在那個冷兵器時代，這種重騎兵的衝擊力就跟現代坦克車一樣。岳飛命令一群特種步兵，拿著特殊兵器「麻札刀」，告誡他們「不要仰視，只管低頭斫馬足」。拐子馬三馬相連共十二隻馬腳，只要砍傷一隻，就全組仆倒，甚至連帶造成陣勢大亂，騎兵一旦前後壅塞，就失去機動性和衝擊力，岳家軍的步兵此時一擁而上斬殺金兵。這一仗，殲滅金兵一萬五千騎。兀朮大慟，「自起兵以來，幾乎都是靠這支騎兵部隊取勝，如今全完了！」

偃城大捷消息傳到北方，太行山和河北、河南的義軍紛起響應，金國的號令在今天北京市以南地區已經無人遵從，地方武力都私藏「岳」字旗幟，就等岳家軍來。岳飛則進軍朱仙鎮（金河南開封市西南，距離汴京四十五里），與兀朮對壘而陣，兀朮做最後反擊，岳飛派出精銳騎兵「背嵬軍」奮力衝刺，金兵大敗，兀朮退回汴京，準備放棄汴京北歸。岳飛通令地方政府修葺北宋歷朝皇帝的陵墓（預備攻下汴京後謁陵），並對部下說：「等我們直搗黃龍府（今吉林長春市，徽欽二帝一度被囚禁在此），再跟諸君痛飲一番。」。

這是岳飛事業的巔峰，但沒料到的是，巔峰前面卻是萬丈懸崖。

莫須有罪名，千古沉冤

兀朮下令大軍北歸，將要出城，一個金人書生在馬前叩諫：「太子別走，岳飛馬上就會退兵。」兀朮說：「岳飛以五百騎兵擊敗我十萬大軍，漢人心都向著他，我留此何益？」

那書生說：「自古沒有權臣在內，而大將能立功於外者，岳飛很快就不保了。」兀朮即刻領悟，下令軍隊停止行動，加強防守汴京。

秦檜發動朝臣請高宗命令岳飛班師，岳飛上奏：「金人已經喪盡銳氣，想要渡河北歸，河北豪傑（義軍／游擊隊）望風響應，我軍士氣高昂。如此時機不會再來，千萬不可輕易放棄。」秦檜知道岳飛很難說服，接著先命張俊、楊沂中等大將先撤軍回到江淮，然後上奏，「岳飛孤軍不可久留」，接著岳飛一天之內接到十二道金字牌③，命令他撤軍。岳飛抵擋不住那個壓力，說：「十年的努力，廢於一旦。」

岳飛南歸，老百姓攔馬慟哭，「我們簞食壺漿迎接官軍，還幫忙運糧草支援後勤，金人都知道（到處都是傀儡政權的漢奸），相公就此回去，我們都死定了。」岳飛拿詔書給他們看，說：「我不能抗命留下來啊！」軍民哭聲震野。這一次連續勝利奪回的國土，很快又失去。岳飛走到廬州（今安徽合肥市老城廂），上書請求解除兵權，高宗沒批准。

隔年，兀朮與龍虎大王分道渡過淮水南侵，各地告急，高宗催促岳飛應援，先後下十七道文書。岳飛回奏：「金人傾國南來，巢穴必定空虛，如果長驅直入汴京、洛陽，敵人肯定疲於奔命，然後可以坐等他們崩潰。」結果，岳家軍才進至廬州，金兵望風而遁。岳飛這次小心謹慎，不敢擅自進兵，駐軍舒州（今安徽安慶市）。當時兀朮攻破濠州（今安徽鳳陽縣），張俊駐軍黃連鎮（直線距離不到二百公里），不敢前進；楊沂中出兵遇伏，敗退；高宗命岳飛往救，金兵又聞風遁去。

軍事行動不利，金人遂再啟動和議，先提出一個條件「收回三大將兵權」，高宗為展現誠意，照辦——岳飛轉任樞密副使，韓世忠與張俊則同列樞密使。完顏兀朮密函秦檜，提出第二條件「必殺（岳）飛，始可和」，於是秦檜羅織證據逮捕岳飛和兒子岳雲。

使者到時，岳飛笑著說：「皇天后土，可表此心。」在大理寺公堂上，岳飛撕開衣服出示背上刺字「盡忠報國」（這四字是岳母所刺，而「精忠岳飛」是宋高宗所賜，常見說岳飛背上刺字為「精忠報國」，是搞混了），令審案官員動容。

在大理寺關了兩個月，查不到任何證據，大理寺正副首長都上奏「岳飛無罪」，都被秦檜的黨羽彈劾，去職或流放。將岳飛父子定罪的奏章要上之前，韓世忠質問秦檜：「你們有證據嗎？」秦檜回答：「其事體莫須有。」韓世忠說：「莫須有三個字，何以服天下？」人言可畏，案子拖到年底仍無法成立，秦檜送了一張紙條進大理寺監獄，第二天，監獄報告「岳飛死了」。那一年，岳飛才三十九歲。

---

③「金字牌」是以最快速度傳遞的緊急文書，在朱漆木盒上刻「御前文字，不得入鋪」八個金字，木盒內是詔書，「不得入鋪」是信差不得在驛站內交接，必須在馬上交接。

【原典精華】

夫武穆之用兵馭將，勇敢無敵，若韓信彭越輩，類皆能之。乃如以文武兼備，仁智並施，精忠無二，則雖古名將亦有所未逮焉。

知有君而不知有身，知有君命而不知惜己命，知班師必為秦檜所構，而君命在身，不敢久握垂權於封疆之外。

嗚呼！以公之精誠，雖死於秦檜之手，而天下後世仰望風烈，實可與日月爭光矣。

——清乾隆帝，〈岳武穆論〉

清朝是女真人建立的王朝，努爾哈赤最初國號是「後金」，所以雍正以前都是揚關公而貶岳飛，可是乾隆皇帝一篇〈岳武穆論〉卻十足褒揚了岳飛一番。

此處引述三段是文章重點：第一段說岳飛「文武兼備，仁智並施」，古代名將如韓信、彭越用兵作戰都行，可是文才不如；第二段說岳飛的忠誠，奉君命唯謹而不惜己命；第三段說他因此得到後世仰望，甚至「可與日月爭光」。

乾隆時，清朝已經在中國立定根基，無須再顧慮漢人「思明」，乾隆要建立的是忠君思想，所以他特別褒揚岳飛。

公孫策點評

與本書前面述及的六位英雄人物相比較，岳飛用兵如神不輸韓信，作戰勇敢且能以寡擊眾不輸班超，每戰必勝而不跋扈堪比郭子儀，文武兼備、仁智並施堪比諸葛亮，只是諸葛亮可以自己決定出師或撤兵而岳飛不能。

岳飛的〈滿江紅〉大家都能朗朗上口，以之揣摩岳飛心境：其實「三十功名塵與土」不是慨歎，而是「三十歲封侯視若塵土」，對應後面「莫等閒白了少年頭」更見其急切心情而他不辭「八千里路雲和月」，一心只想直搗黃龍——「壯志飢餐胡虜肉」才是他的鴻鵠之志。

這樣一位蓋世英雄怎麼能做到「知有君而不知有身，知有君命而不知惜己命」，就不是他人所能參透的了。

宋高宗難為了

岳飛不能直搗黃龍，乃至被秦檜陷害冤死，千年來令後人扼腕、切齒，很多評論認為宋高宗要負很大責任。

宋高宗是皇帝，國家就是他家，臣民只效忠他一人，重大決策非他降詔不行，他當然應該負最大責任。然而，很少人慮及，宋高宗是塊什麼料？他擔得起那麼大的責任否？

宋高宗趙構是宋徽宗第九個兒子，宋欽宗的弟弟，比岳飛還晚五年出生。

宋金聯合滅遼翌年，金兵就南下入寇，宋徽宗禪位給欽宗，那一年趙構十八歲，封康王、安國安武軍兩鎮節度使、信德府牧兼冀州牧，名義上河北全歸他管。欽宗向金人提出議和，金人要求以宰相、親王各一人做為人質，才答應和談。欽宗就要趙構去金營為人質，可是金人懷疑他的親王身分，將他放回汴京。後來發現趙構是真的親王，就要求再派他去談判，趙構經過磁州（今河北邯鄲市）時，接受守將宗澤意見，留下來不再前進。沒多久，金兵攻破汴京，也就是靖康之難。康王趙構以河北兵馬大元帥身分開府，以反攻汴京為號召徵調各路兵馬，可是在一堆主和派大臣包圍之下（宗澤是唯一主戰派），一路轉進到南京應天府（今河南商丘市）。隔年在應天府登基為帝，那年他二十歲。

趙構生下來是皇子，封王，可是老爹不疼，老哥兩度送他去敵國當人質！因為情勢劇變而坐上了龍椅，可是江山卻在風雨飄搖之中，金兵暫時北返（擄走老爹、老哥），但隨時會來。如此境況，如果是一個雄心勃勃的年輕皇帝，正是施展抱負的大好機會；即使是如唐肅宗（請參考前章）那樣的材料，一旦被形勢逼到沒有其他選擇，只能走一步算一步，卻也沒有退縮過；可是趙構不如李亨，他在每一個階段，表現得都是「能苟安就好」。

宋高宗這種心態，在他給岳飛的手札中一覽無遺：

岳飛出師援救楚州，前面三戰皆捷，高宗賜手札：「岳飛節義忠勇……朕甚佳焉。……奈何江表尚多餘寇，……必期靜盡，無使越境，為吾之憂。……」楚州還在苦撐待援，高宗想的卻是「清掃餘寇，無為吾之憂」！

岳飛奏請恢復襄陽六郡，高宗賜以手札：「……令卿收復襄陽數郡，……，慎勿出李橫所守舊界，卻致引惹，有誤大計。……」李橫是之前的襄陽知府，跟齊王劉豫互有攻守，後來被兀朮的拐子馬擊敗，襄陽失守。岳飛要從襄陽北伐收復失土，可是高宗不要岳飛超越李橫時的舊界。他的「大計」是什麼？當時還沒有秦檜，高宗想的只是「當個無憂皇帝」。後來他完全聽信秦檜主張和議，乃至殺岳飛，從這個角度來看，一點也不意外。

對宋高宗來說，岳飛實在是個頭痛人物。岳飛英勇善戰，國家不能沒有他，可是他的鴻鵠之志遠遠超過皇帝能夠掌握——岳飛不貪財、不求官，直話直說，偏偏說的還都是真話實話，無法駁斥又難以駕馭。

總之，宋高宗趙構不是中興之主的材料，要他承擔光復神州的重任，甚至滿足岳飛的鴻鵠之志，都難為他了。

宋金和議——岳飛兔死狗烹

宋朝跟金國的戰爭打了一百多年。基本上，宋朝自澶淵之盟以後，就是花錢買和平，所以北宋的官軍戰志低落（反正最後賠錢了事）；因女真人不甘長期被契丹人剝削，宋金聯合滅了遼；但金滅遼之後開始南侵，宋欽宗先乞和又反悔，引致靖康之難。

靖康之難後，宋朝軍民才開始認真抗金，但勇烈有餘而力量不足，直到岳飛創造了一次又一次的勝利，宋人才開始出現「有可能光復國土」的希望。但宋高宗的抗金意志並不一貫，事實上他是拿岳飛當作跟金人談判的籌碼。

宋高宗在位時，宋金曾經有過兩次和議。第一次和議時，南宋朝廷內的反對聲浪很大，但秦檜揣摩高宗心意，說服高宗將宰相趙鼎外放，然後金國派出和議使者張通古，要求南宋君臣「行臣禮」，群臣上書要求斬秦檜，但諫官一個一個被罷黜、外放。最後的場面是，秦檜代表收下金熙宗的詔書送入宮中算是奉表（稱臣），南宋「歲貢銀、絹各二十五萬兩、匹」，基本上還是用錢買和平。哪曉得計畫跟不上變化，金國發生宮廷政變，完顏亮弒金熙宗自立為帝。他發動大軍南征，意圖吞滅南宋，和議登時成為廢紙。

宋高宗得知金人毀約背盟，詔令已經收復襄陽六郡的岳飛進兵中原，岳飛痛擊完顏兀朮於郾城及朱仙鎮，發出豪語直搗黃龍，卻因收到十二道金牌而班師。當時高宗並沒有殺岳飛的意思，為了仍想議和而召回岳飛，那情境還只是「鳥盡弓藏」；直到完顏兀朮堅持「必殺岳飛始可和」，秦檜終於將岳飛父子害死，那才是「兔死狗烹」了。

至於完顏亮為什麼吃定宋高宗非接受和議不可，除了宋高宗希望迎回母親之外，還有一個必殺絕招：完顏兀朮臨終給完顏亮上了一道遺表，如果有什麼情況不好解決，「可遣天水郡公坐汴京」。天水郡公是何方神聖？天水郡公是金帝給宋欽宗趙桓的爵位封號，兀朮的意思是，讓趙桓在汴京稱帝——京城仍是前京城、皇帝仍是前皇帝，那的確是絕招。

一旦那種狀況發生，只怕連岳飛都不曉得該怎麼跟岳家軍解釋「我們一直說要迎回二帝，可是我們現在要去攻打他」。既然不能開戰，岳飛的利用價值當然就沒了。

08. 鄭成功——混血兒・國姓爺・開臺聖王

一個有著二分之一日本血統的英雄人物，在大明王朝覆亡之後，能以廈門、金門兩島對抗大清天下。他的傳奇事蹟，讓日本人稱他國姓爺，臺灣人尊他開臺聖王，中共以他為揮師攻臺的代表人物。

混血兒成國姓爺

鄭成功有二分之一日本血統。他的父親鄭芝龍娶了泉州商人翁翊皇的繼女（完全日本血統，日本人稱她田川氏，中國人稱她翁氏），生下兒子鄭福松，後來改名鄭森。

鄭芝龍是海盜顏思齊的結拜弟兄，顏思齊死後取代他成為海盜領袖。由於參與「料羅灣海戰」，擔任先鋒擊潰荷蘭東印度公司與海盜劉香（曾經也是顏思齊黨羽）聯軍有功，擢升為明朝水師總兵。當時鄭森已經七歲，鄭芝龍一再請求，日本德川幕府同意讓鄭森回到中國，可是田川氏仍然留在日本。

鄭森先在家鄉安平（今福建晉江縣安平鎮）入學，十五歲考取秀才，成為廩膳生，可以吃公糧。族中叔父鄭鴻逵非常器重他，常常摸著他的頭，說：「這是我們家的千里駒。」曾經有一次，作文題目「灑掃應對進退」，鄭森的文章中寫著：「湯武征誅，就是一次灑掃；堯舜揖讓，就是一次應對進退」，展現他從小就有著「天下」格局。

李自成打進北京，明崇禎皇帝自縊煤山，南京朝廷擁立福王朱由崧即位為弘光帝，鄭森到南京入國子監，可是弘光朝只維持了八個月，鄭森回到安平。鄭芝龍和鄭鴻逵在福州擁立唐王朱聿鍵即位為隆武帝，並帶鄭森覲見。隆武帝看見鄭森相貌不凡，跟他交談後更加喜歡，拊著鄭森的背說：「可惜朕沒有女兒可以嫁給你。」賜姓朱，賜名成功，任命他為御營中軍都督，所有儀仗比照駙馬都尉。當時日本仍然向明朝稱臣入貢（交趾、琉球也是），因此稱他「國姓爺」，並且將翁氏送到安平——鄭森於是成了朱成功，但後人習稱他鄭成功，母親當然不再稱平川氏。

弘光朝廷大政都由鄭芝龍作主，鄭芝龍跟降清的洪承疇同鄉，兩人私通款曲，鄭芝龍於是心懷異志。隆武帝也察覺這一點，乃刻意拉攏鄭成功，封他忠孝伯（伯爵），掛招討大將軍印。鄭成功曾經單獨覲見，見隆武帝面有憂容，就說：「陛下鬱鬱不樂，莫非是因為我的父親嗎？我受陛下厚恩，義無反顧，願以死捍衛陛下。」

然而，鄭芝龍心意已定，詭稱海上有狀況，自己跑回安平（放空福州），隆武帝親下手詔想要阻止他，可是使節沒追上鄭芝龍，而鄭芝龍已經盡撤軍隊，清軍於是能長驅入閩，隆武帝被執遇害。清軍統帥博洛派人致書鄭芝龍說，兩粵尚未平定，已經鑄妥閩廣總督大印相待。鄭芝龍大喜，鄭成功和鄭鴻逵痛哭相諫不聽，鄭成功帶領自己的部眾上船入海。鄭芝龍帶了五百人去福州見博洛，博洛將五百人分派到各營，當天半夜全軍拔營北返，鄭芝龍就這樣被帶去北京。

【原典精華】

已聞父北行，紹宗遇害，乃悲歌慷慨，攜儒冠、儒服赴孔廟哭焚之，曰：「昔為儒子，今為孤臣，向背去留，各有作用，惟先師鑒之！」

——《清史紀事本末．明朱成功事蹟》

鄭成功聽說父親被執、皇帝遇害，悲憤交集。他帶著自己的儒生服裝，去到泉州文廟，流著淚將之焚燒，向至聖先師陳述：「以前是儒生，今後要做孤臣。忠孝無法兩全，我的心志請先師明鑒。」回到安平，召集將領、幕僚誓師恢復國家，用招討大將軍的印信發文各地，自稱「罪臣國姓成功」，宣布仍然襲用隆武年號。

隔年，博洛又率軍入閩，突擊鄭氏根據地安平，駐守的鄭芝豹倉促棄城，將家屬全部移到艦上，泊在外海觀望。可是，鄭成功的母親翁氏沒有上艦，清兵進入她的居處劫掠，翁氏「拔劍剖腹死」（說法不一，田川氏雖為日本人，但日本女子並不作興切腹以明志）。鄭成功聞訊大慟，全軍縞素攻向安平，博洛看見海上帆檣雲集，軍容烜赫，趁夜引兵回到泉州。

至此，鄭成功跟清軍有著國仇家恨，不共戴天了。

鄭成功起兵第一年就攻下同安（治所在今廈門市內陸地區，轄區包括廈門、金門兩島），可是隔年清軍又奪回同安，而且拿下之後屠城，「血流溝渠為之塞」，就是因為同安城內軍民堅守，清軍屠城以儆戒其他城鎮「不可奉明朝正朔」。

畢竟「國姓」不足以號召人民效忠，鄭成功必須「奉隆武正朔」為號召。可是隆武帝已死，而同族的鄭彩、鄭聯兄弟奉魯王（用「魯監國」年號）據浯州（金門），鄭成功雖不甩魯王，但不得不跟鄭彩兄弟互為犄角對抗清軍——那個階段的鄭成功羽翼未豐，尚不敢奢談「反清復明」。

據兩島，抗天下

隆武帝死後，明朝桂王朱由榔在肇慶（今廣東肇慶市）即位稱永曆帝，鄭成功知道時已經第三年，鄭成功以手加額，說：「我有國君了！」派出使節去肇慶宣示效忠，永曆帝封鄭成功為威遠侯，以後鄭氏就奉永曆正朔。

當時鄭成功基本上只有海軍，也只有騷擾沿海的力量，攻下一城復失另一城。叔叔鄭芝鵬、鄭芝莞都勸他奪取廈門、金門兩島，鄭成功始終不同意，後來鄭彩遠出，鄭聯看守廈門，他好酒貪杯不務正事，施琅進言：「不取廈門，將反而送給敵人。」於是鄭成功襲取廈門、金門兩島，這才有了根據地，聲威大震。①

清軍攻廣州，永曆帝徵召鄭成功援救，鄭成功親自率船艦南下，艦隊才到平海（今廣東惠州市內），廈門卻被清軍攻陷，鄭成功回師反攻，奪回廈門，又攻進泉州，再進軍漳州。八旗鐵騎碰到鄭成功似乎不堪一擊，為什麼？因為最高決策是「撫」，不是「剿」。

當時清朝攝政王多爾袞才死，順治皇帝親政未久，對東南沿海一隅的騷亂，不想大動干戈。於是封鄭芝龍（軟禁在北京）為同安侯，派使節到福建，封鄭成功為海澄公，鄭鴻逵為奉化伯，鄭芝龍曉得鄭成功不會接受，因此寫了一封信給鄭鴻逵，希望促成招安。然而，最初帶鄭成功到海上起兵抗清的就是鄭鴻逵，因此這次招安行動毫無成果。

那一年，鄭軍將領張名振率領軍隊入長江，駐軍崇明（長江口的崇明島），鄭成功增兵北上，艦隊卻在羊山（今浙江舟山市）遇到颶風（颱風），折損十分之一，只好回廈門。

張名振部隊原本是魯王政權主力，多年在浙江、舟山一帶活動，後來奉魯王到金門依靠鄭彩。鄭成功併金、廈後，張名振名義上歸附鄭成功，但是他心不在閩，眼光始終盯著長江。這一次攻進長江口，非常順利（因為北京政潮迭起，無暇東南），鄭成功援軍雖未能到達，可是張名振的部隊全軍無恙，所以留在崇明準備更深入。

鄭成功不接受清廷招安，而加強自己在閩南的治理，將廈門改為思明州，設六部理政，儼然小朝廷；奉永曆正朔的同時，每個月仍進貢魯王豚、米，對待落難的朱姓諸王（如寧靖王朱術桂）也都非常禮遇。

他想幹嘛？他發現南方漢人仍然思明，情勢大有可為，因而興起北伐的念頭——翅膀硬了，乃生鴻鵠之志。

①鄭彩後來還居廈門，死在廈門；魯王朱以海後來還居金門，死在金門。

南京得而復失

張名振在崇明等不到援軍，清軍萬餘人渡江來攻，張名振動員島上民眾和自己的軍隊一同殺敵，盡殲清軍，沒有一個回得去。

既然民氣可用，鄭成功再派出艦隊前往崇明。這一次，船隊直進到了南京觀音門（南京城郭最北的城門），他登上紫金山遙祭孝陵（明太祖陵墓在紫金山南麓）後回頭出長江口，另以六十艘沙船②北上，登陸山東登萊等地，甚至到達高麗後返回。這兩個行動基本上屬於試探性質，鄭成功確認人心仍向著明朝，而鄭芝龍從前能夠到達的沿海地區，清軍尚無法控制。

隔年，清廷再派使節到福建，任命鄭成功為靖海將軍，防區包括福、星、漳、泉四府——這四府大約是現在福建省的五個沿海地級市，亦即清廷明確的劃分地盤給鄭成功。使節還帶著鄭芝龍的兒子鄭渡（鄭成功的異母弟）一同到了福州。

【原典精華】

其報父書末曰：「萬一不幸，兒惟有縞素復仇以結忠孝之局耳！」復遺書與渡，有曰：「兄用兵老矣，豈有舍鳳凰而就虎豹者哉？惟吾弟善事父母，勿以兄為念。」

——《清史紀事本末・明朱成功事蹟》

面對親情雙重壓力和割地誘惑，鄭成功仍然拒絕清廷的招安，他寫了一封信給父親，信尾說：「萬一不幸，孩兒我只能縞素（孝服）復仇，以解決忠孝無法兩全的難題。」他給鄭渡的信中提及：「老哥我帶兵多年，形勢判斷老練，豈可能捨鳳凰而就虎豹呢？你回去好好侍奉父母，不必考慮我的立場。」

什麼叫做「捨鳳凰而就虎豹」？

鳳凰是傳說中的百鳥之王，除了禽鳥都得聽命服從，人類也視牠為神物；而虎豹雖然是猛獸，卻常陷於檻阱之中。

這個比喻相當透露了他的心態，他絕對不會接受清廷招安，那樣就是「虎豹」，宰割由人。至於「鳳凰」，鄭成功奉永曆正朔、禮敬魯王都是撐起「大明」旗號，而他本人又

②沙船是一種平底木船，可以直接駛上沙灘。

具有「國姓」。

隔年，鄭成功以張名振為元帥，自己的嫡系大將陳輝、洪旭為副元帥，以艦隊載運大軍北伐入長江，所過之處，包括寧波、舟山（都在今浙江）的守將都易幟歸降。但同時滿清執政的鄭親王濟爾哈朗派自己的兒子濟度為定遠大將軍，率大軍討伐閩南，目標是一勞永逸的除去鄭成功。這場戰爭打了一年多，雙方互有輸贏，鄭成功在情況緊急時召張名振回師，可是張名振卻想要比上次更深入，兩位副元帥決定率所部回去助守廈門，張名振沒辦法，只好一同回去。之後，張名振吃飯中毒暴斃，這件事成為歷史公案。

濟度討伐閩南無功而返，仍然受封為簡親王。鄭成功則上書永曆帝，引諸葛亮〈出師表〉的「漢賊不兩立」名句，請求北伐。永曆帝封鄭成功為延平郡王、招討大將軍，賜尚方寶劍得以便宜行事（有生殺大權）。隔年，鄭成功親率大軍北伐，可是艦隊又在羊山遇到颶風，數十艘戰艦被風浪擊碎，船上士卒落水者八千，鄭成功的三個兒子溺斃。

【原典精華】

颶發，碎巨艦數十，漂流士卒八千。成功之四子浚、七子浴、八子溫皆溺焉。

成功冠帶起祝曰：「成功統率三軍，恢復中原，如天命有在，即將諸船沉滅，神其鑒諸。」祝畢，風頓止，乃旋泊舟山理楫，以為後圖。舟師象山，知縣徐福率父老降。

——《清史紀事本末．明朱成功事蹟》

鄭成功戴冠束帶向天祝禱：「成功統帥三軍北伐恢復中原，神明如果不贊同，就請將所有船艦沉滅！」禱告完畢，風浪平息，艦隊回到舟山整補，再取象山（今浙江象山縣，知縣率父老投誠，未動刀兵）為基地，召廈門增援軍隊。

又隔年，鄭成功重新出發，大軍有船艦千艘，部眾號稱三十萬，和當時仍在長江中游奮戰的張煌言會師，由崇明島入長江，在瓜州、鎮江二度大敗清軍，然後大舉進攻南京。當時易幟投誠的有四郡、三州、二十四縣，人心振奮，清軍全無戰志，甚至演出「七卒逐百騎」一戲碼，東南大震。

在此之前，部將甘煇建議：「北取揚州斷山東之師，南據京江絕兩浙之糧，南京可以不戰而定。」可是鄭成功沒採納。大軍抵達南京，他先去晉謁明孝陵，滿清總督郎廷佐派使者以低姿態請求：「我們清人的軍律規定，守城超過三十日，雖然投降，罪不及妻孥。」

請求寬限三十天後投降。鄭成功答應了他，部將甘煇、潘庚鍾力諫，張煌言也寫信提醒不可中計，鄭成功都不以為意。終於，以為勝利在握、缺乏危機意識的遠征軍遭到伏擊，倉促中，部將甘煇等十餘人死戰，掩護鄭成功登上船艦，甘煇陣亡。撤退回到廈門，鄭成功下船，先哭甘煇後，才進城，說：「早聽將軍之言，不會落到這個地步。」後來在廈門建忠臣祠，以甘煇為首。

清軍乘勝進攻廈門，一如以往被鄭成功痛擊，軍隊陣亡「十死六七」，統帥達素羞愧自殺。經此一役，鄭成功仍在世期間，清方沒有人敢提議攻打廈門。清廷拿鄭成功沒輒，也明白鄭成功不可能接受招安，於是將鄭芝龍在北京街上斬首示眾，一家老小全部被殺。同時下令將沿海居民全數向內陸撤遷三、五十里，禁止漁船商舟出海，以為那樣可以斷絕鄭氏補給，但事實上不行，反而「自是五省商民流離蕩析，而萬里皆邱墟矣」。

然而，金陵之敗使得長江中下游的反清武力一蹶不振，江南人心也隨之盡隳。而鄭成功卻意外得到一個訊息，讓他將視線轉向臺灣——在他而言，那是取回故土。

趕走荷蘭人，收復臺灣

早在顏思齊時期，就以諸羅（今嘉義）為根據地。顏思齊死後，鄭芝龍被推為首領，後來鄭芝龍做了明朝的官，雖然重點移往福建，有一年福建大旱，鄭芝龍請准巡撫，將數萬饑民以船舶移往臺灣開墾，所以鄭氏始終視臺灣為固有土地。後來荷蘭東印度公司趁虛而入，佔領大員（今臺南，「大員」閩南語發音同「臺灣」）做為與漳州的貿易基地。

東印度公司很早就想跟中國貿易，曾派代表韋麻郎到漳州，但「紅毛番」不是朝貢國家，漳州守將不答應。韋麻郎來硬的，率艦直抵澎湖，明朝的福建巡撫和福州總兵將驅逐紅毛番的重責交給抗倭名將沈有容。

沈有容曾在萬曆年間「率二十四艘軍艦渡海前往臺灣，大破倭寇」，可是他面對紅毛番，認為以武力解決不是上策。於是他整軍備武，大肆宣揚要征討荷人，同時嚴禁沿海居民與紅毛番私市，然後他「單舸往見韋麻郎」（膽氣不輸關雲長）曉以大義，同時以嚴厲語氣要韋麻郎考慮後果。韋麻郎最終率領商民乘船離開佔據五個月之久的媽宮港（今澎湖馬公），迄今澎湖天后宮留存「沈有容諭退紅毛番韋麻郎等」石碑。

鄭成功起兵海上時，東印度公司已經佔領大員超過二十年，可是當鄭氏重回海上當霸主，荷蘭人要跟漳州貿易就必須得到鄭成功的「許可」，也就是定期要繳保護費。濟度跟鄭成功對戰期間，有一次荷蘭人留難鄭氏商船，鄭成功大怒，下令不准任何船隻前往臺灣，荷蘭人大窘，派通事何斌晉見鄭成功請求和好，鄭成功答應的條件是：荷蘭人每年報效軍餉五千兩，箭桿十萬枝，硫磺一千擔。何斌藉此機會向鄭成功輸誠，幫鄭成功在臺灣代徵商稅充鄭氏軍餉。這個秘密後來被荷蘭人發覺，勒令追討二十萬兩，何斌於是逃往廈門。

鄭成功從長江兵敗回到廈門，何斌向他進言：「臺灣，實霸王之區，……；且橫絕大海，肆通外國……；十年生聚，十年教訓，……真足以與中國抗衡也。」何斌同時呈上一張地圖——鹿耳門水道的航路圖，鄭成功如獲至寶。原來，荷蘭人在臺南建了兩個城堡：普羅民遮城（赤崁樓）和熱蘭遮城（安平古堡），並且將安平港的水道入口以沉船阻塞，只留一條極窄的航道供船隻出入，這條航道當然在岸上砲臺的嚴密防守之下。荷蘭人認為那樣就萬無一失了，所以連澎湖都不分兵駐守。可是荷蘭人不曉得，鹿耳門水道在漲潮時船隻可以出入，這條水道只有民間漁船知道而加以利用，何斌將它繪成地圖獻給鄭成功。鄭成功一面覽圖，一面讚嘆：「此海外之扶餘③也。」

之前，鄭成功忌諱熱蘭遮城岸上大砲的利害，現在知道可以避開，當然大喜過望。於是從金門料羅灣誓師出發，將士二萬五千人、船艦九百餘艘，舳艫相望，先在澎湖集結，等待潮水時辰。

農曆四月三十日清晨，艦隊抵達鹿耳門水道口，水淺沙淤不能直入。鄭成功設案焚香叩天祝禱：「……如果天命另有安排，是成功癡心妄想，就請即刻捲起狂風怒濤，讓我全軍覆沒。如果明朝尚有一線之脈，希望皇天垂憐，助我潮水，能夠直入無礙，讓三軍從容登岸。」結果，海水「驟長丈餘」，大隊船艦進入臺江水域，部隊登岸，直接進攻普羅民遮城。

普羅民遮城守將貓難實叮（Valentyn）發砲抵抗，同時派人向熱蘭遮城求援，荷蘭長官揆一（Coyett，也譯為哥依德）派出二百人增援，雖然火槍厲害，怎抵鄭軍人多勢眾，最後在水源被切斷的窘況下，貓難實叮獻城投降。

鄭軍接著由水陸夾擊熱蘭遮城，原本對準港口的大砲也轉向城內，將城牆打出一個缺口，然後架雲梯進攻，荷蘭人以手榴彈與火藥桶頑強抵抗，但終於抵擋不住，揆一只好遣使請求和談。鄭成功對使者說：「這是我先人固有土地，我只是來拿回土地，其他東西你們通通可以帶走。」於是揆一請降，荷蘭人搭七艘兵艦撤回巴達維亞（爪哇）。這次戰役說來容易，事實上荷蘭人英勇守城，從鄭成功艦隊進入鹿耳門到荷蘭人撤走，前後九個月。

---

③扶餘是上古時代就存在於東北松花江流域的國家，西漢時一支扶餘人的領袖高朱蒙帶領族人渡過鴨綠江，建立高句麗王國。

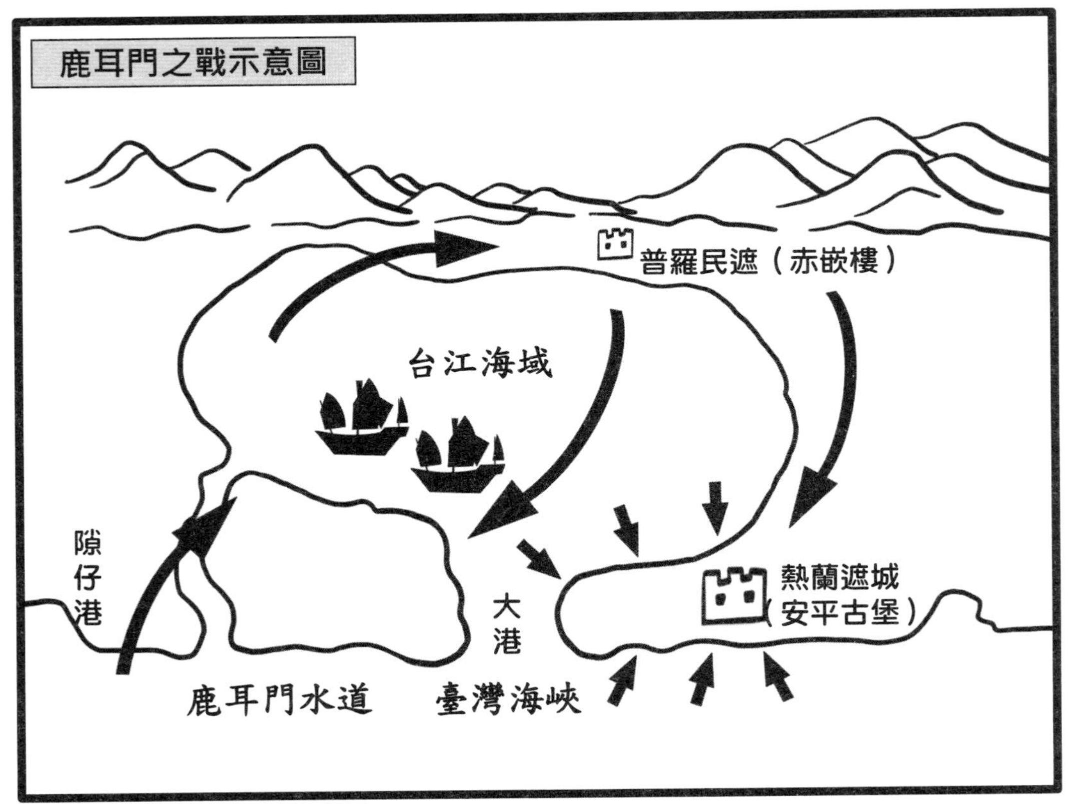
鹿耳門之戰示意圖
普羅民遮（赤嵌樓）
台江海域
隙仔港
大港
熱蘭遮城（安平古堡）
鹿耳門水道
臺灣海峽

設府縣，闢草萊

鄭成功要以臺灣為反攻大陸基地，所以施行諸多長遠大計：

首先設置一府二縣，以今臺南一帶為東都（明朝京城），改普羅民遮城為承天府，北路（嘉義一帶）設天興縣，南路（鳳山一帶）設萬年縣，熱蘭遮城附近地區改為安平鎮，澎湖設安撫司（不蹈荷蘭人忽略澎湖的錯誤），這是臺灣設置政府機關治理政事之始。

鄭成功治理臺灣崇尚嚴刑峻法，即使是自己親族，犯法也絕不寬貸。同時有功必賞，對傷亡將士的撫卹格外優遇，因此將士樂為效死。其用刑之酷烈，犯偷竊罪不論贓物多寡，一律斬首。當時臺灣「雖市肆百貨露積，無人敢作盜」。

如此嚴刑峻法雖然建立了一個治安天國，仍有將領進諫「立國之初，宜寬刑簡政」，鄭成功舉春秋子產治鄭、三國孔明治蜀都以嚴刑而致治為例，認為「執法嚴庶無積弊，後之守者，自為易治」，這是長治久安的考量。

他的目標是反攻而非苟安，因此最高原則是「野無曠土，軍有餘糧」。前者他派人去泉州故鄉，將沿海人民被迫遷而生活困苦者，用船隊大批遷到臺灣，開闢草萊——連橫〈臺灣通史序〉一開頭就寫「洪惟我祖先，渡大海、入荒陬、闢草萊」，描述了先民入臺的實況，同時印證鄭成功確實當得起「開臺聖王」之名。後者則採納參軍陳永華的建議，讓軍隊實施屯田，臺灣南部今天仍沿用的地名有「營、庄」者（如左營／燕巢庄），都是當年軍隊屯田形成市鎮、村莊的地點。他更要求軍隊與墾民，為求一勞永逸「當以己力經營，不准侵土民及百姓現耕物業」，以求漢番一心。

遺恨望神州

「開臺聖王」其實在臺灣只有五個月，就病逝於安平城。

鄭成功的病因是積勞成疾，但病情加劇的近因則是留守廈門的世子鄭經私通乳母（鄭經當時十九歲），還產下一子。鄭成功得報大怒，下令殺乳母，可是鄭經卻庇護乳母。鄭成功再派將領去廈門，持尚方劍斬鄭經和董夫人（鄭成功的正室，鄭經生母），當時鄭成功已經生病，諸將商議決定暫時保全鄭經。

鄭成功沒得到回報，心裡明白為什麼，由於鄭氏軍隊多為同鄉同族，而且多年生死與共，他也不追究諸將抗命，只是自己每天勉強起床，登上將臺，持千里鏡眺望澎湖，暗示諸將「我還在等待來船覆命」。

或許是自己知道大限已至，那一天早上登將臺下來，召集諸將朝會，請出太祖（朱元璋）祖訓，坐在胡床（交椅）上親自讀訓，讀到第二章，嘆氣說：「吾有何面目見先帝於地下哉！」雙手掩面而逝，享年三十九歲。（是巧合嗎？岳飛也享年三十九歲。）

【原典精華】

成功倡義時，無兵將、又無糧餉，徒以忠貞自矢，眾遂日附。……雖位極人臣，猶以未能恢復境土為恨，終其世不敢稱王。……終身奉尊正朔，以兩島抗天下全力，威振宇內，從古未有也。

——夏琳，《閩海紀要》

《閩海紀要》作者夏琳是泉州人，跟鄭氏父子同時代，這本書是編年體，記載了鄭氏祖孫三代在臺灣的歷史。

夏琳對鄭成功的成功詮釋為「對明朝的忠貞」，因此贏得人心，所以能夠在無兵無餉的狀況下，以兩島抗天下。而他雖然雄踞一方，卻終身奉明朝為正朔，不曾稱王稱帝。如此功業與節操，都是自古所未有。

公孫策點評

鄭成功建立了一個傳奇，前提是東南地方人心仍向著大明王朝，那其實「受惠」於清兵南下時屠殺平民，包括揚州十日、嘉定三屠等。鄭成功體會並運用了那股民氣，才是他能以兩島抗天下的充分條件。然而，他本人的心理在起兵到病歿的十五、六年間，隨著形勢演變，始終有著微妙變化。

揣摩鄭成功最後那句「吾有何面目見先帝於地下」的心理，他其實對隆武帝賜他國姓極度頂真，也就是他認同自己是大明王朝的繼承人，復國大業未成，所以有「無臉見列祖列宗」的問題。這種心理，對照本書前面的諸葛亮、岳飛就可體會，他兩人都加諸自己匡復大任，可是沒有「見先帝於地下」的問題。

鄭成功去世前一個月，永曆帝被吳三桂絞死，南明監國魯王也在同年年底病逝。鄭經嗣位隔年，才得悉永曆帝崩逝的消息，但仍然使用永曆年號。鄭經在臺灣建立東寧王國，對清廷和日本的官文書中都用了「東寧」，可是年號仍然沿用永曆，那堪稱鄭經的「大孝」——讓鄭成功能夠「有臉去見先帝」。

南明不堪比南宋

東晉一百零二年、南宋一百五十二年，史家定位為「偏安」，南明自崇禎帝自殺到永曆帝被殺十八年，只能視為「流亡政府」。（南明的「國祚」說法不一，本書不考證。）

崇禎帝的噩耗傳到南方，南京朝廷（明朝始終維持兩京）群臣議推親王嗣位，當時就有一些爭議，結果支持福王朱由崧的一派勝出，朱由崧即位為弘光帝，支持潞王的史可法於是出鎮揚州。（鄭成功在南京入國子監。）

弘光朝只維持了八個月，內鬥不斷，叛亂不止，最後滿清多鐸攻進南京，弘光帝和潞王都在逃亡途中被擒。

南京陷落，正移駐廣西的唐王朱聿鍵走到杭州，鄭鴻逵以軍隊護送他到福州，先稱監國，確定弘光帝落入敵手，然後即位為隆武帝（鄭成功受賜為國姓）。

同時間，浙江一帶義軍擁立魯王朱以海稱監國，以紹興為基地，守錢塘江，但不受唐王詔命。

隆武朝的大權掌握在鄭芝龍手中，大學士（宰相職）黃道周屢請募兵北伐，卻一再受阻，憤而離開朝廷，前往武昌與何騰蛟一同積極抗清。

何騰蛟當時兵力數十萬，分十三鎮駐守湖南、湖北，另外楊廷麟在江西屢敗清軍，打著明朝旗號的許多小朝廷和義軍事實上仍掌握福建、兩廣、雲貴全境，以及湖南、江西、浙江的部分，甚至日本、琉球都還對隆武政權遣使入貢。

各路義軍分傳捷報到福州，可是鄭芝龍就是不出兵。隆武帝認為鄭芝龍心懷異志，一度以巡幸延平府（今福建南平市）為名，企圖經過江西到湖南，投靠何騰蛟。鄭芝龍發動軍民數萬人，遮住道路留駕，隆武帝只好留在延平。三個月後，清兵渡過錢塘江，魯王流亡海上，鄭芝龍放空閩北，清兵長驅直入，隆武帝逃到汀州，被叛將李成棟追獲殺害。

隆武帝崩逝，時在廣東西部的桂王朱由榔在肇慶（今廣東肇慶市）先稱監國後稱帝，而隆武帝的弟弟朱聿鐭則在廣州即位為帝——當時在廣東二百里內有兩位明帝，但不久廣州陷落，朱聿鐭遇害，永曆帝（桂王）奔廣西梧州。

永曆帝在廣東、廣西、雲南流亡了十六年，最後逃入緬甸，吳三桂攻入緬甸將他執回（緬甸王獻出）昆明絞死。

故事還沒完。那位杭州陷落後流亡海上的監國魯王朱以海，一度流落在舟山群島，並曾與鄭成功、張煌言一道北伐，失敗後避居金門，因與鄭成功意見不和，自去監國稱號。永曆帝遇害後，張煌言曾上書請他繼承大統，但鄭經不支持而未果，不久病死金門。

事實上，清兵入關之後，中國南方的抗清民氣可用，義軍聲勢也不弱。除鄭成功之外，還有何騰蛟、張煌言、張名振、李定國等，滿清一度想要放棄攻取南方七省。可是這些義軍名將各自擁護魯王、桂王（永曆）旗幟，缺乏如南宋那樣的領導中心，終為清軍各個擊破。

海峽和戰——鄭氏兩代與滿清的談判

從鄭成功舉兵到鄭克塽請降，前後三十八年，清廷基本上採取「剿撫並用」，但不是同時採用雙面手法，而是形勢不能打就「撫」——提出條件招安，招安不成就「剿」——由大將甚至親王率領大軍入閩。然而，閩南與臺灣一直不是清廷最優先的敵人，順治帝時以追擊張獻忠、李自成等流寇為主，康熙帝時則有三藩之亂。因此，清廷每一次要鄭氏談判時，提出的招安條件都因國內形勢不同而改變。

第一次招安是一六五四年（清順治十一年、明永曆八年）。前一年，永曆朝廷大將李定國擊敗清定南王孔友德，張名振艦隊入長江口進駐崇明，清廷提出封鄭成功為海澄公，駐軍（也就是授與地盤）漳、泉、潮、惠四府，鄭成功不接受，反而提出「不薙髮」條件。清廷當時還沒能收攬漢族人心，當然無法接受，遂將鄭芝龍軟禁於高牆之內（原本居住在太師府），並將鄭芝豹流放寧古塔（今黑龍江牡丹江市），以之要脅鄭成功。之後在鄭成功在世期間，清廷幾次「意思意思」的招降，許以海澄公、潮州王等封號，都意在緩和情勢，鄭成功當然都沒接受。

鄭經嗣位，清朝也換了康熙皇帝，清鄭之間有幾次重要談判：

第一次重要談判，清廷提出「開放沿海通商，鄭氏稱臣奉貢，鄭經遣子入京為質」，鄭經提出「比照朝鮮待遇」（不薙髮、自主任用官吏，也就是擁有自治權）。那一次談判破裂，兩岸進入打打談談狀態。

第二次重要談判，康熙要專心對付三藩，派出親信明珠到福州，明珠的使者對鄭經說「如果真的願意休兵，可以『循朝鮮例，（軍隊）不登岸、（人民）不薙髮、不易衣冠』」，可是鄭經派使節去福州要明珠本人親口確認，卻不得要領，談判於是沒有結果。

三藩戰爭期間，鄭經先跟耿精忠聯合攻取潮州、惠州，可是耿精忠要北向攻取浙江，鄭經不同意，兩人決裂後，鄭經攻下漳、泉、興、劭、汀五府，連同潮、惠，據有七府之地。耿精忠最後投降清軍，清軍統帥康親王傑書派出使節團到廈門跟鄭經談判，仍然重申「不登岸、不薙髮、不易衣冠」三原則，可是鄭經除了要循朝鮮例，更提出「以漳泉潮惠四府充裕糧餉」，傑書請示朝廷，康熙同意循朝鮮例，「但不得據地要餉」。這次談判雖無結果，但清鄭雙方暫時休兵。

三藩戰爭完全平定前一年（一六七九年），傑書奉康熙之命，再遣使致函鄭經，「若貴藩……果能釋甲東歸，照依朝鮮事例，永為世好，作屏藩重臣」，甚至有一則記載說到，給鄭經的信中寫著：「若能保境息兵，則從此不再登陸，不必薙髮，不必易衣冠，稱臣入貢可也，不稱臣入貢亦可也，以臺灣為箕子之朝鮮，為徐福之日本，與世無爭，與人無爭，而沿海生靈，永息塗炭，唯足下圖之。」康熙做出如此大的讓步，應該是三藩之戰勝利在望，期待止戈息兵的心情使然。可是鄭經卻又提出，「以海澄為公所（共管）」、「年納東西兩洋餉六萬兩」——這個錯估形勢的結果，壞了大好機會，也斷了往後雙方談判。

兩年後，康熙啟動攻臺，四年後鄭克塽投降。

臺灣當年是東亞貿易樞紐

鄭成功能以兩島抗天下，全靠他無敵於海上，而鄭氏的海上霸業其實是鄭芝龍所建立，而且得益於明朝和日本的鎖國政策。

明朝自明太祖建國以後將近二百年之間，除了明成祖派鄭和下西洋之外，都實施海禁，禁止人民對外通商貿易，甚至嚴格到「片板不許下海」。海禁政策形成的原因，是明太祖在打敗張士誠和方國珍（兩人都是大鹽梟）之後，對他倆的舊地實施歧視政策，當地於是出現「倭寇」侵擾，但倭寇其實多半是中國海賊，以金錢募日本浪人衝鋒威嚇而得名④，為了「備倭」，因此實施海禁。直到隆慶皇帝時，才開一處海港（漳州月港）允許對外貿易。

到了日本德川幕府結束戰國時代，為了禁止天主教，實行鎖國令，只保留長崎一處海港，允許中國和荷蘭商船到日本經商。這正是鄭氏三代與荷蘭人經營臺灣的歷史背景，而鄭芝龍、鄭成功父子和荷蘭人糾纏相戰數十年，直到荷蘭人退回巴達維亞。

清朝拿鄭成功沒辦法，下令「沿海三十里人民全數遷移內地，禁止魚舟、商船出海」，以斷絕沿海與鄭成功的勾結。但是，這個政策實質上是將海上貿易拱手讓給鄭氏——沿海居民失去生計，或渡臺耕墾，或私通鄭氏暗中通商，到鄭經時期，甚至大陸各地（最遠達到陝西）貨物全部集中廈門，轉運臺灣。

鄭成功有一半日本血統，德川幕府對他也比較放心，於是臺灣的鹿皮、蔗糖得進入日本，日本的白銀、軍械得以進入臺灣，白銀運到廈門購買大陸的絲綢、瓷器，轉運到呂宋

（菲律賓）換香料、黃金（西班牙在墨西哥開採），黃金又運去日本換白銀（中國的金融是銀本位，日本是金本位），而絲綢、瓷器更到達安南（越南）、暹邏（泰國）轉往歐洲。江日昇《臺灣外紀》記載：「上通日本，下販暹邏、交趾，以富國用。自此臺灣日盛，田疇市肆不讓內地。」

④當時日本處於他們歷史上的南北朝與戰國時代，戰爭頻仍，部分失去領主的武士乃淪為中國海賊的傭兵。

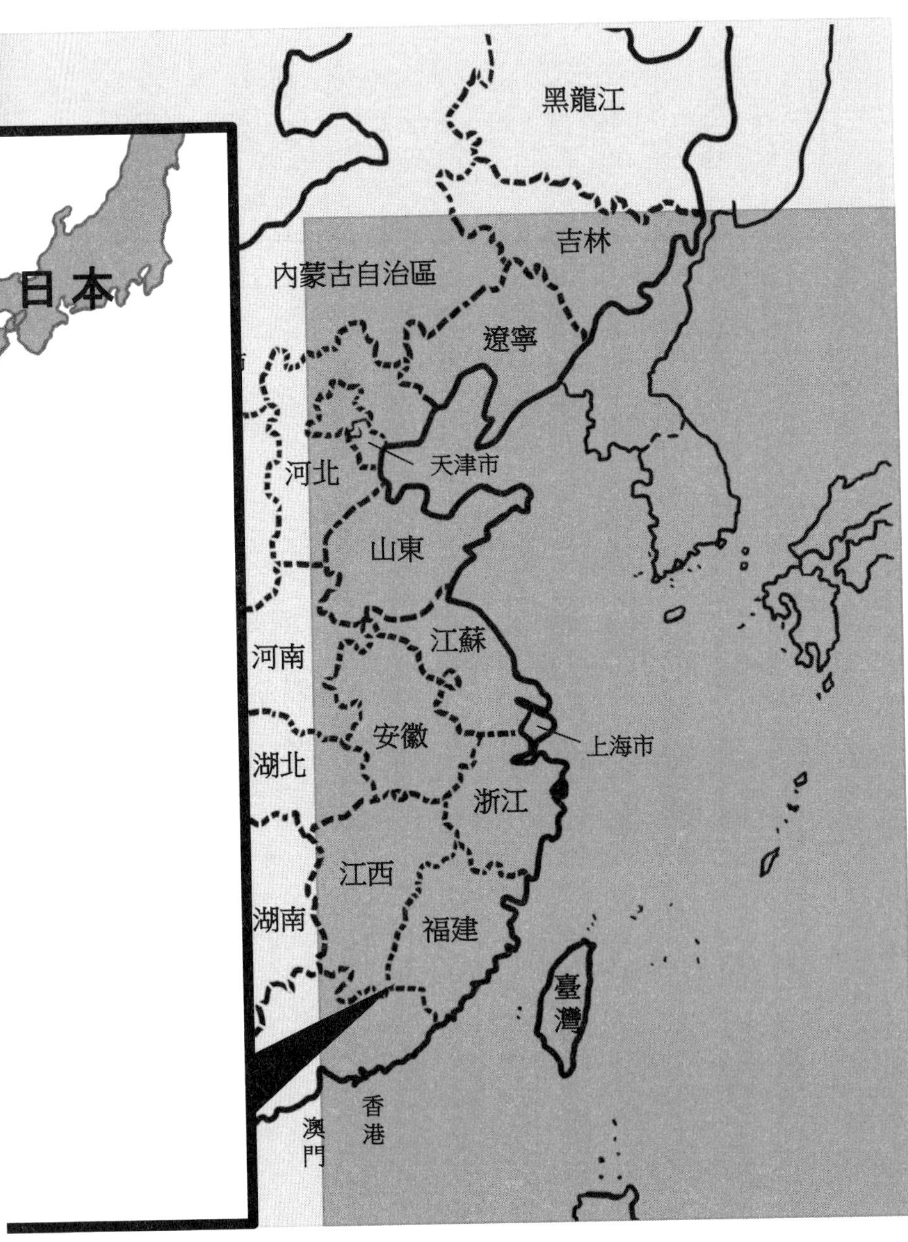
黑龍江
吉林
日本
內蒙古自治區
遼寧
天津市
河北
山東
江蘇
河南
安徽
上海市
湖北
浙江
江西
湖南
福建
臺灣
香港
澳門

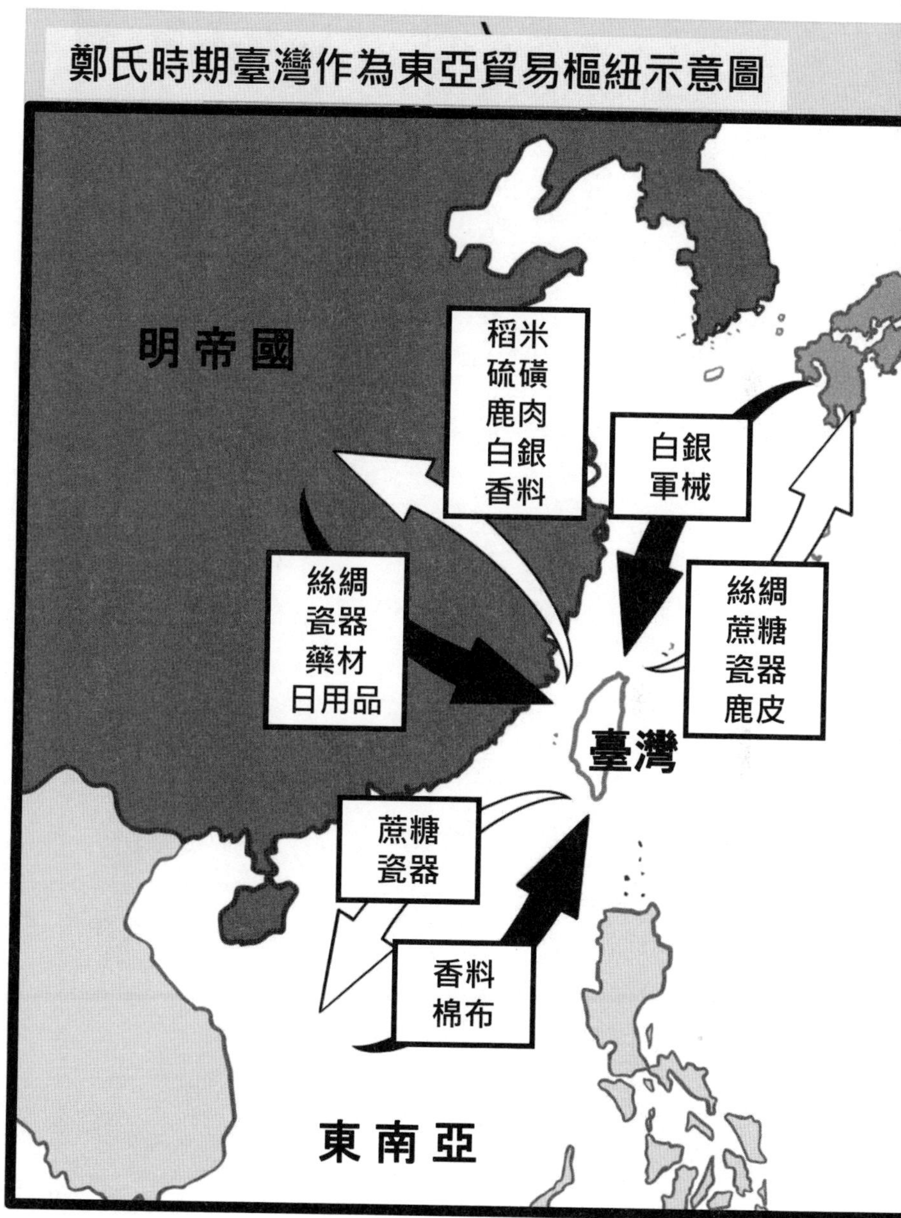
鄭氏時期臺灣作為東亞貿易樞紐示意圖
明帝國
稻米
硫磺
鹿肉
白銀
香料
白銀
軍械
絲綢
瓷器
藥材
日用品
絲綢
蔗糖
瓷器
鹿皮
臺灣
蔗糖
瓷器
香料
棉布
東南亞

09. 林則徐——鴉片戰爭的替罪羔羊

為官只問經世濟民，禁煙有手段、講方法但毫不通融，知道夷人船砲厲害而做足準備，廣州戰勝卻成為天津戰敗的替罪羔羊。皇帝賞識他、重用他、流放他，他一概承受，鞠躬盡瘁，死而後已。

胸懷經世濟民大志

林則徐從小就有才，九歲時，塾師帶學童登山，眺望大海，老師出一個上聯「海到無邊天作岸」要學生對，林則徐對的下聯是「山登絕頂我為峰」，除了對仗工整之外，已經可以看出他胸懷大志。

可是神童的考運卻稱不上順利，進士考第三次終於錄取，入了翰林算是正途，七年翰林院卻不曾廣結北京官場人脈，寫了一本《北直水利書》。後來在監察御史任內，因為彈劾滿族親貴琦善而遭忌，就以父親生病為由辭官回家——那個懷抱登峰之志的年輕人絲毫不懂得，要想「登峰」不能太耿直。

那一年是道光皇帝元年，新皇帝登基時已經三十九歲，在還是太子時就聽說林則徐很正直，於是即位後召他回京，破格復職。兩年後，外放江蘇按察使（行省的司法首長），從此林則徐一直做地方官，且因為皇帝賞識，仕途一路順風，九年後已經是江蘇巡撫（行省的最高行政長官），中間歷任鹽運使、布政使、河道總督等職務，被歸為經世派官吏。明清兩代有所謂「經世派」，主張讀書做官應該以民生建設為要務，一旦為官則致力於吏治、賑災、河道、鹽漕等事務。

總結林則徐一生，包括後來流放新疆在內，他遍歷全國十四省，作風例如：擔任東河河道總督時，發現「稭料為第一弊藪」，乃親自到各廳查驗①；擔任江蘇巡撫時，水災災區施粥放賑，官員到粥廠的查驗標準「箸插不倒」；湖廣總督整頓鹽稅，先以減價對付私鹽，無效，改採嚴厲緝私，於是鹽稅收入大增。——這些在今天稱做「廉能政治」。

其中尤以抽驗河堤工程稭料最見其精神。

①稭料：摻雜在土方中的豆麥莖桿。弊藪：貪污重點。廳：類似今天稱「工務段」。

【原典精華】

周歷履勘，總於每垛夾檔之中，逐一穿行，量其高寬丈尺，相其新舊虛實，有鬆即抽，有疑即拆，按垛以計束，按束以稱斤，無一垛不量，亦無一廳不拆。

——《林文忠公政書》

前面原典是林則徐上奏道光皇帝的一段。林則徐最初獲任命為河道總督時，他還上奏自謙「不懂河務，難以勝任」，但他其實心底明白，治河的最大問題不在技術，而在偷工減料。他對付偷工減料的方法則是「勤跑基層，親自抽驗」，如上述奏章所言，看到堤防有土方鬆動就抽驗，覺得懷疑就拆驗。他凡事都詳細報告，想當然，道光皇帝清楚林則徐是一位清廉、有能、察察為明的官吏。

由於遍歷各省，他對鴉片氾濫的情況瞭解很深，同時認為問題最嚴重在於官吏與鴉片商販勾結。他曾在奏章中指出：「吳中（江蘇）不治之症二，在官曰疲，在民曰奢。即如遊手好閒之民，本業不恆，日用無節，包攬伎船，開設煙館，要結胥役，把持地方。」

這是林則徐主張禁煙的起頭，然而他的作風不是「吹哨者」，他雖然有先見，卻並未帶頭提倡。然而一旦朝廷中禁鴉片的呼聲響起，他基於對實際情況的擔憂，很快成為禁煙派大將。

鐵腕焚鴉片

鴉片原本屬於中藥藥材，《本草綱目》中的名稱是阿芙蓉，唐朝時就已經從阿拉伯輸入中國。清朝對鴉片的政策一再變更：雍正時曾頒佈禁令，犯者枷杖充軍；乾隆時海關則例又列入藥材，當時以葡萄牙商為主；到乾隆末年，英國東印度公司將印度、孟加拉所產鴉片大量傾銷中國；嘉慶時又再下禁令，輸入者銷毀，吸食者最重處絞刑。但因為沿海官衙貪污納賄，聽其自由輸入，道光年間已經全面氾濫，於是有朝臣發出「禁鴉片以培國本」的呼聲。

道光皇帝要各地督撫表示意見，基本上地方大吏都認為應該禁止，林則徐當時官職是湖廣總督（治所在今湖北武昌），他在上奏中直言「此禍不除，十年之後，不惟無可籌之餉，且無可用之兵」，主張「用重典以禁絕」。道光皇帝感受到他的急切心情，召他到北京，入見對奏十九次（！），任命他為欽差大臣，前往廣東查辦並杜絕鴉片貿易。

林則徐到了廣州，兩廣總督鄧廷楨跟他完全配合，查封煙館、逮捕煙販、更處死了中國籍的煙販。林則徐知道水師提督關天培「忠勇可用」，先要關天培整兵嚴備。然後要求英國領事義律（Charles Elliot）三天內繳出所有鴉片躉貨，義律起初置之不理，林則徐下令停止所有英商貿易，義律不得已，交出囤積在船上的一千三十七箱鴉片。林則徐知道那不是全數，於是要各國商人退出商館，然後派兵包圍商館，斷英國商人的糧食，於是英商交出全部鴉片，計二萬二百八十三箱，每箱二十斤（當時市價約六百餘萬元）。林則徐派人飛馳奏報，奏請解送京師，皇帝詔令「即在海口銷毀」。

於是那一場世紀焚燒大戲「虎門銷煙」正式上演：在海邊開挖大池，將球狀生鴉片剖成四瓣，丟入池中浸泡海水半日，再投入石灰，石灰遇水沸騰，攪拌待鴉片溶解後，放流大海，放完，清池再溶。這樣做了二十三天（另一說四十多天），才完成銷煙壯舉。英國人快快而去，各國商船也一同開赴澳門。

林則徐與各國商人約定，往後商船要入廣州港口，不得夾帶鴉片，違者「船貨沒官，人即正法」！

外商都不敢不答應，只有義律仍然頑抗，他請林則徐派員到澳門會商，林則徐不同意，下令將英國人逐出澳門，並切斷其糧食供應。義律再拜託葡萄牙人居間轉圜，請林則徐刪去「人即正法」一句，林則徐仍然嚴詞拒絕。

林則徐同時指示關天培加強沿海砲臺防務，以虎門為第一門戶，往珠江口內再設第

二、第三道防線。虎門設置十數根旗杆，有外船入港就升起該國國旗，裡頭防線可以知道來者是誰而預作防範。英國船當時連澳門都不許停泊，只能在尖沙咀外海拋錨。英商利誘奸民以漁船接濟銷煙，林則徐密令關天培雇用蜑戶（東南沿海以船為家的水上居民），利用夜間順風縱火，將「附夷匪船」焚燬，切斷其銷路。義律從印度調來六艘軍艦（七八個月後抵達），阻止其他國家商船進港貿易，並開砲襲擊海口，都被關天培率水師擊退。

林則徐曉得英國一定不會善罷甘休，於是上奏，請飭令福建、浙江、江蘇各督撫嚴防各海口（主要河流出海口），同時完全停止跟英國貿易。當時北京朝廷受虎門銷煙成功的鼓舞，甚至有「停止所有外國貿易」的意見，林則徐急忙上奏，千萬不要迫使外國聯合對付中國，道光皇帝批准。

擊退英國戰艦首次反撲後，朝廷發佈林則徐為兩廣總督。他買了很多洋砲，要關天培加強海口沿岸戒備。

林則徐瞭解，事實上外國的船、砲都比中國厲害。這一次是他先有備戰布置，然後施展鐵腕讓義律來不及反應，更嚴厲的反擊必定隨之而來。

中英鴉片戰爭

果然，英國艦隊在虎門銷煙之後一年半從印度出發捲土重來，拉開了「鴉片戰爭」的序幕。

這一批英軍有軍艦十五艘、汽船四艘，運送船二十五艘，總兵力四千人。林則徐「發火舟」（不清楚詳細戰術，總之是以船隻順風縱火，原理跟赤壁之戰相同）與之對抗，相持二個多月。英軍見廣東無隙可乘，改變戰略，北上分襲各省：五艘攻廈門，閩浙總督鄧廷楨原任兩廣總督，與林則徐理念一致，配合銷煙、一同對付義律，到任後儘速完成廈門防務，命金廈兵備道劉曜春發兵擊退英軍；這五艘英艦於是轉而與進攻浙江的二十六艘會合，攻陷了定海（杭州灣舟山群島的主島），並進掠寧波。

【原典精華】

則徐上疏自請治罪，密陳兵事不可中止，略曰：「英夷所憾在粵而滋擾於浙，雖變動出於意外，其窮蹙實在意中。……一切不得行，仍必帖耳俯伏。第恐議者以為內地船砲非外夷之敵，與其曠日持久，不如設法羈縻。抑知夷情無厭，得步進步，威不能克，患無已時。他國紛紛效尤，不可不慮。」

——《清史紀事始末．鴉片之戰爭與和約》

定海淪陷，寧波受圍，林則徐一方面自我請罪，同時密陳：「英國人在廣東受挫而騷擾閩浙，更顯示他企圖別施秘計以遂貪心，只要不讓他得逞，就會貼耳順服。但就怕有人認為中國船砲不是外夷之敵，主張給他利益換取不生事。然而夷人索求無饜，得寸進尺，如果不能以威令其順服，不但沒有停止的一天，更會讓其他國家群起效尤。這是必須顧慮的要點。」

林則徐憑什麼吃定當時夷商「不讓他得逞，就會貼耳順服」？

事實上來中國的都是商人，包括英國和荷蘭都是「東印度公司」，他們雖然可以請政府派軍隊「幫忙推動商務」，卻必須付錢給政府，而動員軍隊是很貴的，能不動軍隊最好。雖然林則徐看見外國商人的要害，但他並不明白箇中背景，清廷更始終拿商人當敵國對待。而外國人很快就知道，清廷習慣「國與國關係」，之後再來的，就都是國家軍隊了。

林則徐不幸言中的是，道光皇帝起初聽進了他的諫言，訓令直隸總督琦善：「（天津）不准通商，以杜其覬覦之私。倘有桀驁情形，即統率弁兵，相機剿辦。」可是琦善回奏，

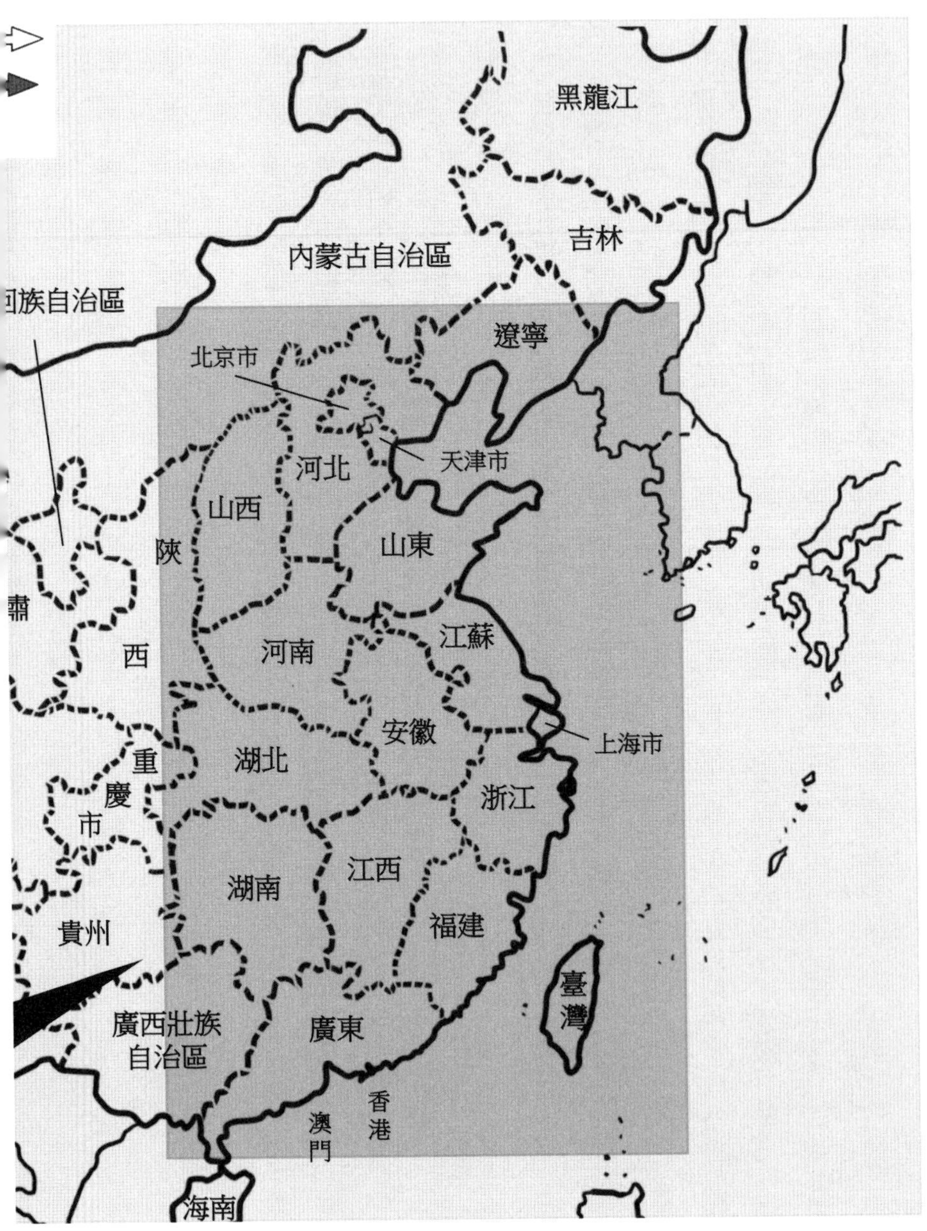
黑龍江
吉林
內蒙古自治區
回族自治區
遼寧
北京市
天津市
河北
山西
陝
山東
河南
江蘇
西
安徽
上海市
湖北
重
慶
市
浙江
江西
湖南
福建
貴州
臺灣
廣西壯族
自治區
廣東
香港
澳門
海南

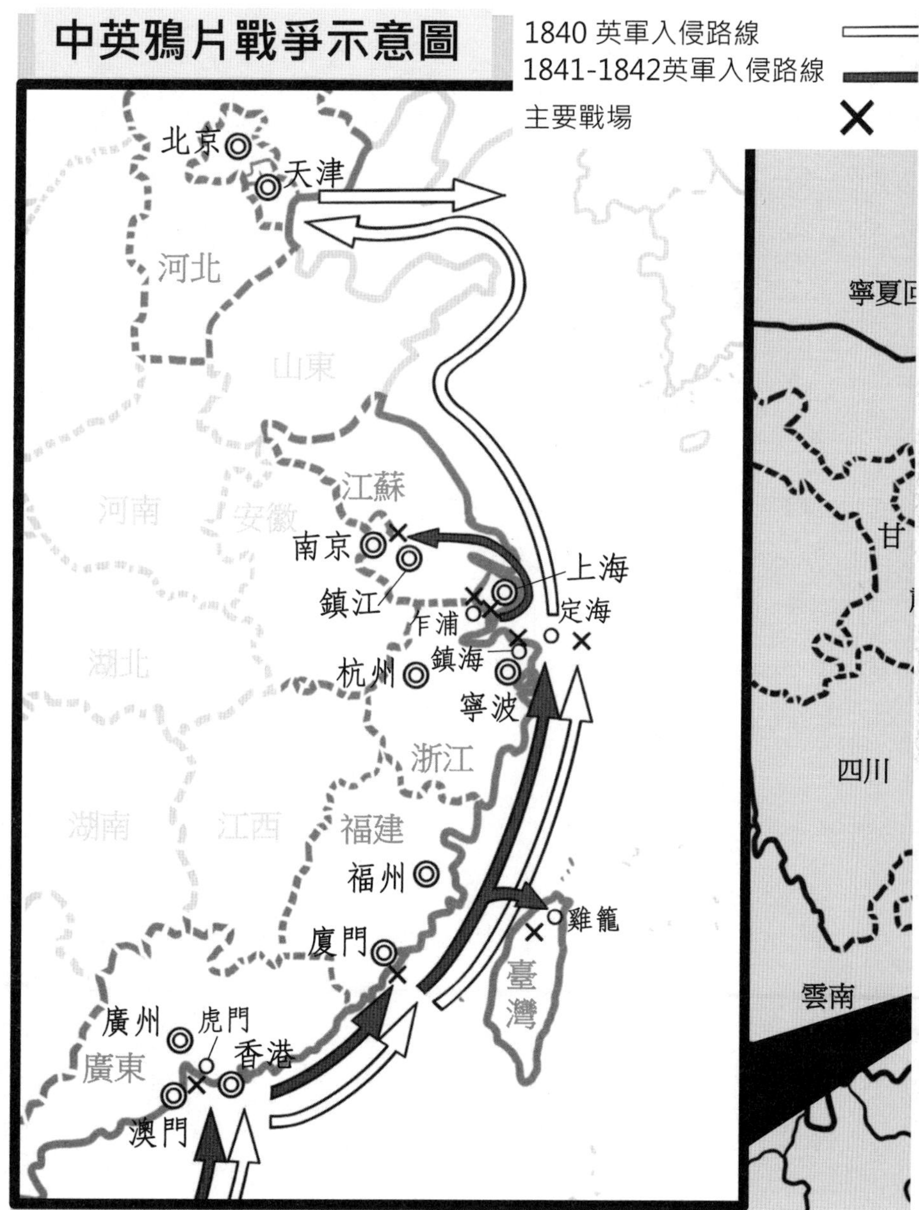
中英鴉片戰爭示意圖
1840 英軍入侵路線
1841-1842英軍入侵路線
主要戰場
北京
天津
河北
山東
江蘇
河南
安徽
南京
鎮江
上海
乍浦
定海
鎮海
杭州
寧波
湖北
浙江
湖南
江西
福建
福州
雞籠
廈門
臺灣
廣州
虎門
香港
廣東
澳門
寧夏回
甘
四川
雲南

天津「炮位陳舊、兵力不足」，只好轉圜「督飭所屬嚴密防範，臨時仍相機辦理，如該夷船駛至海口，果無桀驁情形，不必遽行開槍開炮。」道光皇帝居然也同意了。

琦善一面奉諭跟夷人談判，一面奏報英艦厲害：艙中分設三層，逐層有炮百餘位，舟中所載皆係鳥槍，船之首尾，均各設有紅衣大炮一尊，與鳥槍均自來火。其後梢兩旁，內外俱有風輪，設火池，上有風斗，火乘風氣，煙氣上熏，輪盤即激水自轉，無風無潮，順水逆水，皆能飛渡。道光皇帝聽了不禁退縮，認為：「英夷如海中鯨鱷，來去無定，在我則七省戒嚴，……試問內地之兵民，國家之財賦，有此消耗之理乎？」結果，為了讓英軍「返棹南還，聽候辦理」，甚至歸還舟山給清朝，將林則徐革職查辦，派琦善為兩廣總督到廣州談判，還以為那樣處置是「片言片紙，連勝十萬之師」。

琦善到了廣州，將林則徐一切作為通通推翻，然後跟義律簽了一個「穿鼻草約」，其內容讓道光皇帝怒不可遏，下令將琦善革職，命奕山為靖逆將軍，馳赴廣東備戰。英軍進攻虎門礮臺，關天培戰死，奕山守廣州城先勝後敗，跟英軍統帥商議，先賠軍費六百萬元（限五日內交付），可是人民對此大為憤怒，一萬多民眾圍困義律住所，廣州知府趕往幫義律解圍，清方交付軍費，英軍撤出廣州。然而，奕山等所擬和約條款未受北京朝廷接受，英國艦隊再次北上，攻陷廈門、定海、寧波、上海，最後雙方在江寧（今南京）簽訂和約，是為不平等條約之首，也是中國百年屈辱的開始。如果採納林則徐的方法，如果直隸總督不是琦善，歷史會不會改寫？

歷史不能重來，以上問題不會有答案，而林則徐成為鴉片戰爭失敗的替罪羔羊，遭到流戍伊犁的處分。

流戍伊犁

林則徐跟夫人鄭淑卿非常恩愛，一生沒有納妾，夫妻倆唯一一次沒有相守，就是去伊犁。原因則是大兒子林汝舟當時任官翰林學士，清朝有所謂「詞臣②不出關」的規定，鄭夫人因為兒子而得以不隨同丈夫流戍。林則徐在西安跟妻子道別時，寫下他流傳後世的詩〈赴戍登程，口占示家人〉：

力微任重久神疲，再竭衰庸定不支。

苟利國家生死以，豈因禍福避趨之？

②詞臣指的是幫皇帝起草詔書的翰林學士、侍講等官員。

謫居正是君恩厚，養拙剛於戍卒宜。
戲與山妻談故事，試吟斷送老頭皮。

清朝官場有一句名言「雷霆雨露，俱是君恩」，皇帝喜怒恩威莫測、士人身段柔軟（或說沒骨氣）盡在這八個字裡頭。林則徐也不例外，從欽差大臣到流放罪臣，他都甘之如飴，掛念的只有國家未來：在此之前，他將尚未完成的《四洲志》稿子交給魏源，將已經完成校對的《砲書》付印，更在給朋友的書信中指出：「（夷人槍砲勝過我們太多）真令岳、韓束手，奈何，奈何！」他自比南宋抗金名降岳飛、韓世忠的心情躍然紙上。經過長城最西端嘉峪關時，寫了四首詩，第四首最末兩句：

除是盧龍山海險，東南誰比此關雄。

盧龍，是長城東端山海關所在地的古名。詩句的意思是，萬里長城除了山海關以外，就屬嘉峪關最險要了，可是東南方卻沒有山海關、嘉峪關可守——人在西北，出了嘉峪關就是戈壁沙漠，此去能否生還猶未可知，心裡念著的卻還是東南防務！（對比一下班超

「臣不敢望到酒泉郡，但願生入玉門關」的心情。）

到了伊犁，伊犁將軍布彥泰對林則徐非常敬佩，上奏朝廷，派林則徐綜管興治屯田。林則徐此時已經五十九歲，可是他的作風還跟十三年前擔任河道總督一樣——勤走基層。他不辭辛勞「週歷南八城」，也就是親自跑遍了南疆，興水利、開溝渠，軍隊開墾田地三萬七千餘頃，然後他上奏，將這些土地授給回民耕種，屯田軍隊則改為操練戍防——擴大邊民生計，民間生產供應邊防軍糧餉，讓開發與軍備更緊密結合。這個作法事實上改變了中國歷代邊防軍「屯田」的概念，以前是軍隊屯田以實軍糧，減輕內地輸運的負擔（自班超以來，經營西域都是這個概念），林則徐的作法是將新疆居民與駐防軍隊結合得更緊密。

重點在於，林則徐以他過去在中原與東南興修水利的經驗，讓草原成為耕地，新疆人民感念他的貢獻，到今天還有「林公井」（坎兒井，不是他發明，但是他帶領修建）、「林公渠」、「林公林」（因新水源而形成的樹林）、「林公車」（加工棉花的紡車）等名稱。

林則徐在新疆的作為，正是經世派官吏的最高表現。他怎麼會有如此「突破性」的想法？完全來自對人民生活的體恤。他的奏稿裡有這樣的具體描述：「南路八城回子（回族、維吾爾族）生計多屬艱難，沿途未見炊煙，……其衣服襤褸者多，無論寒暑，率皆赤足奔走。」

林則徐的作法，才是讓新疆軍民一體的可長可久之法。雖然他當時不可能預見後來的回變，甚至東巴獨立運動，但是他已經看到「俄羅斯終將成為中國之患」，而新疆在中俄對抗最前線，必須漢回一體、軍民一體才能對抗外患。

提防俄羅斯

新疆拓墾成功，林則徐足跡行遍南疆八城三萬餘里，勘地近七十萬畝，道光皇帝赦免了他的流戍，命他回京候補。林則徐由哈密經敦煌入嘉峪關，走到蘭州，當地發生藏人反抗事件，派往查辦的新任陝甘總督惠吉又歿於任上，朝廷急調布彥泰為陝甘總督，在未到任之前由林則徐署理，布彥泰到達蘭州時，林則徐已經敉平亂事，這時陝西巡撫鄧廷楨③又逝世，林則徐被任命為陝西巡撫。

擔任陝西巡撫一年，雲南發生漢回衝突械鬥，總督賀長齡無能處理，亂事擴大，朝廷任命林則徐擔任雲貴總督。他一到任就提出「只分良莠，不問漢回」原則，鎮壓漢族豪強，處死屠殺主凶（回人），雲南情況很快平靜。他在任內重用兩位人才：張亮基與胡林翼，兩人後來都成為滿清「中興名臣」——平定髮匪（太平天國）有功。其中胡林翼是林則徐良師益友陶澍的女婿，他向林則徐推薦左宗棠「有異才，品學為湘中士類第一」，於是，林則徐要胡林翼寫信請左宗棠到雲貴總督幕府任職。然而，左宗棠當時家裡有事不能前往，只能回信「西望滇池，孤懷悵結」。

林則徐任雲貴總督二年，夫人鄭淑卿謝世，他因此大病一場，病未痊癒，決定請辭退休，扶柩回鄉。他從貴州入湖南，順湘江到長沙，夜泊江邊，柬邀左宗棠上船一會，左宗棠趕往會面，他事後回憶：「是晚亂流而西，維舟嶽麓山下。……抗談今昔……曙鼓欲嚴，始各別去。」兩個忘年之交談了一整晚，重點之一就是新疆形勢。

林則徐對左宗棠說：「終為中國患者，其俄羅斯乎！」「吾老矣，空有御俄之志，終無成就之日，數年來留心人才，欲將此重任託付……東南洋夷，能御之者或有人；西定新疆，舍君莫屬！」並將在新疆所積地圖、文史等方面的資料盡付左宗棠。後人多認為，這是後來左宗棠不惜跟李鴻章政策相反，極力主張西征新疆奪回伊犁的最主要原因。

回到福州的林則徐生活平淡，每月幾次集合族中晚輩在家中授課，可是閒不了太久，廣西發生洪秀全「拜上帝會」起事，甫即位的咸豐皇帝下詔求賢，有人推薦林則徐，咸豐

---

③鄧廷楨就是前文提及配合林則徐銷煙、抗英那位兩廣總督、閩浙總督，他跟林則徐同時遭流戍伊犁，但較早赦回起用。

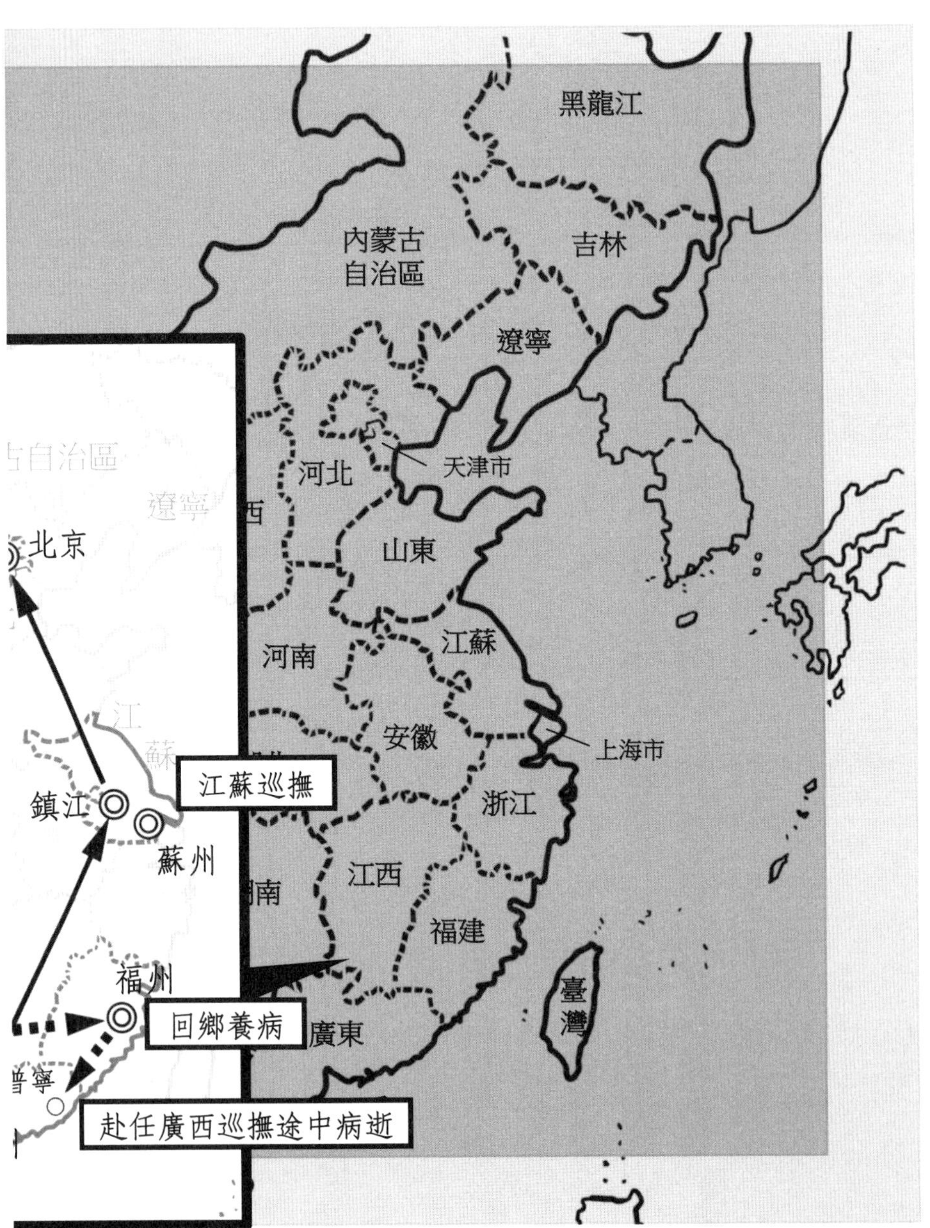
黑龍江
內蒙古
自治區
吉林
遼寧
河北
天津市
山東
江蘇
河南
安徽
上海市
浙江
江西
福建
臺灣
廣東
北京
江蘇巡撫
鎮江
蘇州
福州
回鄉養病
普寧
赴任廣西巡撫途中病逝

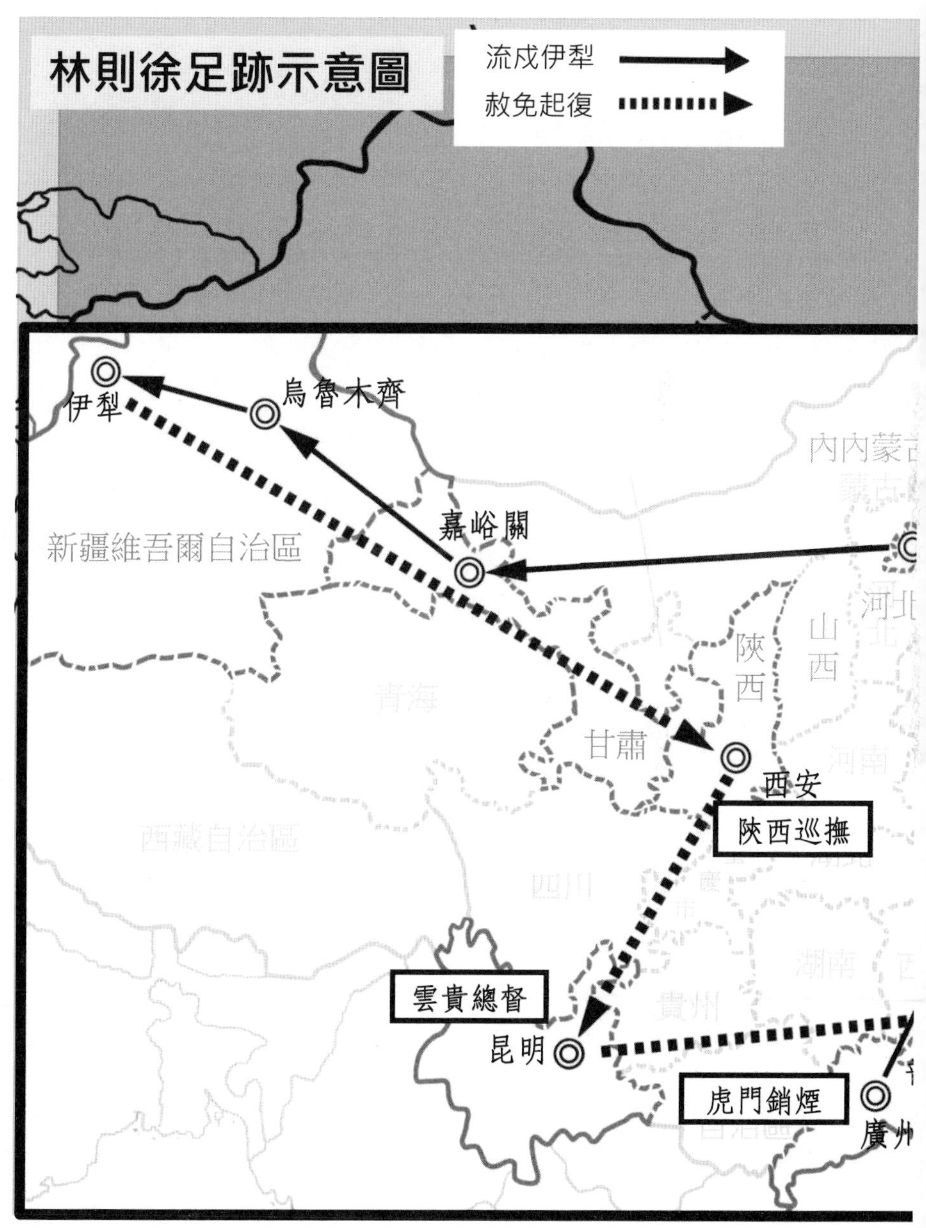
林則徐足跡示意圖
流戍伊犁
赦免起復
伊犁
烏魯木齊
嘉峪關
新疆維吾爾自治區
青海
甘肅
陝西
山西
西藏自治區
西安
陝西巡撫
雲貴總督
昆明
虎門銷煙
廣州

帝也久聞林則徐之名，但大學士穆彰阿極力反對，皇帝為此將穆彰阿革職，任命林則徐為欽差大臣，署廣西巡撫，並督師進剿。可是林則徐的病事實上尚未完全康復，疝氣不時發作，但是他一輩子不曾推辭任務，只能躺在特製的臥轎，由福建進入廣東，到達潮州普寧（今廣東普寧市）終於不治。

公孫策點評

歷史課本中讀到的林則徐是「民族英雄」，但是卻有一位中國近代史學者，也是著名外交家蔣廷黻對他頗不諒解——認為林則徐為了成就自己的士人聲譽，明知西洋船堅砲利勝過中國，仍然硬頸銷煙，不惜開戰，是引致百年屈辱的直接原因。同時因為他能見人所未見，卻不能據理力抗，使得中國虛度五十年（從鴉片戰爭到甲午戰爭）。

筆者必須說，蔣廷黻的評論對林則徐實在太沉重了——以當時的政治氣候，林則徐並不是唯一的強硬派，前文中提到的陶澍、鄧廷楨、賀長齡其實都是主張銷煙派；鴉片戰事起，東南其實沒有敗，敗在天津距離北京太近，而朝廷中的滿族親貴大臣主張息事寧人，才讓西方列強視中國為軟腳蝦，方致後來侵凌日甚；也就是說，他是有備、有成算而戰，不是為沽名釣譽而好戰。

林則徐能夠見時人所未見，將《砲書》付印、《四洲志》交給魏源而成就《海國圖志》、新疆所積輿圖資料交付左宗棠，已經很難能可貴，他一個人怎可能完成那麼多百年大計？後來的自強運動（洋務運動），胡林翼、左宗棠都是主角，陶澍、林則徐都該記上一筆功勞。

然而，以林則徐一貫的忠君愛民、無怨無尤性格，加他一頂「民族罪人」的帽子，他或許也不會辯駁吧？

陶澍與琦善

林則徐的仕途有兩個人影響很大，一位是良師益友陶澍，一位是命中剋星琦善。

陶澍是清代中葉經世派官吏的代表人物，他歷任多省地方官，後期主要在江蘇、安徽。經世派的特點是專注於吏治、河工、漕運、鹽政與賑災等跟人民生活、經濟建設等工作，而林則徐也是這一型，因此陶徐二人相知相惜。

陶澍在擔任兩江總督的時候，為了疏濬三江（今天的黃浦江、吳淞江水系），奏請將林則徐由河道總督調任江蘇巡撫，兩人合作無間，原本水患頻仍的江南地區，在督撫同心協力之下，成為魚米之鄉。④

陶澍在兩江總督任上曾經緻獲大量鴉片，其實他才是朝廷大臣禁煙派最初的領袖。陶澍在第一次鴉片戰爭前兩年病重請辭，上奏推薦林則徐繼任，在奏章中說：「則徐才長心細，識才十倍於臣」。林則徐當時已經調任湖廣總督，同時繼承陶澍成為禁煙派首領。

陶澍最值得稱道的是，他推薦了很多人才，除了林則徐之外，後來的湘軍三大帥中，胡林翼是他女婿，左宗棠則是他的親家，清代洋化運動的先驅龔自珍、魏源都受他賞識、拉拔。

琦善是滿洲正黃旗貴族，世襲一等侯爵，他雖然是啣著金湯匙出身，卻屬於滿洲貴族中比較能幹的一位，而且也屬於禁煙派，直隸總督任上曾經在天津起獲煙土十五萬餘兩，這是他後來接替林則徐擔任兩廣總督的重要原因。

琦善到了廣州，跟林則徐一樣，他看到洋人「船堅砲利」，可是他跟林則徐面對問題的處理態度不同——林則徐是購買洋槍洋砲不畏戰，且以強硬態度對待義律；琦善則是委曲求全，避免一戰。

琦善的歷史評價因鴉片戰爭而大大負面，但是也有人（如蔣廷黻）認為他「審度形勢，權衡厲害，遠超時人」。事實上，琦善跟義律擬訂的「穿鼻草約」，確實是損失最小的規模，例如，其中所稱「香港」並非指香港全島，而是只有今天香港島西南（香港仔）一帶。

琦善後來獲赦，又擔任四川、陝甘總督等地方大吏，太平天國時在揚州建立江北大營，統領馬步一萬八千兵力，歿於軍中。

公平的說，琦善不是大家印象中那樣懦弱無能，但由於他的滿洲貴冑身分，是林則徐成為鴉片戰敗的代罪羔羊的主因，外加林則徐一生中唯一一次憤而辭官就是因為琦善，所以說他是林則徐的命中剋星。

---

④ 總督官階高於巡撫，但不相隸屬，清代常見督撫不和，那也是皇帝讓地方大吏相互制衡的手法。

海國圖志

林則徐在總督任上，命幕僚翻譯編輯西洋人的地理書，集成《四洲志》，但只有稿，未及成書。他在遣戍伊犁途經鎮江時，將書稿交給魏源。林則徐在當翰林編修時，參加了宣南詩社，結交龔自珍、魏源等後來成為「中國望向世界」的前衛人物。

魏源以林則徐給他的書稿為基礎，搜集更多世界地理資料，一年後成書，名之為《海國圖志》，後來經過幾次增補，成為後世流傳的百卷本。

事實上，本書在中國並無所謂流傳，反而受到日本人的重視。經過不斷轉譯翻刻，成為日本朝野上下革新內政的「有用之書」。半個世紀後，梁啟超說：「日本明治維新的前輩們，『皆為此書所刺激，間接以演尊攘維新之活劇』。」

其實在明治維新之前，一八六二年日本幕府派員到中國考察，其成員之一高杉晉作在上海的書店詢問是否有《海國圖志》，以及林則徐等開明人士的著作，書店一概都沒有。高杉晉作在日記裡寫下：「清國知識分子陶醉空言，不尚實學。」

那是魏源完成「百卷本」之後十年的事情（魏源已經病逝五年）。日本受到西方船堅砲利的衝擊晚於中國：一八五三年黑船事件、一八五八年〈安政條約〉（五國通商條約），當時的德川幕府已經有西化革新的想法。一八六八年明治維新正式開始，《海國圖志》被認為對明治維新的各項改革，起了很大的催化作用。

鴉片戰爭後五十多年，《海國圖志》百卷本完成後四十多年，爆發甲午海戰，日本大勝。如果《海國圖志》能受到中國知識分子和滿清朝廷的重視，歷史的發展可能大不一樣。

10. 左宗棠——卓然不群且能後發先至

考運不佳因此出道很晚，出道晚卻仍不肯同和他意，這種人很容易流於孤芳自賞，且為同儕排擠。可是左宗棠卻能不忮不求，憑著一次又一次的戰功而位極人臣。

他用兵最厲害就是會算，兵力、糧餉、時程，乃至戰後談判目標，都能因為事前算無遺策而超前部署——這是他總能後發先至的獨到本事。

夢卜敻求，孤高招忌

左宗棠自幼有才氣，六歲讀四書五經，九歲能做八股文，可是考運差到不行。二十歲那年鄉試落榜，道光皇帝不知為何福至心靈，要求主考官評閱「遺卷」，左宗棠這才補上了舉人。可是後來三次考進士都落第，從此不再參加科考，潛心研究輿地、兵法，時人對他沉湎於這種「閒書」而竊笑，他卻不以為意，自己寫了一副對聯：「身無半畝，心憂天下；讀破萬卷，神交古人」掛在居室。所謂「神交古人」則是他常常自比諸葛亮，常以「今亮」、「小亮」、「老亮」等自稱，因此兩湖士人目他為狂人。可是一些有識之士卻對他另眼看待，例如胡林翼就說：「橫覽九州，更無才出其右者。」

清朝的舉人一般只能當縣吏，最高不過縣令，左宗棠不考進士，也不願意委屈做小官，他在醴陵淥江書院擔任主講，兩江總督陶澍回湖南省親，他書寫一副對聯「春殿語從容，廿載家山印心石在；大江流日夜，八州子弟翹首公歸」送去，陶澍看到，視他為奇才，後來兩人更結為親家。由於這一段因緣，林則徐經過湘江時，特別邀左宗棠上船一會。那一年，左宗棠已經三十九歲，雖然負有盛名，卻沒有機會出仕，他對親近朋友說：「除非皇帝作夢，大概沒機會做官了。」

【原典精華】

年且四十，顧謂所親曰：「非夢卜夐求，殆無幸矣！」

——《清史稿．左宗棠傳》

「夢卜」說的是上古時殷高宗夢見傅說、周文王占卜得到呂尚（後來的姜太公）的典故，指的是君王從平凡大眾中尋訪到治國良相。傅說是版築工人，呂尚以釣魚餬口，傅說後來輔佐殷高宗成就「武丁中興」，姜太公輔佐周武王建立周朝。左宗棠說這話是感慨自己「來不及了」，但又期待會出現英明聖君，能夠不次拔擢。

不能當正印官的另一條路是「入幕」，他先後擔任湖南巡撫張亮基和駱秉章的幕僚。駱秉章倚他如左右手，遇到重要事情總是先問左右：「季高先生（左宗棠字季高）怎麼說？」巡撫如此倚重，加上左宗棠的孤高性格，想當然會得罪人，差點為左宗棠引來殺身之禍。

髮匪亂起，駱秉章參奏永州鎮總兵樊燮，樊燮的後臺靠山是湖廣總督官文，左宗棠看不起樊燮，曾經當面要他「滾出去」，也看不起官文，曾在給朋友的書信中說：「此公（指官文）亦無殺人手段，弟早知之。」就這一輕忽之心，左宗棠毫無防備——樊燮上京告駱秉章「劣幕把持」，朝廷發交官文查明究辦——這個罪名依律問斬，官文隨即上奏「請准就地正法」，逮捕到案即刻砍頭！

大禍臨頭，幾位湘軍要角緊急商量後，在皇帝御批尚未發文前，由胡林翼安排，一路將左宗棠由湖南順長江東下，送進當時駐紮在安徽的曾國藩大營，將他「保護」起來。然後動員在北京的湖南同鄉多方營救。

兩位在南書房當值的翰林潘祖蔭和郭松燾特別賣力，潘祖蔭連上三疏為左宗棠開脫，咸豐皇帝問郭松燾：「你認識舉人左宗棠嗎？」郭松燾逮著機會推薦左宗棠，咸豐皇帝說：「左宗棠何必以進士為憾？文章報國與建功立業所得孰多？他年紀也不輕了，過此則精力已衰。你寫信給他，把握機會出來幫我辦賊（剿匪）。」賞了左宗棠一個「四品京堂候補」——四品是知府等級，京堂是中樞機關的主官，候補則是眼下沒有實缺，遇缺即補。

在那個兵馬倥傯的時節，可以說隨時都會有空缺出現，左宗棠真的是因禍得福。胡林翼聽到消息，高興的說：「夢卜敻求終於出現了！」

【原典精華】

文宗召問（郭松燾）：「若識舉人左宗棠乎？何久不出也？年幾何矣？過此精力已衰，汝可為書諭吾意，當及時出為吾辦賊。」

林翼聞而喜曰：「夢卜敻求時至矣！」

——《清史稿．左宗棠傳》

平定浙贛閩

左宗棠奉旨辦賊，理所當然是納入曾國藩的湘軍，但實際上，「是也不是」。怎麼說呢？

太平天國從廣西一路席捲廣東、福建、浙江、江蘇後定都金陵，這是東南沿海一路；另一路從湖南、湖北進入河南、山東、山西，北京大感威脅。太平軍勢如破竹的原因，是滿清綠營兵腐敗望風披靡，清廷已經無將無兵可用，只好讓各省自辦團練保鄉衛家，說起來那是死馬當活馬醫，其中只有曾國藩（當時丁憂在家）練湘軍撐住了頹勢。在此之前，已經有好幾位總督、巡撫因兵敗而自殺，有吞金者、有投水者，而湘軍初試啼聲第一戰，在湘潭獲勝（曾國藩一度因兵敗而投水獲救，湘軍將領塔齊布援軍適時趕到，反敗為勝），就此成為官軍剿匪主力，形勢逐漸轉為太平軍聞湘軍而喪膽。

左宗棠加入湘軍的時候，湘軍遭到一個重大打擊，戰功彪炳的勇將羅澤南陣亡。羅澤南其實是最早在湖南組織團練的一位，他和學生王鑫（亦有記載稱他王珍）建立湘軍，曾國藩奉旨主持湖南團練，羅澤南和王鑫接受曾國藩節制，可是王鑫的練兵理念跟曾國藩不相合，王鑫自統一軍號稱「老湘營」，形同決裂。羅澤南陣亡後，王鑫在岳州（今湖南岳陽市）大敗，老湘營損失慘重，曾國藩「褫其官而不奪其職」，然後派左宗棠回籍募勇，並且接管老湘營。

事實上，左宗棠的個性同樣令曾國藩頭疼，藉此機會把孤高獨行的左宗棠派去掌管這個燙手山芋。沒想到，左宗棠跟王鑫非常合得來，左宗棠新募得五千人，就用王鑫的練兵方法，並自打旗號「楚軍」，而王鑫就此追隨左宗棠。

此時，金陵城內發生劇變，太平天國諸王相殺，石達開出走，撐持大局的剩下忠王李秀成和英王陳玉成，湘軍於是逐漸展開對太平軍的包圍，安慶（今安徽安慶市）、蘇州光復後，金陵已經在包圍中。當時主攻金陵的是曾國荃，他是曾國藩的弟弟，個性剛烈，李鴻章、左宗棠都刻意避開，不跟曾國荃搶功勞。

曾國藩自始就安排左宗棠獨當一面，左宗棠也提出跟朝廷詔示相異的對江西、安徽、浙江的大戰略。長話短說，左宗棠的楚軍成功的肅清江西、牽制皖南，然後攻下杭州，不給李秀成突圍的缺口（李秀成曾建議洪秀全棄金陵，「親征」江西），也堵截、追擊由浙江竄逃福建的太平軍。在攻下杭州之後，左宗棠「封一等恪靖伯，加太子太保，賜黃馬掛」，職務則派閩浙總督，節制浙、閩、贛三省諸軍，與曾國藩、胡林翼並列湘軍「三大帥」。

太平天國完全平定後，左宗棠繼續擔任閩浙總督，他受林則徐、魏源等人的影響很

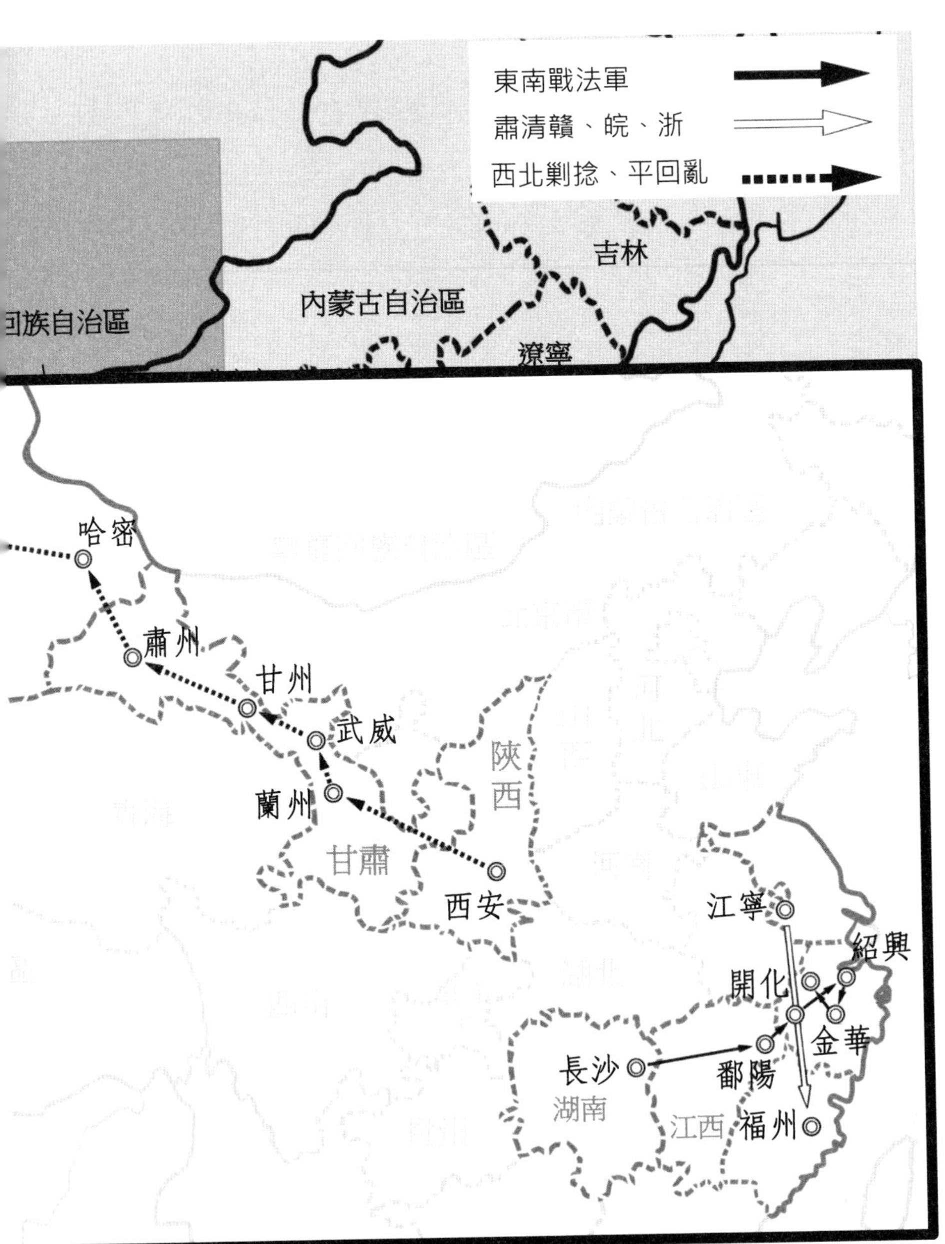
東南戰法軍
肅清贛、皖、浙
西北剿捻、平回亂
吉林
內蒙古自治區
回族自治區
遼寧
哈密
肅州
甘州
武威
蘭州
陝西
甘肅
西安
江寧
紹興
開化
金華
鄱陽
長沙
湖南
江西
福州

左宗棠足跡示意圖
寧夏
新疆維吾爾自治區
迪化
新疆維吾爾
自治區
西藏自治區
西藏自治

深，成為當時洋務派主角，於是奏准在福州建立馬尾造船廠及船政學堂。然而，左宗棠沒有看到造船廠建立，因為西北有事，要調他這個戰將去陝西、甘肅剿匪。

剿捻匪，平回亂

陝、甘的狀況說來複雜，因為有捻匪（漢人）、有回亂，捻匪是流寇，回亂則是本地漢回衝突，兩者時而聯合時而分別作亂，官軍沒有一貫的戰略思考，於是疲於奔命。時任陝西巡撫劉蓉、陝甘總督楊岳斌都是湘軍著名將領，卻已經心力交疲，「請歸益急」，朝廷以左宗棠為欽差大臣督辦陝甘軍事。

左宗棠受命後，先命部將劉典回湖南募兵三千人，同時請調老湘營劉松山率九千人為作戰主力，總計提兵二萬人西上，而捻軍號稱百萬。到達武昌跟劉典、劉松山會齊時，左宗棠已經成竹在胸，他提出「先捻後回，先陝後甘」原則，並在上奏中提出：「之前剿捻戰事不利，係因為捻匪以騎兵馳騁平原，官軍以步兵對付，當然無功。我準備採購口北（長城以北）良馬，訓練騎兵，同時運用雙輪砲車對付捻匪。一方面讓軍隊屯田（不徵用民間糧食，人民就不會幫助盜匪），以為長遠之計，一方面按關內、陝西、甘肅順序清剿各路之賊。」

果然，捻軍突然遇到砲車，不敢戰而狂奔，劉松山的老湘營屢戰屢勝，捻軍被「攆」，先沿渭河西竄，又北向攻陷延安、綏德（都在陝北），官軍追趕不及。劉松山只能跟在後面「克復」陷城，捻軍則渡過黃河進入山西。

情況不妙了，山西貼近直隸，向南進入河南，可以繞過太行山威脅北京，若與山東的捻軍會合，北京危險。捻匪最初是在山東、河南，清廷命曾國藩為欽差大臣剿捻，但是官軍屢遭重挫，捻軍又分為東捻、西捻流竄，曾國藩去職，改派李鴻章剿東捻、左宗棠剿西捻。此番西捻東竄，居然進犯保定（與北京直線距離一百五十公里），這下京師震動，左宗棠、李鴻章和河南巡撫、直隸總督通通「奪職」，李鴻章、左宗棠分別提出不同戰略，清廷則兩者通通採納——驚惶失措加上病急亂投醫。但天佑大清，大雨連綿，黃河與運河水位上升，平原泥濘騎兵難以馳騁，捻軍在連番挫敗之後，在黃河邊被殲滅，僅少數突圍逃竄，捻亂基本平定。

左宗棠還師陝甘，依照他的戰略規劃，先降服陝北土寇董福祥（漢人，後來成為西征新疆的名將），收編十餘萬人，然後對付陝中、陝南回族變民。左宗棠每剿清一地，就教導在地丁壯耕作，教他們區田法（抗旱）和代田法（輪作）等農耕知識，並貸款、發種子，回民能夠從貧瘠土地中種出莊稼，於是安土重遷，鮮少作亂。[1]

然後左宗棠將目標轉向甘肅。

甘肅回族據地稱雄者，西有馬朵三、南有馬占鰲、北有馬化龍，其中馬化龍以金積堡（今寧夏吳忠市，也就是郭子儀故事中的靈武）為老巢，扼黃河險要，控制池鹽、馬匹、茶葉的交易，兵眾餉足。陝回餘眾逃到他的地盤，他起初致書陝甘總督穆圖善為陝回求饒，及至左宗棠洞悉他並無誠意，決定先收拾馬化龍，然後可以讓其他變民氣沮。

左宗棠預備好三個月軍糧，由老湘營由北路向金積堡發動攻擊。馬化龍詐降設伏，劉松山陣亡，由他的姪子劉錦堂指揮老湘營，左宗棠親自領軍進攻中路。馬化龍在一連串敗戰之後請降，左宗棠下令將他斬首，並夷平金積堡，回族願意接受招撫者數千人，左宗棠將他們遷移到平涼（甘肅、陝西、寧夏三省交會處）。

馬化龍受誅時，馬朵三已死，左宗棠的大營推進到蘭州，馬占鰲順勢歸附，後來隨董福祥轉戰新疆，建立很多軍功。甘肅境內此時只剩下陝回餘眾仍然盤據湟水流域（青海東部靠近甘南），劉錦堂率老湘營一路連戰皆捷，只剩肅州城（今甘肅酒泉市內）尚未攻下，左宗棠親率大軍到來，首領馬文祿開城出降，左宗棠下令誅殺。

左宗棠對待回族首領的原則很清楚：歸順者能得重用，頑抗者絕不赦命，於是其他地方的首領望風歸順。最頑強的一個是陝回首領白彥虎，他在肅州城不守之前，就逃竄出嘉峪關，進入新疆。馬占鰲認為白彥虎必為他日之患，對左宗棠進言「趁勢收復新疆」。左宗棠因此上書清廷，提出收復新疆的主張。

西征新疆，奪回伊犁

西征新疆是左宗棠畢生最大功業，可是他沒想到的是，那一場「戰事」在北京朝廷比在新疆戰場還比較困難些——北京朝廷因此發生「海防論」與「塞防論」的爭議，兩方的領袖則是意氣用事，甚至已經水火不容的李鴻章與左宗棠。

左宗棠上了一道摺子，大談拱衛京師安定：中國定都北京，蒙古環衛北方，與陝、甘以至新疆實為一整體。新疆不固，則蒙古不安；蒙古不安，京師亦無晏眠之日，故西北「名雖為邊郡，實則如腹地」。如今新疆之亂（阿古柏、白彥虎）背後其實是俄國「狡焉思逞」，主張趁勝綏靖新疆，以絕後患。這是所謂「塞防論」，「海防派」則提出各種質疑，於是左宗棠提出他的戰略：緩進速決。

「緩進」，就是積極治軍，軍隊整頓完成才開戰。他計畫用一年半的時間籌措軍餉，積

---

①之前由於可耕地皆為漢人所佔，回民其實是因飢荒而作亂。

草屯糧，整頓軍隊，減少冗員，增強軍隊戰鬥力；「速決」，就是大軍一旦出發，必須速戰速決，力爭在一年半左右獲取全勝儘早收兵。左宗棠親自做了堪稱經典的計算：他從一個軍人、一匹軍馬每日所需的糧食草料入手，推算出全軍八萬人馬一年半時間所需的用度。然後，再以一百斤糧、運輸一百里為一個單位，估算出全程的運費和消耗。甚至連用毛驢、駱駝馱運，還是用車輛運輸，哪種辦法節省開支也做了比較。經過周密計劃，估算出全部軍費開支共需白銀八百萬兩。同時考慮打仗必有很多意外開支，左宗棠向朝廷申報一千萬兩。

這個預算金額委實太鉅，若攤派給各省，從地方財政收入裡「擠」出來，肯定無法一時湊齊，有貽誤戰機之虞。透過滿人軍機大臣文祥安排，左宗棠親自去向光緒皇帝和慈禧太后陳述。得到皇帝御批：「但得邊地安寧，朝廷何惜千萬金，可從國庫撥款五百萬，並敕令允其自借外國債五百萬。」算是解決了財源問題。

有了財源，還得有新式武器和被服（阿古柏的軍隊得到英國武器支援）。為此，左宗棠在蘭州建立「蘭州製造局」，為西征軍修造槍炮，還仿德國的螺絲炮與後膛七響槍，改造中國的劈山炮和無殼抬槍；又建「甘肅織呢總局」，那是中國第一個機器紡織廠。

有錢、有兵、有糧、有被服後，左宗棠的西征戰略也定案：「欲收伊犁，先定迪化」（伊犁，今新疆維吾兒自治區伊寧市；迪化，今烏魯木齊市），取得迪化，然後明示以「伊犁乃我之疆域，尺寸不可讓人」。這個戰略是考慮俄國「國大兵強，難與角力」，所以急取迪化、緩索伊犁。

大軍出征之前，左宗棠已經先命西征軍先鋒統帥張曜，駐軍哈密興修水利、屯田積穀。第一年就收穫糧食五千一百六十餘石，基本上可以解決該部半年軍糧所需。張曜行軍途中還有一個任務：在未來大軍必經的路線上遍栽柳樹，俾軍士得稍緩烈日曝曬之苦，河西走廊至今仍可見「左公柳」。為運輸軍糧，左宗棠又建立了三條路線：一是走河西走廊，出嘉峪關至哈密；二是由包頭經蒙古草原至新疆巴里坤；三是從寧夏經蒙古草原運至巴里坤；如此複雜安排可以保證糧草接濟無虞。

大軍正式出發，號稱馬、步、砲軍一百五十餘營，總兵力八萬人，但實際開往前線只有五十餘營、二萬多人。左宗棠自己坐鎮蘭州，主力分南北兩路，到哈密會齊。行軍戰術則採「千人一隊，隔日進發一隊」方式，那是考慮西征大軍是「客軍深入」，避免遭遇伏擊被全殲的分散風險措施。然後劉錦棠的前鋒部隊迅速佔領濟木薩（今吉木薩爾縣）——大軍既已集結，就要「速決」。

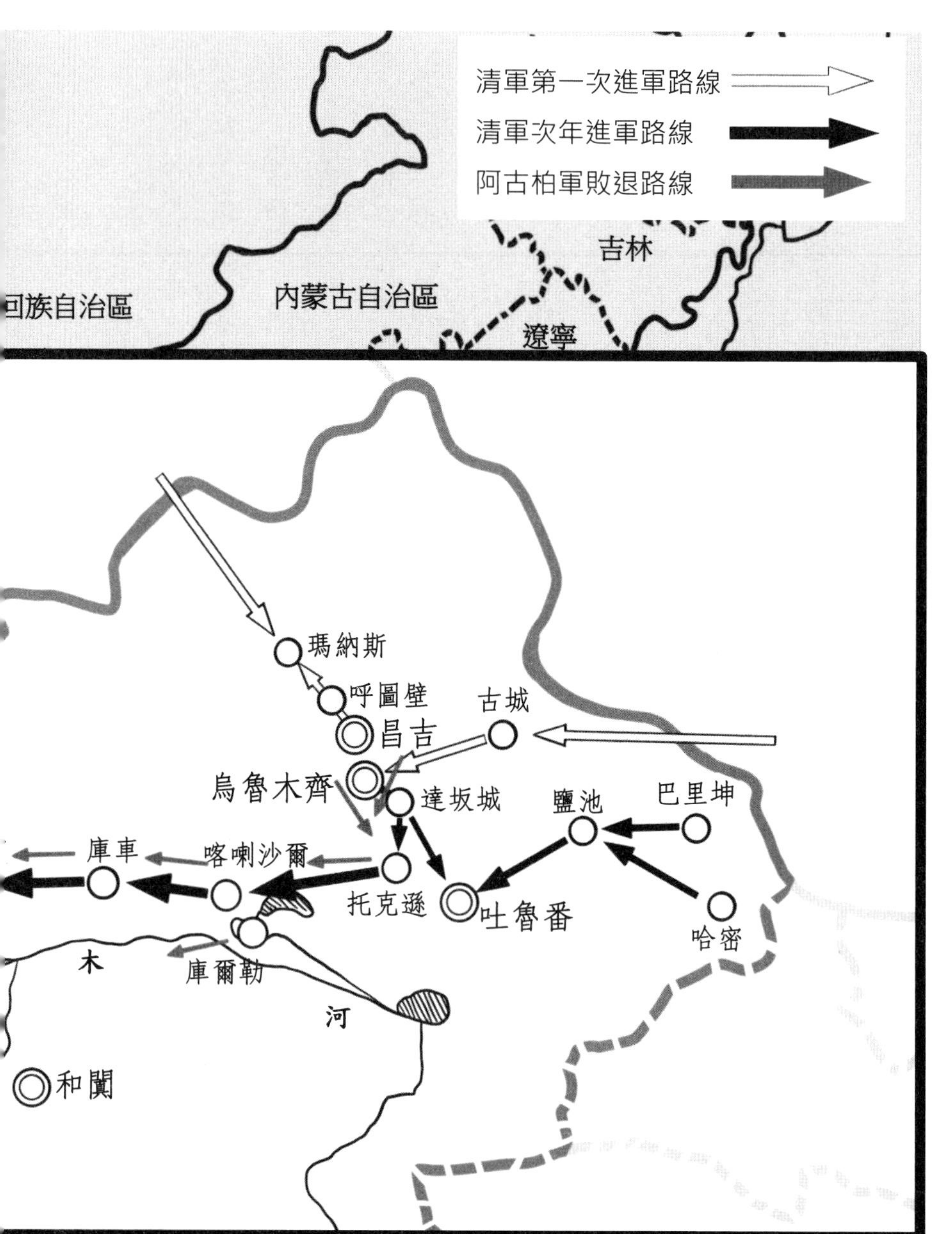

清軍第一次進軍路線
清軍次年進軍路線
阿古柏軍敗退路線
吉林
回族自治區
內蒙古自治區
遼寧
瑪納斯
呼圖壁
古城
昌吉
烏魯木齊
達坂城
鹽池
巴里坤
庫車
喀喇沙爾
托克遜
吐魯番
哈密
木
庫爾勒
河
和闐

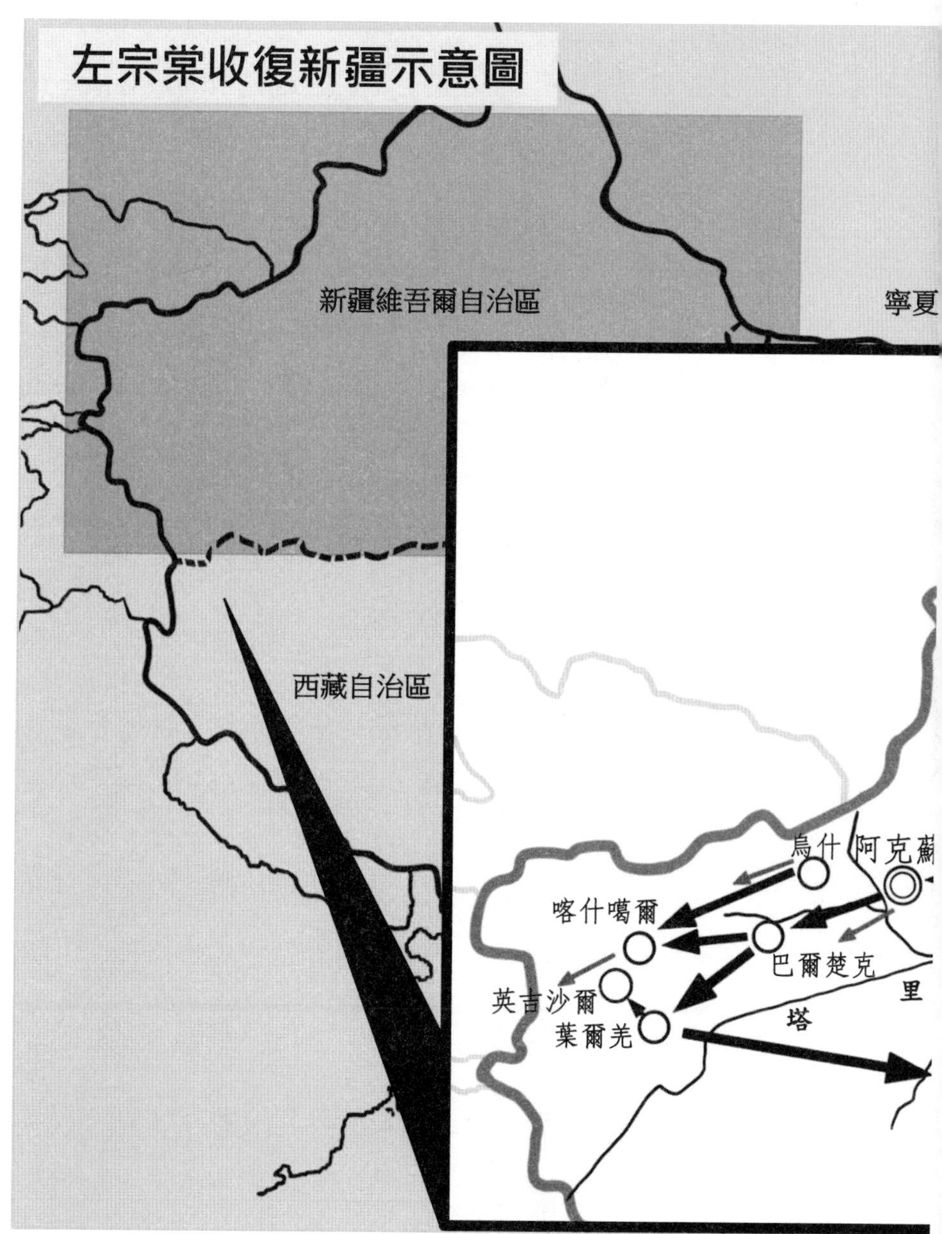
左宗棠收復新疆示意圖
新疆維吾爾自治區
寧夏
西藏自治區
烏什
阿克蘇
喀什噶爾
巴爾楚克
英吉沙爾
葉爾羌
里
塔

南北二路大軍會合進攻迪化，經過三個多月的戰鬥，迪化攻克，白彥虎逃到托克遜（今土魯番市下轄縣），北路蕩平，轉攻南路，攻克托克遜，阿古柏逃往焉耆（即班超時的焉耆，自漢朝至今地名未變）。西征大軍再攻克土魯番，南路門戶大開，阿古柏服毒自殺，兩個兒子內鬥，哥哥殺死弟弟，率殘部逃往喀什，白彥虎則率餘眾逃竄到開都河（即《西遊記》中的通天河）一帶。

西征軍事順利，北京的「海防派」見狀，運作發出飭令：「廷臣聚議，西征耗費巨款，今烏城、吐魯番既得，可以休兵。」左宗棠上疏抗旨，據理力爭。慈禧太后看罷他的奏章，降旨「收復新疆，以竟全功」。

這時候，俄羅斯跟土耳其發生戰爭，南路主帥金順建議左宗棠乘虛襲取被俄國霸占的伊犁。左宗棠認為「師出無名，反遭其謗」，留著伊犁不打。大軍向西挺進，先收復南疆東四城：焉耆、庫車、阿克蘇、烏什；接著收復西四城：喀什、英吉沙、葉爾羌與和田。阿古柏的長子胡里與白彥虎都逃往俄國。至此，這場由英、俄兩國暗助的阿古柏之亂乃告平息。

左宗棠「留著伊犁不打」，不盡然是「打不過不打」，而是想要尋求政治途徑取回伊犁。他先上書清廷，力陳在新疆「設省」的理由：設了省，就有各級政府，有稅收、有駐軍，必要時還能號召居民團結保鄉衛國。另一方面，他建議清廷派使節跟俄國談判歸還伊犁，於是清廷派崇厚出使俄羅斯。可是俄國很詐，一邊跟崇厚談判，一邊讓白彥虎、柏克胡里不斷侵擾邊境，並且恫嚇崇厚「不允所求即停止談判」，逼使昏庸的崇厚簽下《里瓦幾亞條約》，條文極盡屈辱之能事，崇厚因此被彈劾下獄，清廷改派曾紀澤出使俄國，重新議約。

【原典精華】

宗棠奏曰：「……俄還伊犁，於俄無損，我得伊犁，僅一荒郊。今崇厚又議畀俄陬爾果斯河及帖克斯河，是劃伊犁西南之地歸俄也。……俄人包藏禍心，妄忖吾國或厭用兵，遂以全權之使臣牽制疆臣。為今之計，當先之以議論，委婉而用機，次決之以戰陣，堅忍而求勝。臣雖衰慵無似，敢不勉旃。」上壯其言，嘉許之。崇厚得罪去，命曾紀澤使俄，更前約。

——《清史稿．左宗棠傳》

曾紀澤是曾國藩的兒子，左宗棠跟曾紀澤商量，「若俄國一意孤行，應以武力為後盾」。於是左宗棠親自領兵屯駐哈密，兵分三路（金順、張曜、劉錦棠）進兵伊犁，號稱四萬大軍。但是，對俄國人構成最大壓力的卻是「心戰」：左宗棠將他為自己預備的輿櫬（棺木與喪服），從蘭州運到了哈密！

俄國聞訊，一方面增兵伊犁，一方面派太平洋艦隊游弋中國沿海，天津、奉天（今遼寧）、山東紛紛報警。但事實上，俄國當時剛打完俄土戰爭，並無意在中亞再啟釁端，同時評估「縱使打贏也得不償失」（伊犁沒有太大經濟及戰略價值）、「萬一打垮了大清，後事不可預料」，於是在談判桌上讓步。曾紀澤與俄方簽訂《中俄伊犁條約》，俄國歸還伊犁，但割去「霍爾果斯河以西」土地，中國賠償兵費九百萬盧布（折合當時白銀五百餘萬兩）。基本上，那仍然是一項不平等條約，但是在那一段期間，清廷完全沒有跟列強簽平等條約的條件，所以，曾紀澤與左宗棠聯手，外交加武力，能夠簽下如此條件的條約，堪稱不簡單。重要的是，左宗棠奏准後，清廷在新疆建省，以劉錦棠為首任巡撫，

這是鴉片戰爭之後，清廷對外國的第一次戰爭勝利，因此西方媒體對左宗棠做了很多報導。左宗棠得勝後調回北京，以大學士兼軍機大臣，他的威望既隆、個性又直、說話又

衙，其他軍機大臣乃至軍機處官員都「頗厭苦之」，他自己也不耐煩京城朝廷的職務，自請外放，調兩江總督兼南洋通商大臣。他第一次巡視吳淞口（黃浦江入長江口），經過上海，洋人還為他鳴砲、並以龍旗開道，可見他在洋人心目中的地位。

打得贏法軍，打不過淮軍

兩江總督任上，他向德國訂購大兵輪兩艘，又命福州船政局自製兵輪三艘；又令江南製造總局和金陵機器局增製槍炮，還從國外購進了大批水雷、魚雷。為解決關防不足的問題，他還創設漁團，在吳淞設立了漁團總局。也就是說，他知道洋人一定會再來，先做足準備。

不久，法國攻打越南，中法戰爭點燃戰火，左宗棠奏請讓他的舊屬王德榜（當時告假在湖南省親）招募兵勇，組建「恪靖定邊軍」，赴滇粵邊界。

「恪靖」是左宗棠的爵位名稱（恪靖伯、恪靖侯），以「恪靖」為名，等於是他個人的軍隊（自比「岳家軍」），左宗棠如此心態是相當自傲的，但也是由於當時清軍大帥中就屬他戰無不勝，因此朝廷無人議論。

王德榜率「恪靖定邊軍」奔赴前線，左宗棠為其撥款十餘萬兩，並主動承擔起了「恪靖定邊軍」每月的軍餉。後來他督師福建時，也命王鑫的兒子王詩正率師潛赴臺灣，號稱「恪靖援臺軍」。

法軍最初侵越時，越南阮朝皇帝阮福時得劉永福的黑旗軍之助擊敗法軍，之後法軍再來，阮朝求助中國，中法於是開戰。法軍連陷北寧、太原、興化（皆北越地名），慈禧太后藉此將恭親王奕訢等五名軍機大臣全部罷免或降職，並派李鴻章與法國議和，最後簽訂了《順化條約》，交出清朝對越南的宗主權。

左宗棠對這個條約大不以為然，認為「越南實中土藩籬」，主張從緩議和，並表示願意親往督師，「冀收安南仍列藩封」。

不久之後，法國海軍偷襲福州港，左宗棠一手催生的福州船政局被轟成廢墟，福建水師艦隊也被全數殲滅。朝廷於是降旨「左宗棠以欽差大臣督辦閩海軍務」。他抵達福州後，組建漁團、加強海防，想方設法突破法艦封鎖，偷運兵力至臺灣，後又通過洋輪、民船給臺灣運送餉銀五萬兩，並設法將李鴻章、曾國荃和張之洞調撥的淮勇二千四百人、餉銀三萬兩及槍械彈藥運往臺灣。可是他未能見到後來的「雞籠大捷」，因為他不久後生病了，最後死在福州。

造成他病情加劇的原因之一，是淮軍將領潘鼎新、劉銘傳誣陷王德榜和左宗棠另一位舊屬劉璈，他上書為舊屬辯誣，一個月後病故。而淮軍系統攻擊左宗棠部屬的原因是：左宗棠批評李鴻章跟法國簽訂的條約喪權辱國，用語激烈，如「此人誤盡蒼生，將落個千古罵名」等，令李鴻章非常不堪。更由於左宗棠死後，李鴻章掌管一切對外事務，不再有人能提出相左意見，因而形成諸多重大失誤，乃至國家受盡屈辱。②

【原典精華】

（宗棠）廉不言貧，勤不言勞。待將士以誠信相感。善於治民，每克一地，招徠撫綏，眾至如歸。論者謂宗棠有霸才，而治民則以王道行之，信哉。

——《清史稿．左宗棠傳》

② 李鴻章當時有著無可取代的重要性，其實貢獻很大，然而，當他做出錯誤決策時無人可以制衡，是晚清受盡屈辱的因素之一。

公孫策點評

左宗棠跟曾國藩、胡林翼、李鴻章等人的根本差異，在於他出身貧寒，其他人的家族都是仕紳階級。他能夠為曾、胡、陶澍等人所推崇，其實是因為他確實才具過人，讓人無法忽視。這些同鄉大老不但一路保舉他，還能忍受他的「卓然不群」，應該也是體諒他由於出身較低而處處採取高姿態。

這是左宗棠「廉不言貧、勤不言勞」的背景，也是他治軍體恤將士、治民體念民瘼作風的由來。

馬尾造船廠與馬江海戰

左宗棠擔任閩浙總督時，相中福州外圍馬尾鎮前面的閩江河段，做為發展海軍的種子搖籃。那一個閩江河段稱為馬江，水深十二丈，滿潮時可達二十丈。馬尾距離閩江出海口還有百餘里，沿江小島遍布，山峯夾江而上，外國輪船都停泊在海口，必須有人（本地人或住在口岸的洋人）引領才能進入福州。

那個時候正是清廷銳意加速洋化的年代，以恭親王奕訢為首，成立總理事務衙門，統綰外交、通商、訓練新軍，同時成立同文館翻譯西洋（特別是科技）書籍，並經營修路、開礦、製造等事務。左宗棠提出在馬尾設立造船廠並成立船政學堂，立即得到恭親王的支持。但不久左宗棠就受命赴任陝甘總督，他推薦沈葆楨為船政總理大臣，沈葆楨是林則徐的女婿，也是福建侯官人。

除了沈葆楨，左宗棠還延攬了法國軍官日意格（Prosper Marie Giquel），日意格帶着一大批法國招來的木匠、鐵匠、鎖匠等來到馬尾，日意格每月工資高達白銀一千兩，是北京軍機大臣俸祿的幾十倍，一般工人每月也有二百多兩，但左宗棠就是肯給。

此後的三十多年裡，馬尾船廠為大清帝國造出了四十艘艦船，並組建了第一支海軍艦隊——福建海軍，更為北洋、南洋兩支水師配備了大量艦船，船政學堂則為大清水師訓練出上百位傑出將領，乃至民國初年北洋政府的前七任海軍總長都是福州船政學堂畢業。

悲慘的故事：馬尾造船廠卻毀於一役——馬江海戰，甚至可以說「根本都沒像樣的打一仗」。

本文提及的中法戰爭，前期是劉永福的黑旗軍打敗了法國，後來法國增兵，海陸分別進軍。法國海軍艦隊司令孤拔（Amédée Courbet，就是後來在基隆受傷，死在澎湖那一位）

以「遊歷」為名，將軍艦開入閩江，在福州的幾位清朝大員，包括欽差大臣張佩綸、閩浙總督何璟、船政大臣何如璋、福建巡撫張兆棟、福州將軍穆圖善會商頻頻卻束手無策，最後下令砲臺「無旨不得先行開砲，必待敵船開火，始准還擊，違者雖勝猶斬」——軍事單位不視之為敵，口岸單位甚至以客禮待之！

法軍開火那一天，還先知會了福州的英國、美國領事館，通知兩國四艘船隻避開。何璟收到孤拔派人送來的宣戰書，聲明四小時後開戰，趕緊告知何如璋，何如璋封鎖消息，派人跟孤拔商量「延後二十四小時開戰」（天真還是愚蠢？），遭到拒絕後才通知福建水師。福建水師連起錨都來不及，加上船首來不及掉頭（當時落潮，船首繫泊，船尾朝外），形同束手任人砲轟。海戰結果，福建水師軍艦十一艘、運輸船十九艘，全部擊沉、擊毀，官兵陣亡五百餘人，受傷百餘人；法軍僅死五人，受傷二十七人。隔天上午，法軍炮艦乘漲潮上駛，用大炮轟毀福州造船廠，成為一片瓦爍。

左宗棠的苦心、沈葆楨的經營，至此灰飛煙滅。本文中，左宗棠奉旨以欽差大臣身分督辦閩海軍務，就是因為這場海戰。

插向新疆的兩把尖刀——伊犁河谷與瓦罕走廊

左宗棠拚了老命（棺材都抬到前線了）討回伊犁河谷，有多重要？

重要的是當年林則徐對左宗棠說的：「終為中國患者，其俄羅斯乎！」「吾老矣，空有御俄之志，終無成就之日，數年來留心人才，欲將此重任託付……東南洋夷，能御之者或有人；西定新疆，舍君莫屬！」

林則徐流戍伊犁時，曾經走遍南疆，他充分體會當地人心，且因他「見人所不見」的本事，他感受到南疆維吾爾族跟中亞民族之間，事實上同文同種，而俄國的勢力當時已經進入中亞，豈有不圖謀新疆之理。

到左宗棠西征時，英國在亞洲的勢力已經由印度北伸，而俄國勢力由中亞南進，兩個勢力中間則是阿富汗。阿富汗之所以得到「帝國墳場」稱號，它在那段時期抵抗英國入侵（最終英國撤出），是阿富汗抵抗帝國歷史的重要一段。

左宗棠西征勝利，阿古柏服毒自殺，斬斷了英國企圖進入新疆的觸角；但白彥虎逃入中亞，非常可能引進俄國勢力，為此，左宗棠說什麼也要拿回伊犁河谷。

伊犁河谷有多重要？看附圖就不難明白，如果伊犁河谷落入俄國手中，就像一把插入

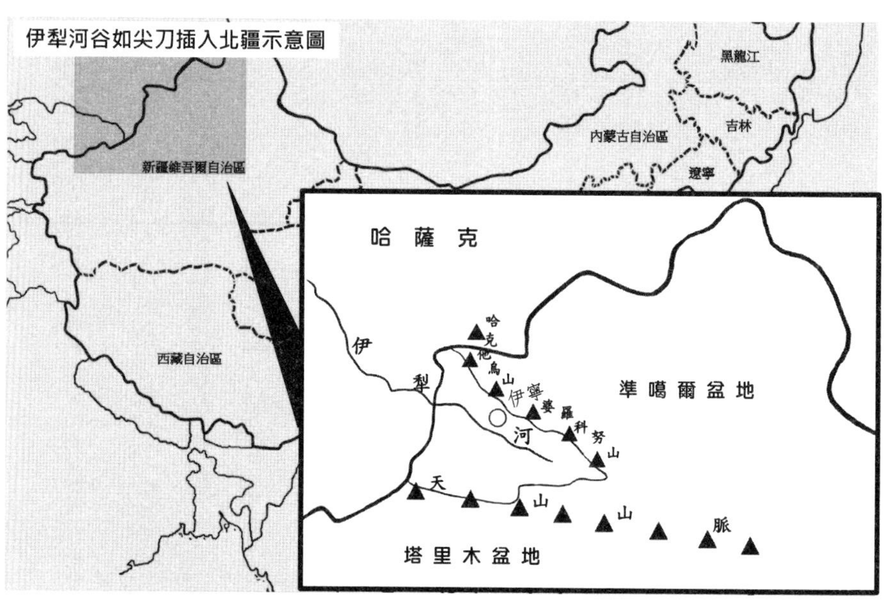
伊犁河谷如尖刀插入北疆示意圖
黑龍江
吉林
內蒙古自治區
遼寧
新疆維吾爾自治區
西藏自治區
哈薩克
伊犁河
伊寧
哈克他烏山
婆羅科努山
準噶爾盆地
天山山脈
塔里木盆地

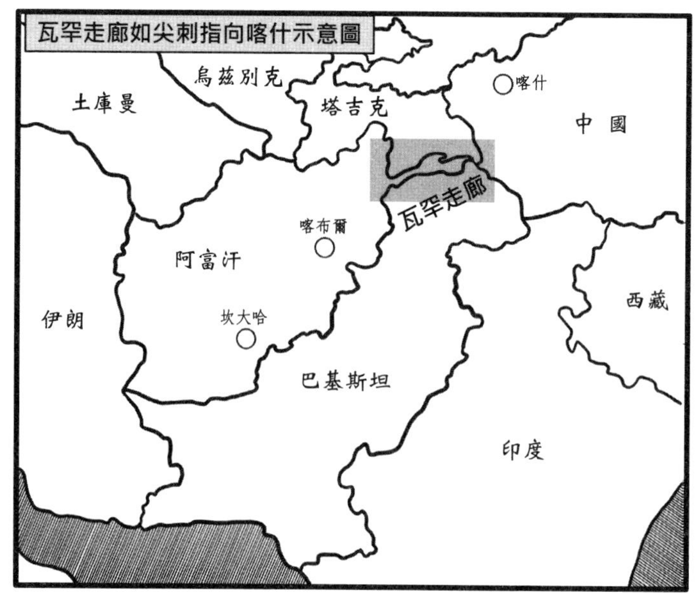
瓦罕走廊如尖刺指向喀什示意圖
烏茲別克
土庫曼
塔吉克
喀什
中國
瓦罕走廊
喀布爾
阿富汗
伊朗
坎大哈
巴基斯坦
西藏
印度

北疆的尖刀！

後來英國和俄國簽訂條約劃分在中亞的勢力範圍，卻在阿富汗東北方留下一條「尾巴」，就是瓦罕走廊。這個狹長地帶穿越巴基斯坦，直指南疆大城喀什，如果阿富汗塔利班政權將來要暗中支援「東突」（疆獨），瓦罕走廊又是一把「尖刀」。

易言之，在二〇二一年美軍撤出阿富汗之後，北京對塔利班政權的政策，必須謹慎拿捏：既要幫助塔利班進行重建以爭取友善鄰邦（將因此得罪西方國家），又要防止阿富汗（包括塔利班和阿富汗各地的獨立勢力）支援東突。

〈附錄〉從嘉峪關到虎門——進入歷史情境心得

二〇一〇年我去了敦煌，當天到了月牙泉，看見兩棵左公柳。隔天拉車前往嘉峪關，在嘉峪關西門（柔遠門）上西望，望見南山、北山①最狹處，登時領悟為什麼大明王朝將長城西端選擇此地的理由：草原民族自西來犯，可以在關上遠遠望見，然後採取必要的防禦。當時的一個強烈感覺是，讀歷史如果跟地理脫鉤，就不是完整的知識。

前一天才到了敦煌，看見「出塞第一泉」月牙泉，同時知道玉門關遺址還在西北方六十多公里外的沙漠中。我站在嘉峪關西門城樓上，陡然歷史上身，頓悟西漢與明朝的朝代性格差異就在這裡了：西漢對西域是進取的，明朝是保守的。此所以漢長城一路修到玉門關以西，治權到達敦煌郡，國力強則經略西域，國力弱則退守兩關（玉門關與陽關）；而明朝但求守住嘉峪關。敦煌？大明王朝不要了！

那是我第一次如此強烈的進入歷史情境。

二〇一九年我去了廣東，到了虎門銷煙池遺址，緬懷林則徐之餘，又想到：林則徐後來戴罪流戍伊犁，他必定要過嘉峪關，那麼，他在嘉峪關的心情又如何呢？

由於這個念頭，我才翻找到林則徐「出嘉峪關感賦四首」，豐富了本書的內容，復由林則徐與左宗棠「湘江夜談」，認為林則徐提到「終為中國患者，其俄羅斯乎」，因此影響了左宗棠後來堅持西征，這又將月牙泉那兩株左公柳連結上了。

「從嘉峪關到虎門」也成為我分享旅遊心得的一個題目，那堂演講「縱橫三千公里，上下三千年」（從春秋各國修長城到甲午海戰超過三千年），還頗「自慢」的。本書出版後，若疫情緩和，會跟大家分享更多進入歷史情境的心得。

①甘肅人稱祁連山脈為南山，以南是青藏高原；稱龍首山、合黎山等山脈為北山，以北是內蒙古高原；南、北山中間是河西走廊。

國家圖書館出版品預行編目資料

鴻鵠志：十位英雄人物的行路與心路／公孫策著. -- 初版. -- 臺北市：商周出版：英屬蓋曼群島商家庭傳媒股份有限公司城邦分公司發行, 2022.05
面； 公分. -- (ViewPoint ; 111) (公孫策說歷史故事 ; 9)

ISBN 978-626-318-242-4 (平裝)

1.CST: 傳記 2.CST: 中國

782.1 111004152

View Point 111

鴻鵠志——十位英雄人物的行路與心路

作　　者／公孫策
地圖繪製／黃伯彤
企劃選書／黃靖卉
責任編輯／黃靖卉

版　　權／吳亭儀、江欣瑜
行銷業務／周佑潔、黃崇華、張媖茜
總 編 輯／黃靖卉
總 經 理／彭之琬
事業群總經理／黃淑貞
發 行 人／何飛鵬
法律顧問／元禾法律事務所 王子文律師
出　　版／商周出版
臺北市 104 民生東路二段 141 號 9 樓
電話：(02) 25007008 傳眞：(02)25007759
E-mail：bwp.service@cite.com.tw
Blog：http://bwp25007008.pixnet.net/blog
發　　行／英屬蓋曼群島商家庭傳媒股份有限公司城邦分公司
臺北市中山區民生東路二段 141 號 2 樓
書虫客服服務專線：(02)25007718；(02)25007719
服務時間：週一至週五上午 09:30-12:00；下午 13:30-17:00
24 小時傳眞專線：(02)25001990；(02)25001991
劃撥帳號：19863813；戶名：書虫股份有限公司
讀者服務信箱：service@readingclub.com.tw
城邦讀書花園：www.cite.com.tw
香港發行所／城邦（香港）出版集團有限公司
香港灣仔駱克道 193 號東超商業中心 1 樓
E-mail：hkcite@biznetvigator.com
電話：(852) 25086231 傳眞：(852) 25789337
馬新發行所／城邦（馬新）出版集團【Cite (M) Sdn. Bhd.】
41, Jalan Radin Anum, Bandar Baru Sri Petaling,
57000 Kuala Lumpur, Malaysia.
Tel: (603) 90578822 Fax: (603) 90576622
Email: cite@cite.com.my

封面設計／許晉維
排　　版／邵麗如
印　　刷／中原造像股份有限公司
經 銷 商／聯合發行股份有限公司
地址：新北市 231 新店區寶橋路 235 巷 6 弄 6 號 2 樓
電話：(02) 2917-8022 Fax: (02) 2911-0053

■ 2022 年 5 月 26 日初版一刷
定價 350 元

Printed in Taiwan

城邦讀書花園
www.cite.com.tw

 ISBN 978-626-318-242-4

廣　告　回　函
北區郵政管理登記證
北臺字第000791號
郵資已付，免貼郵票

104　台北市民生東路二段141號2樓

英屬蓋曼群島商家庭傳媒股份有限公司城邦分公司　收

請沿虛線對摺，謝謝！

書號：BU3111	書名：鴻鵠志	編碼：

請於此處用膠水黏貼

讀者回函卡

線上版讀者回函卡

感謝您購買我們出版的書籍！請費心填寫此回函卡，我們將不定期寄上城邦集團最新的出版訊息。

姓名：＿＿＿＿＿＿＿＿＿＿ 性別：☐男 ☐女

生日：西元＿＿＿＿年＿＿＿＿月＿＿＿＿日

地址：＿＿＿＿＿＿＿＿＿＿

聯絡電話：＿＿＿＿＿＿＿＿ 傳真：＿＿＿＿＿＿＿＿

E-mail：

學歷：☐ 1. 小學 ☐ 2. 國中 ☐ 3. 高中 ☐ 4. 大學 ☐ 5. 研究所以上

職業：☐ 1. 學生 ☐ 2. 軍公教 ☐ 3. 服務 ☐ 4. 金融 ☐ 5. 製造 ☐ 6. 資訊

☐ 7. 傳播 ☐ 8. 自由業 ☐ 9. 農漁牧 ☐ 10. 家管 ☐ 11. 退休

☐ 12. 其他＿＿＿＿＿＿＿＿

您從何種方式得知本書消息？

☐ 1. 書店 ☐ 2. 網路 ☐ 3. 報紙 ☐ 4. 雜誌 ☐ 5. 廣播 ☐ 6. 電視

☐ 7. 親友推薦 ☐ 8. 其他＿＿＿＿＿＿＿＿

您通常以何種方式購書？

☐ 1. 書店 ☐ 2. 網路 ☐ 3. 傳真訂購 ☐ 4. 郵局劃撥 ☐ 5. 其他＿＿＿＿

您喜歡閱讀那些類別的書籍？

☐ 1. 財經商業 ☐ 2. 自然科學 ☐ 3. 歷史 ☐ 4. 法律 ☐ 5. 文學

☐ 6. 休閒旅遊 ☐ 7. 小說 ☐ 8. 人物傳記 ☐ 9. 生活、勵志 ☐ 10. 其他

對我們的建議：＿＿＿＿＿＿＿＿＿＿

＿＿＿＿＿＿＿＿＿＿

＿＿＿＿＿＿＿＿＿＿

請於此處用膠水黏貼